Der neue Schuldenreport

Der neue Schuldenreport

Kredite der privaten Haushalte in Deutschland

Herausgeber:
Arbeitsgemeinschaft der Verbraucherverbände e.V., Bonn
Deutsches Rotes Kreuz, Bonn
Deutscher Caritasverband, Freiburg i. Br.
Diakonisches Werk der Evangelischen Kirche in Deutschland e.V., Stuttgart
Bundesarbeitsgemeinschaft Schuldnerberatung e.V., Kassel

erstellt vom

**Institut
für Finanzdienstleistungen e.V. (IFF),
Hamburg**

Autoren

Udo Reifner
Henning Brutschke (Kapitel A I, B I, B II, B IV 1, B V)
Roland Keich (Kapitel A II, B III)
Christina Niedermeier, IFF Berlin (Kapitel A III)
Stephan Hupe, BAG Schuldnerberatung e.V., Kasscl (Kapitel B IV 2)
Ulf Groth, Förderverein Schuldenberatung Bremen e.V.
(Kapitel B IV 3, C II 2)
Jan Evers (Kapitel C I)
Gottfried Mayer/Beate Birker, Österreich (Kapitel C III 2)
Bianca Haane (Kapitel C II 1 und Redaktion)

Luchterhand

Die Deutsche Bibliothek - CIP-Einheitsaufnahme

Schuldenreport...: die Verschuldung der privaten Haushalte in Deutschland / Hrsg.: Arbeitsgemeinschaft der Verbraucherverbände e.V., Bonn, und Deutsches Rotes Kreuz, Bonn. Erstellt vom Institut für Finanzdienstleistungen e.V. (IFF), Hamburg. - Neuwied ; Kriftel ; Berlin : Luchterhand.
Erscheint jährl. - Aufnahme nach 1993 (1994)

1933 (1994) -

ISBN 3-472-02469-0

Druck: Offsetdrukkerij Kanters B.V., Alblasserdam
Printed in The Netherlands · Oktober 1995

VORWORT

Die kleinen Leute, sagt man scherzhaft, haben Schulden, die großen Verbindlichkeiten. Daß die Wirtschaft nicht ohne Kredit arbeiten kann, um die nötigen Investitionsmittel aufzubringen, ist selbstverständlich. Daß aber auch der private Konsum mehr und mehr mit Hilfe der verschiedensten Formen des Verbraucherkredits funktioniert, birgt offensichtlich für den Einzelnen große Gefahren. Denn wie schnell ist man ausgerutscht. Ob Hausbau oder Autokauf, ob Wohnungseinrichtung oder manchmal sogar der Urlaub - überall finden wir heute die Kreditfinanzierung. Erst eine, dann zwei, bis sich schließlich ein Berg von Schulden aufgetürmt hat, der nicht mehr zu bewältigen ist. Schulden sind oft weniger die Folge von Armut, sondern umgekehrt: Armut ist die Folge von Schulden. Zwischen Ver- und Überschuldung liegt nur ein kleiner Schritt.

Oft ist dieser Schritt gar nicht selbst verursacht, sondern die Folge einer Änderung der persönlichen Lage. Plötzliche Arbeitslosigkeit etwa hat oft zur Folge, daß der Schuldner seinen Zahlungsverpflichtungen nicht mehr nachkommen kann. Die persönlichen Lebensrisiken sind bei einer hohen Arbeitslosigkeit von 3,6 Millionen Menschen in der ganzen Bundesrepublik gestiegen und treffen nicht nur die unteren Einkommensgruppen, sondern auch akademische Berufe. Auf der anderen Seite vermittelt die moderne Glitzerwerbung gesellschaftliches Ansehen nur bei Teilhabe am Konsum. Auch Finanzdienstleistungen werden in diese Werbung mehr und mehr einbezogen.

Erstaunt war ich über die Entwicklung des privaten kreditfinanzierten Konsums in den neuen Bundesländern. Bisher galten die Menschen im Osten bei Krediten als überaus vorsichtig. Daß sich auch auf diesem Gebiet eine Angleichung vollzieht, muß schon deswegen bedrohlich wirken, weil hier die wirtschaftliche Gesamtlage immer noch labil, das Einkommen immer noch geringer und die persönlichen Lebensrisiken immer noch deutlich höher sind.

Ein sich daraus zwangsläufig ergebendes Thema ist die Schuldnerberatung. Als unabhängige Beratung leistet sie vor allem Hilfe zur Selbsthilfe. Im Osten sind viele solcher Steilen über die Arbeitsförderung aufgebaut worden. Inzwischen ist klar, daß die Schuldnerberatung keine vorübergehende und zusätzliche Aufgabe, sondern eine Daueraufgabe ist. Wie wichtig sie ist, dies belegen Tausende Familienschicksale; vielen konnte schon geholfen werden. Es könnte vor allem Aufgabe der Sparkassen sein, ihren Gewährträgern zu helfen, die Schuldnerberatung sicherzustellen.

Der vorliegende zweite Schuldenreport ist heute ein unverzichtbares Hilfsmittel, um die tatsächliche und rechtliche Lage der privaten Verschuldung beurteilen zu können. Er sollte nicht nur für Sozial-, sondern auch für Rechts-, Wirtschafts- und Finanzpolitiker interessant sein. Daß hier großer Handlungsbedarf besteht, hat ja auch der Bundestag erkannt, als er in die neue Insolvenzordnung auch Regelungen zur privaten Insolvenz hineingenommen hat, die eine lebenslange Schuldspirale vermeiden soll. Die Autoren des vorliegenden Reports haben an der Diskussion, die zu dieser neuen gesetzlichen Regelung führte, maßgeblichen Anteil.

Dr. Regine Hildebrandt
Ministerin für Arbeit, Soziales,
Gesundheit und Frauen
des Landes Brandenburg

INHALTSVERZEICHNIS

ABKÜRZUNGSVERZEICHNIS

a.a.0.	am angegebenen Ort
Abb.	Abbildung
Abs.	Absatz
ABM	Arbeitsbeschaffungsmaßnahme(n)
AbzG	Abzahlungsgesetz
ÄndG	Änderungsgesetz
a.F.	alte Fassung
AGBG	Gesetz über die Allgemeinen Geschäftsbedingungen
Art.	Artikel
BAGFW	Bundesarbeitsgemeinschaft der Freien Wohlfahrtspflege
BB	Zeitschrift "Betriebs-Berater"'
BGB	Bürgerliches Gesetzbuch
BGH	Bundesgerichtshof
Bio.	Billion
BMJ	Bundesministerium der Justiz
BSHG	Bundessozialhilfegesetz
BT-Drs.	Bundestags-Drucksache
BVerfGE	Entscheidungen des Bundesverfassungsgerichts
bzw.	beziehungsweise
ca.	cirka
d.h.	das heißt
DGVZ	Deutsche Gerichtsvollzieher-Zeitung
DIW	Deutsches Institut für Wirtschaftsforschung
DtZ	Deutsch-Deutsche Rechts-Zeitschrift
etc.	et cetera
evtl.	eventuell
f.,ff.	folgend(e)
FKPG	Gesetz zur Umsetzung des Förderalen Konsolidierungs-programms
GB1.	Gesetzblatt
GEWOS	Gewerkschaftliche Wohnungsbau- und Stadtentwicklung
ggf.	gegebenenfalls
GG	Grundgesetz
GZS	Gesellschaft für Zahlungssysteme
HBG	Hypothekenbank-Gesetz
Hg.	Herausgeber
HaustürWG	Haustürwiderrufsgesetz
i.d.F.	in der Fassung
i.d.R.	in der Regel
Ifo-Institut	Institut für Wirtschaftsforschung
inkl.	inklusive
JZ	Juristen-Zeitung
KfW	Kreditanstalt für Wiederaufbau
LG	Landgericht
Mio.	Million
Mrd.	Milliarde
m.w.N.	mit weiteren Nachweisen

NDV	Nachrichtendienst des Deutschen Vereins
NJW	Neue Juristische Wochenschrift
Nr.	Nummer
o.g.	oben genannt(e,er)
o.J.	ohne Jahresangabe
OLG	Oberlandesgericht
p.a.	per anno
RBerG	Rechtsberatungsgesetz
RGBl.	Reichsgesetzblatt
Rn.	Randnummer(n)
S.	Seite
Schufa	Schutzgemeinschaft für allgemeine Kreditsicherung
SGB VIII	Sozialgesetzbuch - Kinder- und Jugendhilfe
sog.	sogenannt(e, er)
Tab.	Tabelle
u.a.	unter anderem
u.ä.m.	und ähnliches mehr
u.v.m.	und vieles mehr
usw.	und so weiter
u.U.	unter Umständen
v.	vom
VerbrKrG	Verbraucherkreditgesetz
vgl.	vergleiche
VO	Verordnung
VuR	Zeitschrift "Verbraucher und Recht"
WM	Zeitschrift "Wertpapier-Mitteilungen"
WSI-Mitteilungen	Zeitschrift des Wirtschafts- und Sozialwissenschaftlichen Instituts des DGB
z.B.	zum Beispiel
ZIP	Zeitschrift für Wirtschaftsrecht und Insolvenzpraxis
ZPO	Zivilprozeßordnung
ZRP	Zeitschrift für Rechtspolitik
z.Z.	zur Zeit
zzgl.	zuzüglich

LITERATURVERZEICHNIS

Aspen Institute, The 1994 Directory of US Microcenterprise Organizations, Aspen/Colorado

Balz, M./Landfermann, H.-G., Die neuen Insolvenzgesetze, Düsseldorf 1995

Blasen, S./Hanchet, D., Die Situation der Schuldnerberatungsstellen in Nordrhein-Westfalen, Eine empirische Untersuchung, Kassel 1994

Bock, Vorwort, in: Reifner/Reis, Überschuldung und Hilfen für überschuldete Haushalte in Europa, Frankfurt/M. 1992, III

Böhm/Dimmel-Hohenwarter, Salzburger Haushalte in den roten Zahlen (Salzburg 1987)

Brown, J., Racial Redlining - A study of racial discrimination by banks and mortgage companies in the United States, Washington 1993

Brutschke, H., Vario-Kredite im internationalen Vergleich: Anpassungsspielraum in Deutschland und Großbritannien am größten", in: BankWatch-Infodienst 5/1995

Brutschke, H., Zugang zum Girokonto, IFF-Gutachten, November 1994

Brutschke, H., Vergleich der variablen Hypothekenzinsen zu verschiedenen Refinanzierungszinssätzen, IFF-Gutachten, April 1995

Brutschke, H., Die Behandlung des Disagios bei vorzeitiger Kreditbeendigung, IFF-Gutachten, Mai 1995

Bundesministerium für Raumordnung, Bauwesen und Städtebau, Gruppenbezogene Wohneigentumsformen, in: Schriftenreihe Forschung, Heft Nr. 480, 1990

Bungert, H., Bauherren schätzen die Vorteile der Verbundfinanzierung, in: Handelsblatt vom 20.09.94, B5

Deutscher Gewerkschaftsbund (DGB) (Hrsg.), Bayerischer Armutsbericht 1994

Ev. Fachverband für Schuldnerberatung (Hrsg.), Schuldnerberatung, Modellkonzeption, Düsseldorf o.J.

Evers, J., Redlining in den USA - Perspektiven für Deutschland, Konferenzpräsentation, Volksfürsorge akademie, Hamburg 12.11.1993

Evers, J., Le financement des micros et petites entreprises en Europe du Nord: obstacles et initiatives, in: Techniques Financières & Développement, Nr. 37, Dezember/Januar 1995

Fink, Insolvenzverfahren als Ausweg aus dem "modernen Schuldturm", in: Mayer (Hrsg.), Konsumentenpolitisches Jahrbuch 1990/91 (Wien 1992)

Freie und Hansestadt Hamburg, Stadtentwicklungsbehörde, Rahmenkonzept des Senats vom 06.12.1994: Zusätzliche Maßnahmen gegen Armut als Bestandteil sozialer Stadtentwicklung - Armutsbekämpfung in Hamburg

Friedrich-Ebert-Stiftung, Chancen und Grenzen der Wohneigentumsbildung in den neuen Bundesländern, Reihe Wirtschaftspolitische Diskurse, Nr. 41, 1992

Fries, Die KO-Novelle und das Hobellied, ecolex 1992

Graf, Die Höhe der Verzugszinsen als Problem des Konsumentenschutzes im Kreditvertragsrecht, in: Bundesministerium für Umwelt, Jugend und Familie (Hrsg.), Konsumentenpolitisches Jahrbuch 1988/89, Wien 1990

Groth, U., Schuldnerberatung im Zeichen der Sterne, in: Soziale Arbeit 9/10 1994, 394

Groth, U./Peters, H., Prävention hat viele Gesichter, Praxishandbuch für die Schuldnerberatung, FSB-Schriftenreihe, Band 2, Bremen 1995

Groth, U./Schulz-Rackoll, R., Die Situation überschuldeter Menschen - ein individuelles Problem?, in: VuR 1991, 262 ff.

Groth, U./Schulz, R./Schulz-Rackoll, R., Handbuch Schuldnerberatung, Neue Praxis der Wirtschaftssozialarbeit, Frankfurt/M. 1994

Haane, B., Verbraucherschutz in Europa - 7. Teil -: Inkrafttreten des österreichischen Privatinsolvenzverfahrens ab dem 1.01.1995, in: BankWatch-Infodienst 10/1994

Haarmeyer, H./Wutzke, W./Förster, K., Insolvenzordnung, Kommentierte Textausgabe, München 1995

Huls, N. et al., Overindebtedness of consumers in the EC-member states: facts and search for solutions, Diegem/Belgium 1994

ifo-Institut, Finanzierungsprobleme kleiner und mittlerer Unternehmen der gewerblichen Wirtschaft in den neuen Bundesländern, 1994

Jenkins, H. (Hrsg.), Kompendium der Wohnungswirtschaft, München 1991

Jünemann, B., Zwang zur Größe, in: WirtschaftsWoche vom 27.10.94, 88

Keich, R., Ansätze für neue Märkte - Überlegungen zur Wohneigentumsquote in Deutschland, BankWatch-Infodienst 6/1995

Keich, R., Ein Blick über die deutschen Grenzen - Teil 1 - Teil 3, Der Baufinanzierungsmarkt in ausgewählten europäischen Ländern, BankWatch-Infodienst 9-11/1993

Keich, R., Unterschiede der Wohneigentumsquote und Baufinanzierung in Europa - Zukunft des Wohnungsmarktes und Bausparens in Deutschland, IFF-Vorstudie, März 1995

Keich, R., Überprüfungsaktion von Vorfälligkeitsentschädigungen und Analyse der Abschlüsse von Hypothekenkrediten, IFF-Studie, Mai 1995

Keich, R., Wohnungsprivatisierung in den neuen Bundesländern: Gruppenorientierte Wohneigentumsfinanzierung - Neue Formen von Erwerbsmodellen für Mieter (GOFI), IFF-Vorstudie, Juni 1995

Kirchhoff, U./Müller-Godeffroy, H., Lokale Wirtschafts- und Innovationsförderung - Ansatzpunkte, Instrumente, Fallbeispiele aus Sicht der Sparkassen und Landesbanken, Deutscher Sparkassenverlag, Stuttgart 1991

Klug, G., Bedeutung des Wohneigentums für den Sparprozeß und die Entwicklung der Gesamtwirtschaft, Vortrag anläßlich der Bilanz-Pressekonferenz der Deutschen Bank Bauspar AG, Frankfurt/M., 20.03.95

Köpfler, Th., Die Wohnungsbaufinanzierung, in: Jenkins, H. (Hg.), Kompendium der Wohnungswirtschaft, München 1991, 448-466

Konecy, Verfahrensrechtliche Probleme der genannten KO-Novelle, 1993, ecolex 1992

Korczak/Pfefferkorn, Überschuldungssituation und Schuldnerberatung in der Bundesrepublik Deutschland, München 1990 (zit. GP-Forschungsbericht)

Korczak, D., Verschuldung und Überschuldung von Privatpersonen in den alten Bundesländern, in: WSI Mitteilungen 12/1991, 745

Krebs, Wolfgang (Hrsg.), Das neue Gesicht der Verschuldung, Gelnhausen 1995

Lang, R./Haunert, F., Sponsoringkonzepte im Sozialbereich - Eine kritische Untersuchung mit Handlungsleitfaden, SPI Service Gesellschaft, PraxisTransfer-Ausgabe 4, Berlin 1993

Marquard, Gefährdete Kredite im Mittelstand: Erfolgsfaktoren der operativen Sanierung, in: Die Bank 10/1994, 560 + 589

Maußhardt, P., Furcht vor dem Signal, in: Die Zeit vom 15.05.95

Mohr, K.O. - o.k. - Möglichkeiten für Nichtunternehmer zur Bereinigung der Insolvenzsituation, in: Konsumentenpolitisches Jahrbuch 1992/93, Wien 1993

Mooslechner, Verschuldung privater Haushalte in gesamtwirtschaftlicher Perspektive, in: Bundesministerium für Umwelt, Jugend und Familie (Hrsg.), Konsumentenpolitisches Jahrbuch 1988/89, Wien 1990

Morawetz, Schulden machen - Schulden beitreiben. Zur Entwicklung der Privatverschuldung in Österreich, Wien 1990

Niedermeier, C./Maretzke, A.-H., Zur Umwandlung von Miet- in Eigentumswohnungen in den neuen Bundesländern, IFF-Gutachten, März 1993
Nordic Council of Ministers (Hrsg.), European Seminar on Household Economics, in: TemaNord 1994:641, Copenhagen 1994

o.V., "Summary Request for Support CANDO Self Employment Loan Fund (SELF)", Internes Papier der Organisation Chicago Association of Neighborhood Development Organisations (CANDO), 1994

o.V., M.M. Warburg & Co Hypothekenbank AG gegründet, in: Der Langfristige Kredit, 9/1995, 288

o.V., Wüstenrot Hypo nimmt Geschäftsbetrieb auf, in: Der Langfristige Kredit, 10/1995, 324

o.V., Hauptversammlung der Frankfurter Hypo beschließt Fusion, in: Der Langfristige Kredit, 12/1995, 396

o.V., Selbstbewußt aber nicht selbstgefällig, in: Deutsche Sparkassenzeitung vom 16.05.95, 5

o.V., Realismus in Hannover, in: Deutsche Sparkassenzeitung vom 16.05.95, 1

o.V., Kunden und Verbraucherorientierung, in: Deutsche Sparkassenzeitung vom 16.05.95, 4

o.V., Europäische Gemeinschaften, Wirtschafts- und Sozialausschuß, Stellungnahme zu der Mitteilung der Kommission zu den Finanzproblemen kleiner und mittelständischer Unternehmen, CES(94), vom 6.07.94, 4

o.V., Informationsdienst der Bundesarbeitsgemeinschaft Schuldnerberatung e.V., Heft 1, 1995

o.V., Board of the Governors of the Federal Reserve System, Federal Reserve Bulletin, Washington Februar 1995

o.V., Community Reinvestment Act Regulation, Gesetzesvorschlag vom 27.09.94, 59 Fed,-Reg. 51232, Washington 1994

Reifner, U., Banking and the Community - A European Perspective on Community Reinvestment in the United States, Veröffentlichung in Vorbereitung, Hamburg 1995

Reifner, U., Insolvenzprävention durch Finanzierungsanalyse und Kreditberatung kleiner und mittlerer Unternehmen, Veröffentlichung in Vorbereitung, Hamburg 1995

Reifner, U., Recht auf Girokonto: Zum Stand der Diskussion, in: BankWatch-Infodienst 5/1995

Reifner, U., Rechte der Bank beim Mißbrauch der ec-Automatenkarte, Gutachten im Verfahren gegen die Postbank AG, Oktober 1994

Reifner, U., Wohnungsbaufinanzierung in den USA, in: BankWatch-Infodienst 5/1995

Reifner, U./Brutschke, H., IFF-Gutachten zu Vorfälligkeitsentschädigungen, November 1993

Reifner, U./Evers, J., Finanzdienstleistungen in strukturschwachen Gebieten, Hamburg 1995

Reifner, U./Evers, J., Finanzdienstleistungen in strukturschwachen Gebieten, Machbarkeitsstudie zum Projekt "Kooperative Innovative Stadtteilentwicklung" im Auftrag der Volksfürsorge akademie, April 1995

Reifner, U./Evers, J., Small Business Lending in Regional Development - Northern Approaches and Programs in Development Financing, Mai 1995

Reifner, U./Ford, J. (Hrsg.), Banking for People, New York -Berlin 1992

Reifner, U./Haane, B., Europäische Entwicklungen im Bereich privater Verschuldung, in: Reifner/Reis, Überschuldung und Hilfen für überschuldete Haushalte in Europa, Frankfurt/M. 1992

Reifner, U./Haane, B., FIS International Database, Final Report to the Consumer Policy Service of the European Commission, Hamburg, April 1995

Reifner, U./Keich, R., et.al., Risiko Baufinanzierung, Kriftel/Ts., Neuwied, Berlin 1995, 2. Aufl.

Resnikoff, A., Understanding bank regulation - New approaches to improving the Bank Oversight System, in: Loyola Consumer Law Reporter, Vol. 6 NO 4 1994, q08 ff.

Richman, N., Inner-City Housing Development Strategies: Community-Based Housing Innovations in the USA, Research Report 3, Graduate School of Architecture and Urban Planning, Los Angeles, California

Schmieding, H., Hoher Kapitalbedarf läßt wenig Spielraum für sinkende Zinsen, in: Handelsblatt vom 20.04.95

Schmitt, Stefan, Verschuldungsverhalten als wirtschaftliches Problem, Frankfurt/M 1993

Schneider, Armut und Arbeitslose, Blätter der Wohlfahrtspflege 1989

Schönbauer u.a., Privatverschuldung in Österreich, Wien 1990

Schwarze, U., Einkommensarmut und Privatverschuldung in Schweden, Sozialhilfe und "haushaltsökonomische Beratung" dargestellt am Beispiel der Stadt Malmö, Frankfurt/M 1993

Shapiro, J., Shorebank Corporation: A Private Sector Banking Initiative to renew distressed Communities, in: Reifner/Ford, Banking for People, 183-200

Shaw, K.S., Fair Lending Myth, in: The Bankers Magazine 1/2 1995

Squires, G., From Redlining to Reinvestment, Community Responses to Urban Disinvestment, Philadelphia: University Temple, 1992

Statistisches Bundesamt, Fachserie 10, Reihe 2

Statistisches Jahrbuch 1994, Metzler Poeschel Verlag, Wiesbaden 1994

Thomas, K., Community Reinvestment Performance, in: Probuc Chicago 1993

Washüttl, Wie der Bankier die KO-Novelle sieht, ecolex 1992

Wenzel, Die Restschuldbefreiung in der deutschen und österreichischen Insolvenzrechtsreform, KTS 1993

Wilhelm, Der Privatkonkurs wird möglich, ecolex 1992

Yunus, M., Grameen Bank: Does a Capitalist System have to be Hand-Maiden of the Rich? Vortrag, 85. Rotary International Convention, in: The Economist vom 10.09.94, 94

Themenheft:
Soziale Arbeit 9-10/1994 "Schuldnerberatung"

Empfehlenswerte Periodika:
BankWatch-Infodienst zu Finanzdienstleistungen, Hamburg

BAG-SB-Infomationen
Informationsdienst der BAG Schuldnerberatung, Kassel

Infodienst Schuldnerberatung Baden-Württemberg
Zentrale Schuldnerbeatungsstelle Stuttgart

Mark(t) und Pfennig
Informationsdienst des Fördervereins Schuldenberatung im Lande Bremen

EINLEITUNG

1. Das Jahr 1995 markiert eine Entwicklung in der privaten Verschuldung der Bundesbürger, die deutlich macht, daß der entrüstete Vergleich mit den Entwicklungen in den USA vor noch 10 Jahren inzwischen der Vergangenheit angehört. Mehr als 400 Mrd. DM Konsumkredite, mehr als 800 Mrd. DM Wohnungsbaukredite, mehr als 10 Mio. Kreditkarten und mehr als 50 Mio. ec-Karten mit Kontoüberziehung werden es am Ende des Jahres sein. Der nunmehr zweite Schuldenreport versucht, die Zahlen zusammenzustellen und Trends zu verdeutlichen.

   Wiederum hatten es die Verfasser nicht leicht. Eine offizielle Statistik zur Verschuldung in Deutschland gibt es immer noch nicht. Anders als in den USA sind Banken in Deutschland nach wie vor nicht verpflichtet, in ihren Berichten über Kundengruppen, Regionen und Ausfallquoten Rechenschaft abzulegen. Was zudem bei anderen Gläubigern wie den Versandhäusern sowie Vermietern und Elektrizitätswerken geschieht, ist nicht einmal in Globalzahlen nachvollziehbar.

   Auch dieser Bericht wird sich daher dem Vorwurf ausgesetzt sehen, interessiert zu spekulieren, weil er in der Tat von Personen geschrieben und recherchiert wurde, die von ihrer Profession her außerhalb des Bankensektors stehen. Interne Zahlen oder Kooperation hat es bei diesem Report leider noch nicht gegeben, wenngleich mit ersten Kontakten und gemeinsamen Seminaren zwischen Banken und Sozialverbänden neue Ansätze erkennbar geworden sind. Vielleicht wird es noch vor der Jahrtausendwende auch so etwas wie den Bericht der amerikanischen Zentralbank oder des französischen Verschuldungszentrums über die Verbraucher-Finanzdienstleistungen geben. Bis dahin ist das zusammengetragene Material als Diskussionsbeitrag aufzufassen, der den Akteuren auf allen Seiten Anregungen für Lernprozesse und Kenntnisse geben will, ohne die die Herausforderungen des Finanzdienstleistungssystems an eine soziale Zukunft bzw. die Anforderungen der Gesellschaft an die Wirtschaft nicht vernünftig artikulierbar sind. Erwiderungen und Verbesserungen sind willkommen.

2. Sind die Deutschen überschuldet? Die Frage ist falsch gestellt. Schuldenmachen als unabweisbare Begleiterscheinung oder sogar Motor marktwirtschaftlicher Entwicklungen kann gestaltet werden, und zwar zum Guten wie zum Schlechten. An dieser Gestaltung waren im Berichtszeitraum der Jahre 1993 bis 1995 Banken und Versicherungen, Inkassoinstitute und Kreditkartenunternehmen, deutscher und EU-Gesetzgeber, Gerichte, Verbraucher- und Wohlfahrtsverbände und nicht zuletzt eine in den Medien reflektierte kritische Öffentlichkeit beteiligt.

   Aus diesem komplexen Kommunikationsprozeß über die Gestaltung der Zukunft will der vorliegende Band berichten. Dabei geht es um die Auswirkungen des Verbraucherkreditgesetzes, das die gerichtlichen Gestaltungen der 70er Jahre reflektiert. Demgegenüber sind es im Hypothekenkredit nunmehr die Gerichte sowie die öffentlichen Auseinandersetzungen um Disagio und Vorfälligkeitsentschädigung, Zinsanpassung und Lebensversicherungshypothek, die Ansätze der "Zähmung" einer Wohnungsfinanzierung ist, die mit ihrem Eintritt in den Eigentumserwerb unterer Einkommensschichten mehr soziale Verantwortung und damit auch mehr Transparenz und Überprüfbarkeit erfordert. Der Bericht aus den neuen Bundesländern unterstreicht, daß nicht nur in Produktivität und Einkommen, sondern auch in Verschuldung und Überschuldung Angleichungsprozesse erfolgen. Auch die Grenze zu den neuen Selbständigen etwa im Franchising oder bei den Schulden aus gescheitertem Kleingewerbe sind fließender geworden.

Die aufgezeigten Tendenzen im Bereich der Verschuldung sind dabei insgesamt nicht neu, bestätigen jedoch die Vermutungen über die Richtung. Flexibilisierung der Kredite durch variable Zinssätze, vorzeitige Ablösung sowie das Anwachsen der Überziehungskredite und des bargeldlosen Zahlungsverkehrs machen es für die Verbraucher schwieriger, ihre Verschuldungsentscheidungen an den unbestimmten Einkommens- und Ausgabenerwartungen der Zukunft zu orientieren. Zunahme langfristiger Verschuldung sowie das immer geringer werdende Eigenkapital in der Wohnungsfinanzierung machen die Haushalte für wirtschaftliche Schwankungen anfälliger und sensibler.

3. Mit dem Thema der "Kontolosen" kommt darüber hinaus eine ganz neue soziale Dimension ins Bankgeschäft, die durch bestehende Verarmungstendenzen eine Diskussion aufzwingt, die in den USA seit längerem Politik und Öffentlichkeit beschäftigt: der Ausschluß von Menschen ohne wirtschaftliche Perspektive aus dem Finanzdienstleistungssektor. Zwei Hoffnungen, daß die Wirtschaft diesen scheinbar logischen Weg der Kosten- und Risikominimierung nicht rücksichtslos bis zur Zwei-Drittel-Gesellschaft fortsetzt, liegen hinter uns. Die Insolvenzordnung hat weder die amerikanische fresh-start-Doktrin verwirklicht noch den lebenslangen Schuldturm bestätigt, sondern zumindest in einigen Ansätzen, wie beim steigenden Selbstbehalt bei kontinuierlicher Zahlung sowie bei der Anerkennung außergerichtlicher Schuldenregulierungspläne, die Reintegration Überschuldeter ins Wirtschaftsleben neben das Prinzip der Gläubigerbefriedigung gesetzt. Das gleiche gilt im übrigen auch für das österreichische Verbraucherinsolvenzverfahren. Mit der Selbstverpflichtung der deutschen Banken und Sparkassen zum Girokonto auf Guthabenbasis für Personen mit negativer Kreditwürdigkeit ist eine weitere Hoffnung entstanden, daß langfristig gedacht wird, wenngleich der Bericht hier auch zwischen Worten und Taten unterscheiden muß.

Ein solcher Ansatz, wenngleich nicht gerade im sozialen Brennpunkt der Verschuldung, sondern am Beispiel der Bankverhaltensweisen im Hypothekenkredit, ist aus der Auswertung von 1.100 Krediten, die im Rahmen einer Berechnungs- und Auswertungsaktion der Verbraucherzentralen in deren Computer kamen, entstanden. Daß solche Auswertungen eine ganz andere Dimension als Argumente oder Einzelfälle haben, zeigt das öffentliche Aufsehen, das sie in den Medien provoziert haben. Entsprechende Auswertungen könnten auch über die Tausende von Konsumkrediten laufen, die Verbraucherzentralen und Schuldenberater in ihren Computern haben, ebenso wie über die Daten, die mit den Schuldenregulierungsprogrammen erhoben wurden. Für den nächsten Schuldenreport könnte es dann weit besseres und originäres Zahlenmaterial geben, wenn sich finanzkräftige Interessenten finden ließen.

4. Seine besondere Bedeutung hat das Thema der sozialen Verantwortung in der Verschuldung im Berichtszeitraum durch die Urteile des höchsten deutschen Gerichts zur Verfassungswidrigkeit einer die sozialen Belange vermögensloser Bürgen mißachtenden Zivilrechtsprechung erlangt. Die Urteile und deren Umsetzung durch den Bundesgerichtshof sowie deren kontroverse Aufnahme spiegeln insgesamt den Diskussionsprozeß um Vertragsfreiheit und Sozialstaatsprinzip im privaten Bankverhalten wider und lassen längerfristige Perspektiven konturierter erscheinen.

5. In langfristiger Perspektive sind auch die Beiträge zur Internationalisierung der Schulden- und Verbraucherarbeit gedacht, die einerseits als notwendige Antwort auf die Internationalisierung der Kreditwirtschaft, andererseits aber auch als europäische Option zu gegenseitiger Hilfe und dem Lernen im Sozialsektor verstanden werden können. Die nächste europäische Finanzdienstleistungskonferenz der Verbraucherverbände in Straßburg im September 1996 wird dem Thema "Europäische Währungsunion und regionale Verantwortung der Banken" gewidmet sein, wobei deutsche Vertreter nicht nur der sozialen Verbände, sondern auch der Kreditwirtschaft hoffentlich mitgestaltend tätig sein werden.

6. Wohin der Weg ungestalteter Verschuldung gehen kann, wird durch einen Blick über den Atlantik ebenso wie über den Ärmelkanal verdeutlicht, wo wirtschaftliche Diskriminierungstendenzen so weit fortgeschritten sind, daß ganze Stadtteile oder gar Regionen aus den produktiven Funktionen eines entwickelten Geldsystems ausgeschlossen sind. Mit dem Community Reinvestment Act, dem Home Mortgage Disclosure Act sowie dem Equal Credit Opportunity Act haben die Amerikaner eine Art "Notbremse" gezogen, die aus Banken heute ganz generell regionale Gewährsträger für wirtschaftliche Entwicklungen machen will. Frühzeitiges Erkennen solcher Fehlentwicklungen und Gegensteuern kann dabei nicht nur soziale, sondern auch politische Kosten des Geldsektors sparen, denn auch für die Anbieter dürfte letztendlich Prävention kostengünstiger als Reparatur sein.

7. Was wird der nächste Schuldenreport 1997, der als deutsch-österreichisches Projekt geplant ist, falls er denn finanziert werden kann, zu berichten haben? Unübersehbar

werden die Plastikkarten unser Kauf- und Konsumverhalten revolutionieren. Chipkarte mit aufgeladenem Geld, separate Kreditkontingente nach der Art der Citibank-BahnCard, Integration von ec-Karte und Kreditkarte werden uns aller Voraussicht nach ebenso beschäftigen wie "Kreditkartensucht" und "Kartenspieler".

Im Wohnungssektor wird man sich auf 120% finanzierte "Eigentumswohnungen" einstellen müssen, an denen wirtschaftlich der Eigentümer niemals nennenswerten Vermögensanteil haben wird. Fallende Grundstückspreise und damit Verfall von Sicherheiten werden auch im Hypothekenkredit sichtbar machen, daß bei konsumorientierter Finanzierung, ebenso wie im übrigen bei Kleingewerbetreibenden und neuer Selbständigkeit nicht die Sachsicherheiten, sondern die Arbeitskraft und das damit erzielbare Einkommen der Menschen im Vordergrund stehen wird.

Bankenfusionen und der Erfolg aggressiver aus- wie inländischer Anbieter werden aller Wahrscheinlichkeit Zweifel aufkommen lassen, ob sich bestimmte Errungenschaften im Verbraucher- und Sozialschutz im Rahmen der internationalen Konkurrenz werden halten lassen. Personalabbau im Bankensektor und Schieflagen bei kleineren Instituten werden zudem Themen aufzwingen, die in Deutschland seit 50 Jahren praktisch Tabu waren. Zudem werden nationale Projekte immer mehr am internationalen Maßstab gemessen werden, so daß in dem erweiterten Markt die internationale Kommunikation auf allen Seiten schon deshalb gelernt werden muß, um mit seinen eigenen Ideen und Systemen überhaupt noch Chancen zu haben.

Finanzierungen werden die Zukunft noch weit mehr beherrschen als die Gegenwart. Ausbildung und Gesundheitspflege, Wohnung und Konsum, Arbeitsplätze und Kleingewerbe, öffentliche Aufgaben und Kultur, Sozialarbeit und Vorsorge werden in weit stärkerem Maße vom Kreditmechanismus und damit von der Verschuldung erfaßt werden, als dies heute vorstellbar ist. Die Grundfragen werden sich jedoch kaum von den heutigen Fragen unterscheiden: Wird das marktwirtschaftlich orientierte Geldsystem eine nachhaltige Entwicklung von Wirtschaft, Gesellschaft und Umwelt befördern, oder wird es diese nur zur Verwirklichung seiner eigenen Ziele gestalten?

KAPITEL A
VERSCHULDUNG DER PRIVATEN HAUSHALTE

I Die Entwicklung der privaten Verschuldung im Konsumentenkredit

Unter Konsumentenkrediten versteht man wirtschaftlich gesehen die entgeltliche Bereitstellung und Inanspruchnahme von Kaufkraft durch Dritte zu Zwecken des persönlichen Konsums. In dieser Definition sind alle Alternativen eingeschlossen, bei denen der Erwerber bewußt gegen ein besonderes Entgelt das fehlende Bargeld ersetzt. Dazu gehören

- die Inanspruchnahme eines Ratenkredits bei einer Bank ("Privatdarlehen"), der zu einem festen Zinssatz in gleichbleibenden Raten zu tilgen ist, um das neue Auto zu bezahlen oder bestehende Schulden auf dem Girokonto abzulösen;
- die Umbuchung oder Abhebung aus dem Rahmenkredit einer Bank, dessen Höchstbetrag noch nicht ausgeschöpft ist, und der i.d.R. zu variablen Zinsen mit einer Mindestrate getilgt werden muß (auch echte Kreditkartenkredite);
- die Zahlung mit Scheck oder ec-Karte bzw. mit einer Bankkreditkarte (EuroCard, Amexco, Diners), durch die das Girokonto bei der Bank direkt oder nach drei bis vier Wochen (Kreditkarten) ins kostenpflichtige Minus gerät (Überziehungskredit);
- die Zahlung mit einigen Karten des VISA-Systems (Citibank-BahnCard, Bank of Santander, Barclays), bei denen ein gewohnter Ratenkredit automatisch erfolgt, wenn nicht innerhalb der 4-Wochen-Frist gezahlt wird;
- der "Kauf auf Pump" einer Lexikonreihe, bei dem später mit Zinsaufschlag und evtl. in Raten bezahlt wird (Abzahlungsgeschäft);
- der "geleaste" Fernseher, den man gegen "Miet“-zahlungen abnutzen darf (Finanzierungs- oder einfaches Leasing);
- die Benutzung einer händlereigenen Kreditkarte etwa bei Massa, Hertie (goldene Kundenkarte), Karstadt oder Breuninger, die eine (erhöhte) ratenweise Rückzahlung erlauben (Kreditkartenkredite des Handels);
- der Gang ins Pfandleihhaus, wo Wertgegenstände deponiert werden können und 12% Zinsen zzgl. zum Teil erheblicher Lagergebühr bezahlt werden müssen, bis das empfangene Geld wieder zurückgezahlt werden kann;

Der Handel wurde bereits als Kreditgeber von den Banken abgelöst. Fixe Ratenkredite, Überziehungs- und variable Kredite und die neuen VISA-Kreditkartenkredite werden in der Zukunft gleichberechtigt und tendenziell wachsend oft ungeplante und unbewußt aufgenommene Schulden bei Haushalten bestimmen, die zunehmend die Übersicht verloren haben. Ratenkredite, so ist die Erfahrung nach den vielen Experimenten mit variablen Konditionen, sind für die Rückzahlungsmoral entscheidend, weil sie geringere Risiken bergen als die schneller und einfacher zu verkaufenden flexiblen Überziehungs-, Rahmen- und Kreditkartenkredite.[1]

1 Verschuldungssituation der privaten Haushalte

1994 machten die bankmäßigen Konsumentenkredite an private Haushalte in Deutschland knapp 364 Mrd. DM aus, was einer Steigerung um rund 5% im Vergleich zu 1993 entspricht.[2] Nach den bisher üblichen Schätzungen über die nicht erhobenen direkten Kredite des Handels und von Dienstleistungsunternehmen wäre diese Summe noch einmal um ca. 10-15% auf 400 Mrd. DM zu erhöhen. Es gibt allerdings auch Schätzungen von bis zu 50% (Stand 1993).[3] Die über 500 Mio. DM kurzfristige Kredite der Pfandleihanstalten sind demgegenüber eher eine Randerscheinung.[4]

Abb. 1: Entwicklung der Konsumentenkredite und Privatverschuldung

Jahr	Konsumkredite in Mio. DM	Ratenkredite in Mio. DM	Anzahl Haushalte in 1.000	Bevölkerung in 1.000 (ab 1990 für Gesamtdeutschland	Bruttolöhne und Gehälter in Mio. DM
1980	130.720	66.922	24.811	61.566	754.100
1981	136.296	68.751	25.100	61.682	792.700
1982	144.059	72.384	25.336	61.638	815.400
1983	155.904	75.111	25.500	61.423	826.800
1984	164.787	77.924	26.000	61.175	831.400
1985	179.520	82.846	26.367	61.024	861.900
1986	188.840	88.422	26.739	61.066	906.100
1987	200.570	93.704	26.218	61.170	945.100
1988	213.989	–	27.100	61.450	982.200
1989	232.931	109.324	27.793	62.063	1.027.100
1990	259.692	120.808	32.100	79.365	1.108.800
1991	294.962	138.063	32.100	79.984	1.196.300
1992	324.521	148.117	35.700	80.594	1.272.700
1993	345.824	151.827	35.700	80.600	1.286.300
1994	363.888	160.902	36.200	81.400	1.291.700

Quelle: Deutsche Bundesbank, Statistisches Jahrbuch 1994, Jahresbericht Bankenfachverband 1994

1 Schuldenreport 1993, 20.

2 Monatsbericht der Deutschen Bundesbank, Juni 1995, 28* und Bankenfachverband, Jahresbericht 1994, 68.

3 Hermes AG nach à la CARD AKTUELL 5/1993, S. 14.

4 Hamburger Abendblatt vom 18.05.94, 16.

Abb.2: Entwicklung der Konsumentenkredite

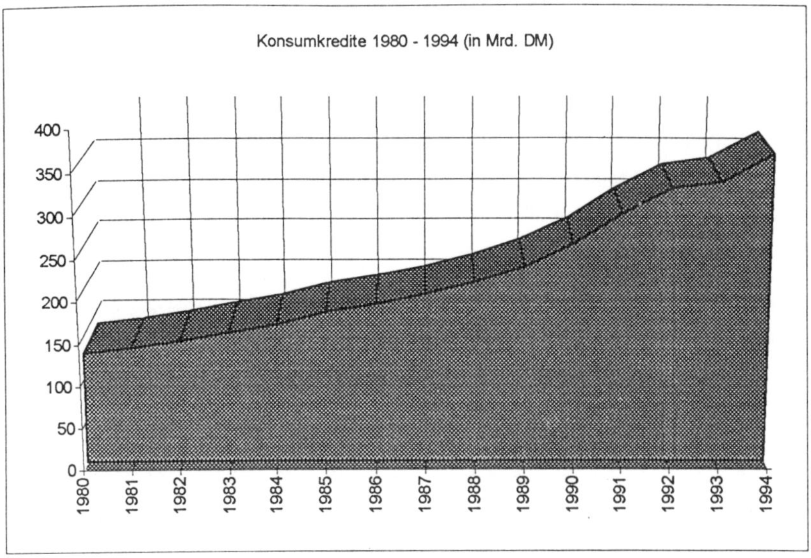

Quelle: Monatsberichte der Deutschen Bundesbank

In den 24 Jahren seit 1970 hat sich das Konsumentenkreditvolumen von 29 Mrd. auf fast 364 Mrd. verzwölffacht, und seit 1985 hat sich das hohe Niveau nochmals verdoppelt.

Wie die folgende Tabelle der Zuwachsraten seit 1987 verdeutlicht, hat sich das Kreditvolumen erheblich schneller entwickelt als Einkommen und Sparen.

Abb. 3: Entwicklung ausgewählter Kennzahlen

Kennzahl	**Zuwachs in % 1987 auf 1994**
Konsumentenkredite (Raten- und Nichtratenkredite	81,43
Ratenkredite	71,52
Kontoüberziehung	60,49
Sparvermögen	33,95
Löhne und Gehälter	36,63

Quelle: Monatsbericht der Deutschen Bundesbank und eigene Berechnungen

Allerdings sind die Statistiken über den Umfang der in Anspruch genommenen Ratenkredite alles andere als eindeutig. Während die Deutsche Bundesbank für 1991 138 Mrd. DM Ratenkredite ausweist, ergab eine Auswertung der Schufa von 1991 allein 252 Mrd. DM an Ratenkreditvolumen, während die Rahmenkredite nur mit 12 Mrd. DM angegeben werden. Die wohl wahrscheinlichste Annahme ist, darin, daß die Schufa korrekterweise alle Kredite mit Mindestratenzahlungspflicht zu den Ratenkrediten zählt, während bei der Bundesbank Kredite mit allein flexiblem Rahmen nicht mehr als Ratenkredite im klassischen Sinne erfaßt werden.

Die Pro-Kopf-Verschuldung für den Konsumentenkredit im Jahre 1994 lag bei 4.470,-- DM, ist also in den vergangenen zwei Jahren um rund 500,- DM gestiegen.[5] Im Jahre 1993 wurden die Konsumkreditverbindlichkeiten auf 17% des verfügbaren Einkommens der deutschen Haushalte angegeben.[6]
Die jährliche Zuwachsrate bei den Konsumkrediten lag in den 80er Jahren zwischen 4,27% und 8,94%, steigerte sich - bedingt durch die deutsche Einheit 1990 auf 11,49% und 1991 auf über 13%, sank allerdings im Jahre 1993 im Zusammenhang mit der Wirtschaftskrise und der Hochzinsphase rapide auf 2,46% ab, um dann wieder knapp auf das Niveau von 1992 anzuwachsen.[7]

5 Bankenfachverband, Jahresbericht 1994, 69, und eigene Berechnungen.
6 Handelsblatt vom 19.05.94, 11.
7 Monatsbericht der Deutschen Bundesbank, Juni 1995, und eigene Berechnungen.

Abb. 4: Jährliche Zuwachsrate Konsumentenkredite

Jahr	Zuwachs gegenüber Vorjahr in %
1981	4,27
1982	5,70
1983	8,22
1984	5,70
1985	8,94
1986	5,19
1987	6,21
1988	6,69
1989	8,85
1990	11,49
1991	13,58
1992	10,02
1993	2,46
1994	9,44

Quelle: Monatsbericht der Deutschen Bundesbank, Juni 1995, und eigene Berechnungen

Legt man statt der Konsumentenkreditverschuldung die gesamte private Verschuldung inkl. Hypothekenkredite zugrunde, so stieg das Kreditvolumen von 1987 bis 1994 um 75,75%. Die Pro-Kopf-Verschuldung stieg im gleichen Zeitraum von 10.169,66 DM auf 13.564,88 DM[8]. In dieser Rechnung sind die Schulden allerdings unsinnigerweise gleichmäßig auch auf Babys und Greise verteilt.

Das gleiche gilt, wenn auf den Bestand des privaten Vermögens mit einem Gegenwert von mittlerweile 4,3 Bio. DM hingewiesen wird und damit deutsche Haushalte mehr sparten als Kredit aufnähmen.[9] Damit errechnen sich für Westdeutschland durchschnittliche finanzielle Werte pro Haushalt von 137.000,-- DM, für Ostdeutschland von 40.000,-- DM[10]. Dabei wird unterstellt, daß trotz eines Durchschnittssollzinssatzes bei Konsumentenkrediten von 13,5% im Jahre 1994 und einer durchschnittlichen Anlagerendite von nur 6% Sparbürger und Schuldenbürger identisch seien. Tatsächlich deutet das gleichzeitige Anwachsen von Geldvermögen und Schulden darauf hin, daß die Schere

8 Monatsbericht der Deutschen Bundesbank, Juni 1995, und eigene Berechnungen.
9 Bundesverband deutscher Banken, Bank Nachrichten vom 3.07.95.
10 Frankfurter Rundschau vom 16.05.1995, 13.

zwischen Arm und Reich sich auch im Inland weiter öffnet. Überschuldung und Verschuldungsprobleme sind am deutlichsten im Zusammenhang mit dem Konsumkreditvolumen zu sehen, weil Ratenzahlungen in ihrer vollen Höhe aus dem Einkommen zu bestreiten sind und somit eine Belastung des Haushalts darstellen.

Belastet wird von Konsumkrediten immer der Haushalt und damit nicht nur eine Einzelperson. Dies wird auch augenfällig durch die Form der meisten Kredite, bei denen gesamtschuldnerische Haftung von Ehepartnern verlangt wird. Verteilt man allein die Konsumentenkreditschulden auf alle Haushalte, so ergibt sich eine Belastung für 1994 von 10.192,94 DM, was einer Verdoppelung seit 1980 gleichkommt.[11] Es sind jedoch nicht alle Haushalte im Konsumkredit verschuldet. Genaue Zahlen über die Haushalte mit Schulden liegen uns im Gegensatz etwa zu Frankreich, wo die Zentralbank regelmäßige Erhebungen vornimmt und die Bankenverbände selber ein "Schuldenbeobachtungszentrum" (Observatoire de dettes) unterhalten, nicht vor.

Die Deutsche Bundesbank ging 1993 davon aus, daß nur ein Drittel aller Haushalte im Konsumkredit verschuldet ist[12]. Davon ausgehend würde die durchschnittliche Haushaltsverschuldung allein im Konsumkredit 30.578,82 DM im Jahre 1994 betragen haben.

2 Wofür werden Kredite benötigt

Ein wichtiger Faktor der privaten Überschuldung ist die Autofinanzierung, obwohl die Neuzulassung von PKW im Jahre 1993 stark rückläufig war. Die Autobanken erreichten dennoch - wohl begründet durch relativ günstige Konditionen - überdurchschnittliche Zuwachsraten. Die Autobanken verzeichnen daher von allen Institutsgruppen innerhalb des Bankenfachverbandes die stärkste Geschäftsausweitung im Jahre 1993. Sie steigerten das Kreditvolumen um 12,5% auf 37,6 Mrd. DM gegenüber einem Vorjahresstand von 33,5 Mrd. DM.[13] Dieser Trend setzte sich auch 1994 fort. Das Kreditvolumen der 11 Autobanken konnte um 11% auf 42,2 Mrd. DM ausgeweitet werden[14].

1993 und 1994 wurde jeder dritte neuzugelassene PKW über herstellereigene Banken oder Leasinggesellschaften finanziert[15]. Ein neuer PKW kostete 1993 33.600,- DM, ein Gebrauchtwagen im Durchschnitt 15.600,- DM.[16] Die Autobanken finanzierten im Jahre

11 Monatsbericht der Deutschen Bundesbank, Juni 1995, Statistisches Jahrbuch 1994 und eigene Berechnungen.

12 Monatsbericht der Deutschen Bundesbank, April 1993, 27.

13 Bankenfachverband e.V., Jahresbericht 1993, 16.

14 Bankenfachverband e.V., Jahresbericht 1994, 18.

15 Stuttgarter Nachrichten vom 18.05.95, 1.

16 Handelsblatt vom 11.10.94, 11.

1993 1,1 Mio. Fahrzeuge. Ihr Anteil an der PKW-Finanzierung beläuft sich dabei auf ca. 60%.
Die durchschnittliche Höhe einer Kfz-Finanzierung durch eine Autobank belief sich im Jahre 1993 auf 21.802,87 DM, beschränkt lediglich auf Kredite ergibt sich eine durchschnittliche Finanzierungshöhe von 16.868,71 DM.

Nach Schätzung der CC-Bank werden 70-80% aller Fahrzeuge unter Inanspruchnahme von Konsumkrediten erworben. So wurden 1992 fast 1,5 Mio. Autos finanziert. Damit machten die Autokredite 70% der Konsumentenkreditsumme aus, was allerdings wegen der anhaltenden Nachfrage in den neuen Bundesländern und Dumping-Konditionen der Automobilbanken bis gegen 0% effektiver Jahreszinssatz für 1994 besonders auffällig war. Die Durchschnittslaufzeit der Automobilfinanzierungskredite lag bei 50 Monaten bei einem Durchschnittskredit von 20.000,-- DM für finanzierte Autos. Freie, nicht subventionierte Automobilkredite sind i.d.R. noch höher und haben eine erheblich längere Laufzeit.[17]

Zunehmend wird ein Konsumentenkredit auch zur Deckung des laufenden Bedarfs eingesetzt, etwa erhöhte Kreditaufnahme zu Beginn des Jahres oder in der ersten Lebenshälfte. Darüber ob die älteren Daten noch Gültigkeit haben, wonach ein Drittel aller Kreditaufnahmen zumindest auch teilweise der Kredittilgung und damit der Umschuldung dient, liegen keine näheren Informationen vor. Die neuen Kreditformen des "revolving"-Kredit, bei denen der Kunde selber die Kredithöhe bestimmt, machen eine Unterscheidung zwischen Umschuldung und echter Kaufkraftfinanzierung unmöglich.

Die Erstkreditaufnahme ist allerdings in der Mehrzahl der Fälle durch die Gründung eines eigenen Haushalts motiviert, während ein Autokauf in 18% der Fälle der Grund für die erstmalige Kreditaufnahme ist[18].

---

17 Handelsblatt vom 12.10.93, 3.
18 Süddeutsche Zeitung vom 9.05.95, 21.

Abb. 5

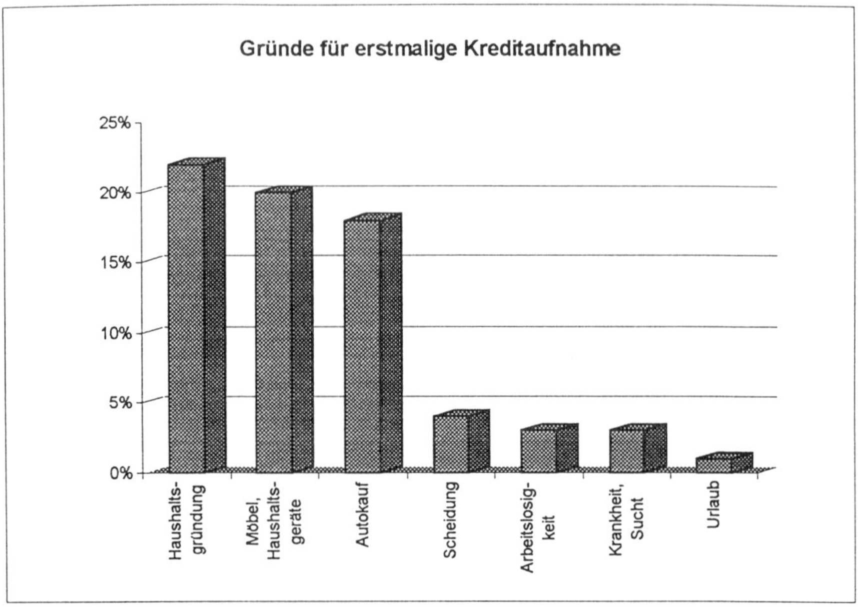

Quelle: Süddeutsche Zeitung vom 9.05.94

3 Finanzierungsmittel Plastikkarte

Je stärker das verfügbare Haushaltseinkommen gebunden wird, desto geringer ist der finanzielle Verhaltensspielraum der verschuldeten Haushalte. Bereits geringfügige Ausgabenschwankungen erfordern daher die Inanspruchnahme von Kredit. In diesem Zusammenhang ist das Girokonto zur entscheidenden Kreditquelle in Deutschland geworden.

Motor dieser Entwicklung ist die ec-Karte, die längst ihre Bedeutung als Scheckgarantiekarte zugunsten einer Kreditkartenfunktion eingetauscht hat. Nachdem 1984 noch 18 Mio. ec-Karten im Umlauf waren, nutzten die Bankkunden 1994 37 Mio. ec-Karten vor allem dazu, Bargeld vom Girokonto abzuheben, an automatischen Ladenkassen zu zahlen und im Ausland den Geldbedarf zu decken.

Abb. 6

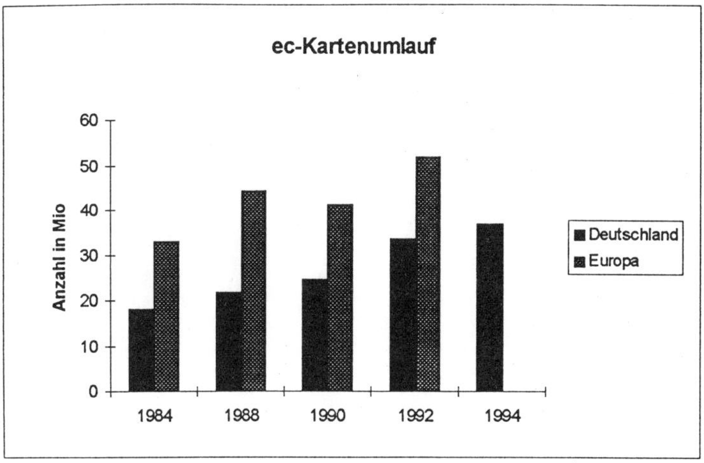

Quelle: à la CARD AKTUELL vom 15.04.95

Die ec-Karte ist damit zum echten Kreditaufnahmemittel geworden. Zum einen gibt sie Zugang zu einem jeweils einseitig von den Banken vorgegebenen und erhöhten Kreditrahmen, der zur Kreditaufnahme anreizt. Sie versagt aber selbst dann nicht, wenn der Kreditrahmen ausgeschöpft ist. In diesem Fall wird gleichwohl die Transaktion mit Kredit versorgt, der Kunde jedoch verpflichtet, einen erheblich höheren Zinssatz ("Überziehungsprovision" von z.B. 4%) zu bezahlen.

Immer mehr Geldtransaktionen werden unbar und via Plastikkarte abgewickelt. 1994 wurde ein Volumen von 42.700 Mrd. DM an Überweisungen, Lastschriften und Sckeckeinreichungen bargeldlos abgewickelt.[19] Einsparungen auch bei den Banken sowie "leanbanking" führten und führen weiter zu einer Ausweitung bargeldloser Zahlungsmittel. Sollte doch noch Bargeld benötigt werden, besteht immer häufiger die Möglichkeit, sich am Automaten rund um die Uhr selbst bedienen zu können.

19 Informationsblatt des Bundesverbandes Deutscher Banken.

Abb. 7

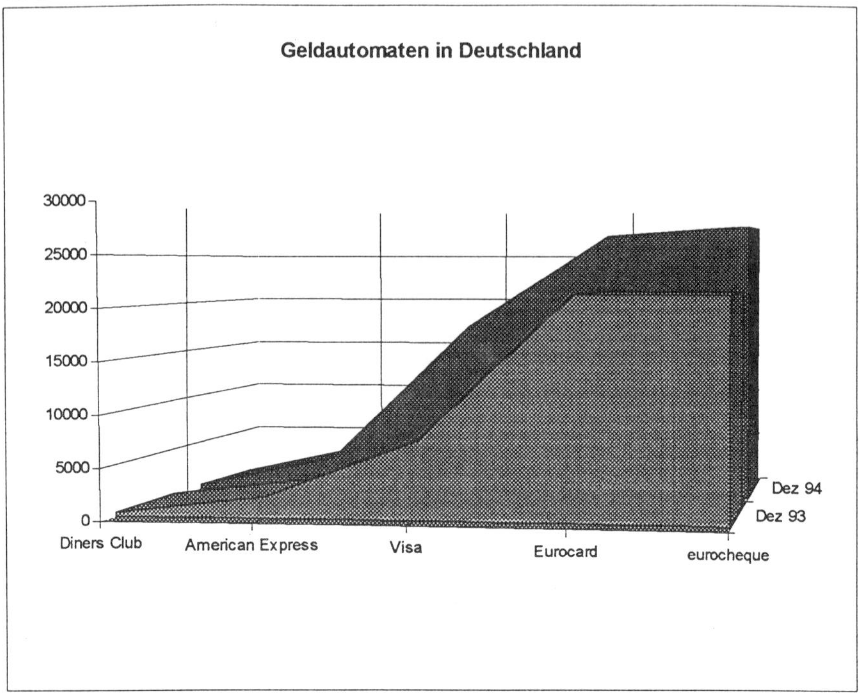

Quelle: Source vom 15.01.95

Aus den USA, Großbritannien und Japan ist bekannt, daß das Kreditkartengeschäft die entscheidende Rolle bei der Akquisition von Krediten für Konsumenten einnimmt. Dies scheint sich auch in Deutschland zu bestätigen. Dabei hat die Zahl der vier großen bankmäßig organisierten Kreditkarten EuroCard, Visa, AMEXCO und Diners von 1,14 Mio. 1985 auf 10,2 Mio. 1994 sich fast verzehnfacht.[20] Die Grenze wird bei 19 Mio. Karten, d.h. der Hälfte der ec-Karten gesehen.

Marktführer ist EuroCard, die weitgehend von der Gesellschaft für Zahlungssysteme, einem Zusammenschluß der meisten deutschen Banken, betrieben wird.

---

20 Hamburger Abendblatt vom 3.05.95, 23.

Abb. 8

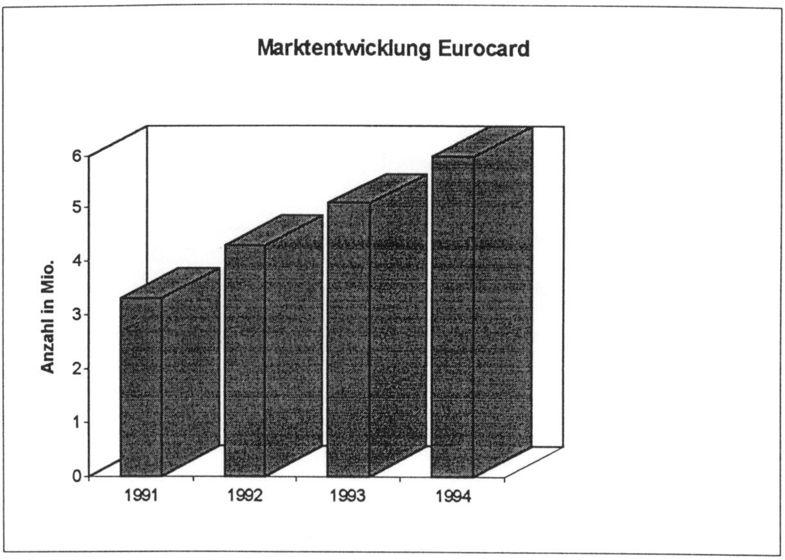

Quelle: Source vom 15.01.95

Mit seinen 6 Mio. Karten konnte EuroCard 1994 einen Marktanteil von 59,2% erreichen. Die Marktanteile von Visa mit 2,7 Mio. Karten (25,6%), American Express mit 1,2 Mio. (11,8%) und Diners Club mit rund 300.000 Karten (3,4%) folgen mit deutlichem Abstand.[21] Für 1995 erwartet besonders Visa mit knapp 5 Mio. Karten, wovon mindestens 1,5 Mio. auf die zukünftigen BahnCard-Käufer entfallen sollen, nahezu eine Verdoppelung, während die Zuwachserwartungen bei EuroCard bei knapp 1 Mio. liegen.[22]

Gegenüber anderen Zahlungskarten ist die Kreditkarte, allen voran die Visa-Karte, in Europa auf dem Vormarsch. Lediglich Kundenkarten von Banken finden noch eine stärkere Verbreitung.

21 Ebda.

22 Ebda., zur Problematik des Co-Branding Deutsche Bahn BahnCard/Citi-VISA-Card vgl. die Ausführungen unter Punkt 4.

Abb. 9

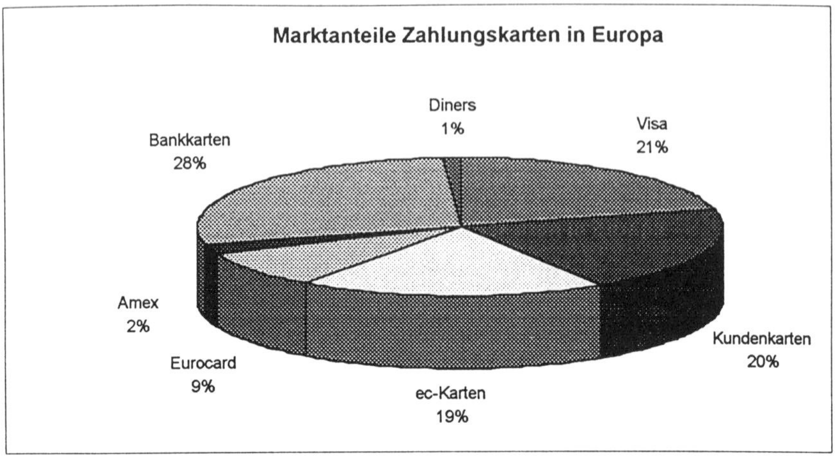

Quelle: Handelsblatt vom 25.01.95

Die Zahl der EuroCard-Transaktionen ist laut Gesellschaft für Zahlungssysteme (GZS) 1994 um 11,9% auf 154,6 Mio. DM gestiegen. Der Umsatz bei den 293.000 Vertragsunternehmen in Deutschland belief sich auf 25,8 Mrd. DM. Der jährliche Durchschnittsumsatz pro EuroCard nimmt sich dagegen mit 174,-- DM sehr bescheiden aus, insbesondere wenn man den entsprechenden Visa-Umsatz mit 3.100,-- DM dagegenhält.[23]

Die Zukunft der Kreditkarten liegt in dem im Ausland bereits weitgehend und im Inland bei Visa praktizierten System eines eigenen Kreditzugangs über die Karte. Jede Karte räumt dann einen entsprechenden Kreditspielraum ein, der nicht mehr gesondert wie beim Girokonto in einen Ratenkredit umgewandelt werden braucht, sondern automatisch in Raten rückzahlbar wird.

Angetrieben wird diese Entwicklung durch branchenfremde Kreditkartenvertreiber wie z.B. den ADAC. 1994 waren 477.099 ADAC-Visa-Karten im Umlauf. Durch Integration von Mitgliedsausweis und Kreditkarte wird die Karte geradezu aufgezwungen. Der durchschnittliche Jahresumsatz pro Karte liegt hier bei 138,-- DM.[24] Auch die Kundenkarten von Quelle oder Hertie funktionieren bereits überwiegend als Kreditmittel, da Zahlungen ratenweise geleistet werden können. Lediglich zu Beginn wird über eine Schufa-Anfrage die Bonität geprüft.

23 À la CARD AKTUELL vom 30.01.95, 5.

24 Card-Forum 2/95, 9.

Im weltweiten Vergleich ist die Citibank führend bei der Herausgabe von Kredit- bzw. Zahlungskarten.

Abb. 10: Weltweit größte Kreditkartenemittenten

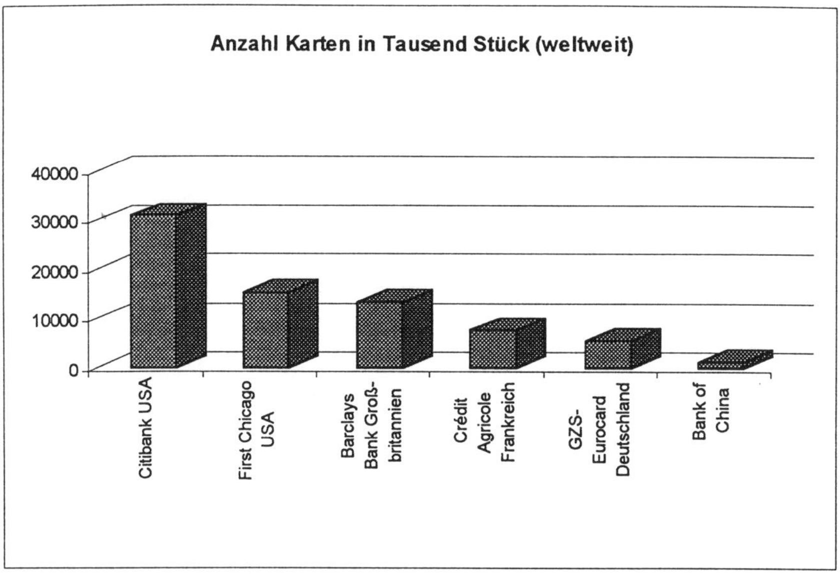

Quelle: Focus vom 19.12.94

Ein weiteres Beispiel für die Ausweitung des Kreditkartenmarkts bildet das seit 1. Juli 1995 laufende Co-Branding von BahnCard und Citibank-Visa-Kreditkarte, die die Risiken auf Konsumentenkreise ausweitet, die bislang nicht zum Kreis der Citibank- oder Kreditkartenkunden gehörten.[25] Die Problematik für die Verbraucher wird im folgenden dargestellt.

4 Neue Verschuldungstendenzen

Mit dem Deutsche Bahn-Citibank-Visa-Co-Branding wird ein neues Verschuldungssystem in Deutschland eingeführt - das System der separaten Kreditkartenkredite. Dabei ist die Koppelung einer im Interesse von Verkehrsdichte und Umweltschutz sinnvollen Einrichtung mit einer Kreditkarte nach Meinung der Verbraucherverbände überflüssig. Um einen Bahnfahrschein zu kaufen, braucht der Kunde keine mit der BahnCard verbundene

25 Vgl. hierzu BankWatch-Infodienst Nr. 1, 2, 3, 5 und 7, 1995 und die Informationsschrift „Hände weg von der Citibank-BahnCard“ in Anhang 1

Kreditkartenfunktion. Es genügt Bargeld, Scheck, ec-Karte oder eine Kontokreditkarte der Banken (Eurocard sowie einige Visa-Systeme, Diners Club und American Express).

War bisher das Bankgirokonto der Dreh- und Angelpunkt der Finanzen des privaten Haushaltes, über das Lohn und Gehalt, Ausgaben, Anlagemöglichkeiten sowie Einzugsermächtigungen und Daueraufträge abgewickelt wurden und dessen Auszüge dem Verbraucher Überblick über seine Finanzen geben, beginnt mit der Citibank-Visa-BahnCard, aber auch bei anderen Arten der separaten Kreditschöpfung via Karte die systematische Trennung der Kredite von Lohn und Gehalt.

Die Kreditaufnahme vollzieht sich dabei unbewußt. Wer mit der Karte bezahlt, mag noch die Illusion haben, daß er erst nach vier Wochen voll bezahlt. Ist jedoch kein ausreichendes Guthaben vorhanden, kommt es zur Kreditaufnahme.

Kreditkartenkredite sind eine der teuersten Kreditformen, die es überhaupt gibt. Im Juni 1995 verlangt die Citibank für Kreditkartenkredite 16,9% p.a., während auf dem Girokonto bei der Sparkasse 11% verlangt werden.

Die Gefahr der "Kreditkartenreiterei" wie in Amerika und England wird unabweislich, wo verschuldete Verbraucher ihre Kredite auf der einen Karte mit Krediten der anderen Karte finanzieren, dadurch Zinseszinsen und Schulden auftürmen und schließlich die Übersicht verlieren.[26]

Die Kreditkartenbenutzung nimmt dem Käufer auch Rechte gegenüber den Verkäufern. Während bei Krediten, die Händler im Zusammenwirken mit Banken geben, das Verbraucherkreditgesetz dem Kunden das Recht einräumt, bei mangelhafter Warenlieferung oder Konkurs des Händlers vor Lieferung, auch die Rückzahlung des Kredites zu verweigern, sehen Kreditkartenbedingungen der Banken regelmäßig vor, daß "Reklamationen und Beanstandungen aus dem Verhältnis zwischen Karteninhaber und Vertragsunternehmen ... nicht die Zahlungspflicht des Hauptkarteninhabers berühren". Man zahlt also auch, wenn man nichts oder nur etwas Mangelhaftes bekommen hat.

Das Mißbrauchsrisiko ist nicht zu unterschätzen. Zwar ist für den Mißbrauch Dritter die Haftung des Karteninhabers ausgeschlossen, doch gerade die Kombination einer Kredit- oder auch nur Zahlungskarte mit der BahnCard läßt das Risiko erheblich steigen. Wie effektiv dieser Ausschluß gehandhabt wird, ist jedoch zweifelhaft. Mehrfach wurde von Verbraucher-Zentralen berichtet, daß VISA-Karteninhaber nach Rückbuchung über einen

---

26 Vgl. Caplovitz, D., Credit Card Mania in the US; in: Reifner/Ford, Banking for People, Berlin, New York 1992.

Anwalt doch noch die Forderung nach Begleichung der Schuld erhielten, weil sie angeblich "grob fahrlässig" gehandelt hätten. Diese Schuld sei durch den Haftungsausschluß nicht gedeckt. Jeder Mißbrauch lenkt zunächst den Verdacht auf den Karteninhaber und provoziert strafrechtliche Ermittlungen, wie dies zunehmend bei ec-Karten-Mißbräuchen deutlich wird. Wer Kreditkartenmißbrauch betreiben will, wird in Zukunft die BahnCard gleich mitstehlen müssen. Der Zug ist dabei ein geeignetes Diebstahlsfeld, weil jeder Mitreisende sofort sieht, daß der andere nicht nur eine BahnCard, sondern eine Kreditkarte mit sich führt.

Das Photo auf der Karte leistet gegen Diebstahl und Betrug nur bedingt Vorsorge, dem Mißbrauch vorzubeugen. Es gibt mehrere Möglichkeiten, in denen überhaupt keine persönliche Identifikation des Karteninhabers stattfindet. So kann man mit der Kreditkarte telefonieren, bei manchen Geschäften zieht man die Kreditkarte selber durch den Magnetschlitz, und immer mehr Bestellfirmen akzeptieren eine telefonische Durchsage der Kreditkartennummer. In all diesen Fällen kann der Dieb getrost auch Fotokarten benutzen. Insbesondere hilft ein Foto nicht, wenn der die Karte Akzepierende selbst mit dem Betrüger zusammenarbeitet.

Deutschland kennt bisher im Gegensatz zu beispielsweise den USA oder Dänemark keine schützende Regelungen speziell für Kreditkarten. Visa-Vertreter haben zudem die Auffassung vertreten, daß die Aufklärungspflichten des Verbraucherkreditgesetzes auf die einzelnen Kreditaufnahmen bei Kreditkarten unanwendbar sind. Der BGH hat unlängst erst Bedingungen einer Visa-Karte (hoher starrer Verzugszinssatz, rückwirkende Verzinsung) für "unangemessen benachteiligend" für den Verbraucher erklärt.[27]

Es besteht demzufolge die Gefahr, daß die den Verbraucher schützenden Vorschriften des Verbraucherkreditgesetzes nicht greifen und der Verbraucher bei Nutzung seiner Kreditkarte einer großen rechtlichen Unsicherheit ausgesetzt ist.

5 Ausmaß der Überschuldung privater Haushalte

Gesicherte Daten zur Ermittlung der Anzahl der überschuldeten Menschen in der Bundesrepublik Deutschland liegen nach wie vor nicht vor. Es wird daher versucht, über sogenannte Indikatoren das Ausmaß der Überschuldung zu erfassen.[28] Als solche werden herangezogen:

27 BGH NJW 1994, 1532.

28 Diese wahren auch Grundlage der im Auftrag des Bundesministeriums für Jugend, Familie, Frauen und Gesundheit erstellten Studie der GP-Forschungsgruppe, Korczak/Pfefferkorn, Überschuldungssituation und Schuldnerberatung in der Bundesrepublik Deutschland, im folgenden

- Kreditkündigungen
- Energieschulden
- Lohn- und Gehaltspfändungen
- Abgabe eidesstattlicher Versicherungen

Die GP-Forschungsgruppe hat unter Zugrundelegung dieser Indikatoren für 1989 ermittelt, daß rund 1,2 Mio. oder 4,2% der Haushalte in der Bundesrepublik (Westdeutschland) überschuldet sind.[29] Für das vereinigte Deutschland liegen noch keine aktuellen Zahlen vor.

a) Der bayerische Armutsbericht des DGB

Als Grundlage einer Überschuldungsanalyse dient der 1994 vom Deutschen Gewerkschaftsbund (DGB) vorgelegte Armutsbericht für Bayern[30], deren Daten von 1992, soweit möglich, auf das gesamte Bundesgebiet hochgerechnet wurden.

Kreditkündigungen

Über den Umfang der Kreditkündigungen liegen zwar keine konkreten Zahlen vor. Im Durchschnitt ist aber davon auszugehen, daß etwa 2,5% der Kredite aufgrund von Rückzahlungsschwierigkeiten gekündigt werden. Demzufolge ergibt sich für 1992 bei einer Streubreite von 2% bis 2,5% Kreditkündigungen eine Anzahl von 50.000 bis 62.500 gekündigter Kredite in Bayern.[31]

Energieschulden

Für die DGB-Erhebung wurden 53,3% aller bayerischen Haushalte erfaßt. Im Ergebnis wird davon ausgegangen, daß ca. 80.000 bayerische Haushalte Energieschulden haben, die im Zusammenhang mit Überschuldung stehen.[32]

Der Anteil der Haushalte mit Energieschulden hat sich allein in München von 1988 bis 1992 von 4,5% auf 4,7% gesteigert. Die gesperrten Anschlüsse stiegen in demselben Zeitraum von 0,5% auf 0,6% der Haushalte. Insgesamt hatten 1992 rund 1,6% der bayerischen Haushalte massive Energieschulden.

---

zitiert als GP-Forschungsbericht; zur Kritik Groth/Schulz-Rackoll, VuR 1991, 262 ff. sowie Schuldenreport 1993, 10 ff.

29 GP-Forschungsbericht, 150 ff.

30 Deutscher Gewerkschaftsbund (DGB) (Hrsg.), Bayerischer Armutsbericht 1994.

31 Vgl. Bayerischer Armutsbericht, 99.

32 Bayerischer Armutsbericht 1994, 97.

Lohn- und Gehaltspfändungen

Lohn- oder Gehaltspfändungen werden statistisch nicht erfaßt. Die bayernweite Erhebung geht von 6 Mio. Arbeitnehmern in Bayern aus. Bei einem Mittelwert der Lohn- und Gehaltspfändungen von 2% der Arbeitnehmer ergibt sich, daß bei 120.000 Arbeitnehmern in Bayern Lohn- bzw. Gehaltspfändungen vorgenommen werden.[33]

Würde man diese Zahl auf die gesamten Erwerbstätigen in Deutschland von 40,126 Mio. Menschen[34] hochrechnen, so ergäbe sich ein Mittelwert an Lohn- und Gehaltspfändungen von 802.520 für 1992.

Eidesstattliche Versicherungen

Führt eine Pfändungsmaßnahme nicht zum gewünschten Erfolg, kann der Gläubiger von einem Schuldner die Vorlage eines Vermögensverzeichnisses verlangen. Die Vollständigkeit und Richtigkeit dieses Vermögensverzeichnisses muß der Schuldner an Eides statt versichern. Eidesstattliche Versicherungen sind somit ein gutes Indiz für das Ausmaß der Überschuldung.

Die auf Bayern bezogene Erhebung konnte sich für 1992 auf keine statistische Erhebung stützen. Allerdings wurde der Wert für 1991 mit einer Anzahl von 43.959 eidesstattlicher Versicherungen zugrundegelegt und unter Berücksichtigung der rückläufigen Quote auf 43.000 geschätzt.[35]

Bundesweit wird eine einheitliche Statistik geführt, die für 1991 die Abgabe von eidesstattlichen Versicherungen in 352.278 Fällen ausweist,[36] und damit weiterhin rückläufig ist. Die Gründe liegen aber wohl weniger in einer Abnahme der Vermögenslosigkeit als vielmehr darin, daß das Gläubigerinteresse an diesem Druckmittel abnimmt und statt dessen eine starke Zunahme außergerichtlicher Beitreibungsformen und Nutzung privater Detekteien zu beobachten ist.

33 Ebda.
34 Statistisches Jahrbuch 1994, 114.
35 Bayerischer Armutsbericht 1994, 98.
36 Statistisches Bundesamt, Fachserie 10, Reihe 2, 24 f.

Abb. 11: Verfahren zur Abgabe einer eidesstattlichen Versicherung

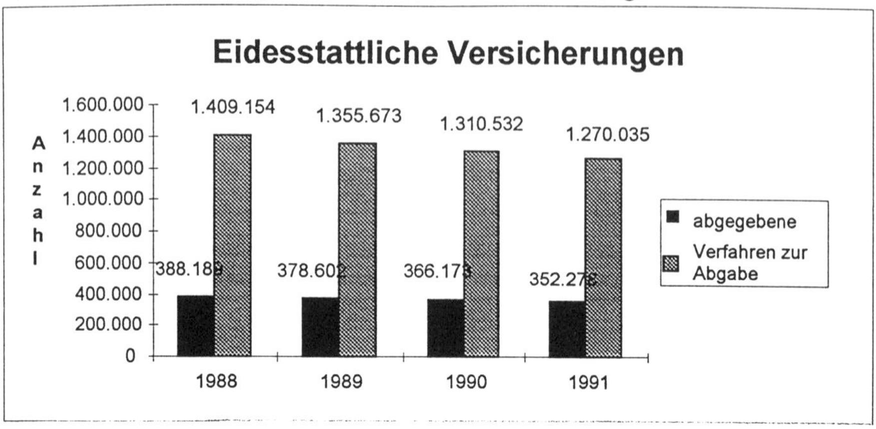

Quelle: Statistisches Bundesamt

Fazit

Unter Zugrundelegung der vorstehenden Überschuldungsindikatoren für das Jahr 1992 wurde für das Land Bayern unterstellt, daß zwischen 220.000 und 360.000 Haushalte überschuldet sind.[37] Dies entspricht einer Quote von 4,34% bis 7,1%.

b) Überschuldungsgrad der privaten Haushalte

Die Studie der GP-Forschungsgruppe geht davon aus, daß im Jahre 1989 mindestens 1,2 Mio. Haushalte in der Bundesrepublik überschuldet waren. Gesicherte Erhebungen neueren Datums zur Überschuldung in Deutschland liegen derzeit nicht vor. Die Studie der GP-Forschungsgruppe soll allerdings überarbeitet werden. Angesichts der Tendenzen der vergangenen Jahre dürfte mit einer erheblichen Steigerung des Anteils der überschuldeten Haushalte zu rechnen sein. Unterstellt, daß die für das Land Bayern ermittelte Überschuldungsquote auf das gesamte Bundesgebiet übertragbar wäre, läge das Ausmaß der Überschuldung zwischen 1,5 bis 2,5 Mio. Haushalten.

Armut

Arbeitslosigkeit ist eine der wesentlichen Ursachen für die Entwicklung von Überschuldungssituationen.[38] Im Durchschnitt erreichte die Arbeitslosenquote 1994 für

37 Bayerischer Armutsbericht 1994, 99.

38 Reifner, Udo, Ford, Janet (Eds.), Banking for People, Berlin - New York 1992; siehe auch Stuttgarter Nachrichten vom 2.02.95, 9.

Deutschland eine Höhe von 8,2% in den alten Bundesländern und von 14,7% - knapp doppelt so hoch - in den neuen Bundesländern.[39] Insbesondere die Langzeit- und Mehrfacharbeitslosigkeit führen häufig zur Sozialhilfebedürftigkeit. In einer Untersuchung von 1989 wurde festgestellt, daß 39% der Langzeit- und Mehrfacharbeitslosen mit ihren Zahlungsverpflichtungen in Verzug gerieten. Bei Ratenkäufen betrug der Anteil 18,5%, bei Versicherungsleistungen 13,4% und bei Mietzahlungen 11,7%.[40]

1993 wurden 49 Mrd. DM an 4,6 Mio. Sozialhilfeempfänger gezahlt. Der Anteil der Sozialhilfeempfänger an der Bevölkerung betrug 4,8% und hat sich seit 1970 vervierfacht.[41] 1992 war Arbeitslosigkeit bei 616.000 Haushalten, also in 30,27% der Fälle, die Hauptursache der Hilfegewährung.[42] Die Sozialhilfegewährung entwickelt sich zunehmend auch zu einem Problem der öffentlichen Haushalte. Der Anteil der Sozialhilfeausgaben am Sozialbudget ist 1993 auf 4,5% gestiegen (1970: 2%).[43]

Dementsprechend haben sich die Sozialhilfeausgaben in den Landkreisen in den vergangenen 30 Jahren mehr als verzwanzigfacht.[44]

Abb. 12

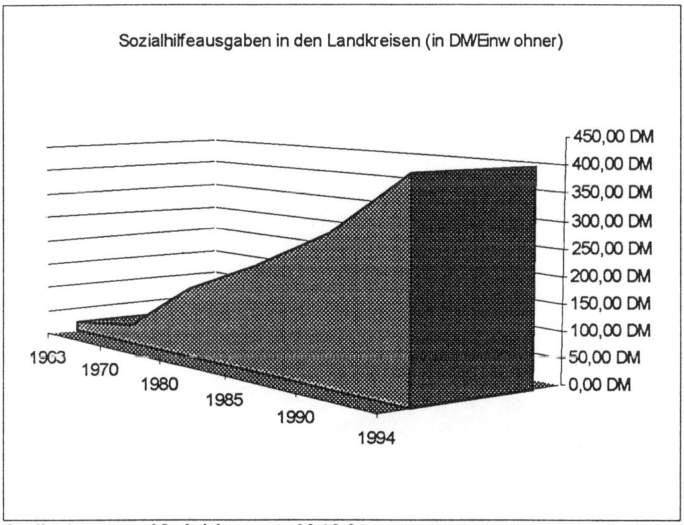

Quelle: Stuttgarter Nachrichten vom 29.12.94

39 Börsentrend vom 1.04.95, 36.

40 Vgl. Schneider, Blätter der Wohlfahrtspflege 1989, 292 ff.

41 Die Zeit vom 2.06.95, 35, Stuttgarter Nachrichten vom 17.03.95, 1.

42 Vgl. Statistisches Jahrbuch 1994, 500.

43 Stuttgarter Nachrichten vom 17.03.95, 1 und Die Zeit vom 2.06.95, 35.

44 Stuttgarter Nachrichten vom 29.12.94, 7.

Am höchsten ist mit 10,68% der Anteil der Sozialhilfeempfänger an der Gesamtbevölkerung in Hamburg, am niedrigsten in Sachsen mit 3,18%:

Abb. 13

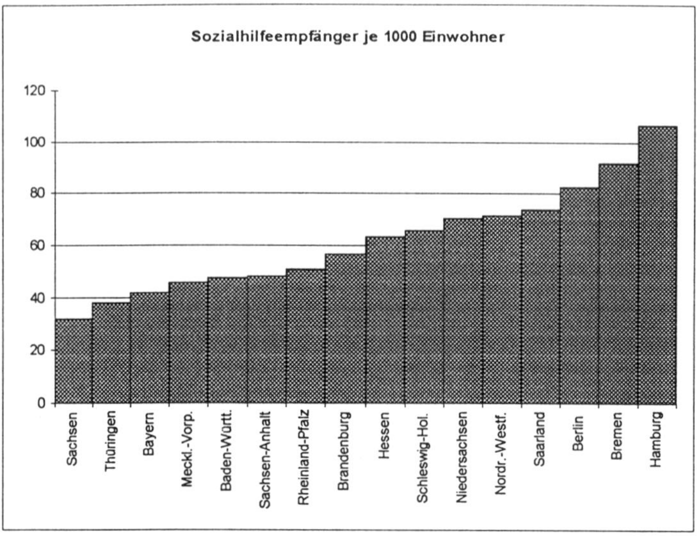

Quelle: Süddeutsche Zeitung vom 21.09.94

Auffällig ist der besonders hohe Anteil der minderjährigen Sozialhilfeempfänger:

Abb. 14

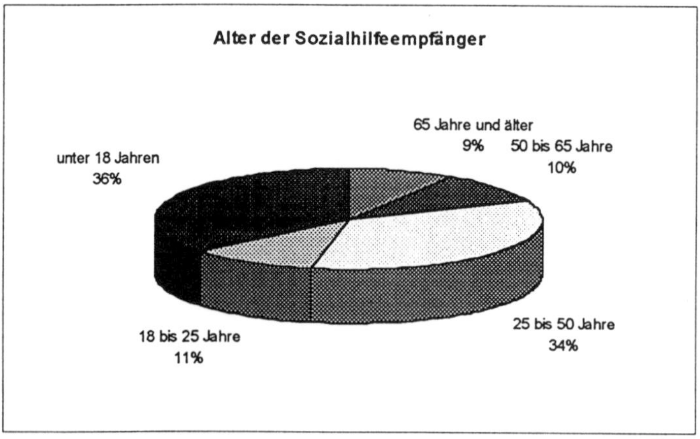

Quelle: Frankfurter Rundschau vom 4.12.94

Arbeitslosigkeit und Überschuldung sind zur Eingangsstufe auf dem Weg in die Armut geworden. Wie bereits im Schuldenreport 1993 festgestellt, kann die Überschuldung als Faktor einer allgemein zu beobachtenden Verarmung von Teilen der Bevölkerung angesehen werden.

Nach Definition der Europäischen Union (EU) gilt als arm, wer weniger als die Hälfte des durchschnittlichen nationalen Nettoeinkommens zur Verfügung hat. Der Anteil der Haushalte, die maximal 50% des Durchschnittseinkommens erhalten, ist allein von 1983 bis 1993 um 11,9% gewachsen:

Abb. 15

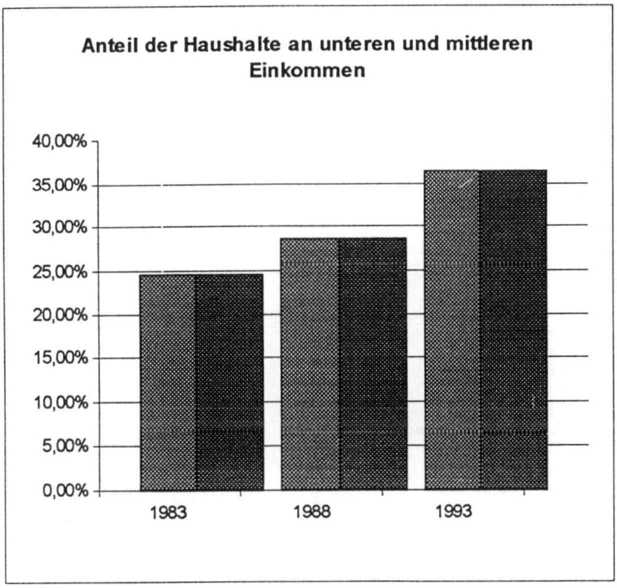

Quelle: Handelsblatt vom 11.11.94

Allein in Bayern gelten aufgrund dieser Definition 800.000 Menschen als arm.[45] Für das gesamte Bundesgebiet können nach Schätzungen rund 7,25 Mio. Menschen als arm gelten, davon 2,6 Mio. in Ostdeutschland und 4,65 in Westdeutschland.[46]

45 Bayerischer Armutsbericht 1994, 23.

46 Stuttgarter Nachrichten vom 17.03.95, 1.

Miet- und Energieschulden

Die zunehmende Verarmung weiter Teile der Bevölkerung findet ihren Ausdruck in der Lage auf dem Wohnungsmarkt. Preiswerter Wohnraum ist schwer zu finden. Im Durchschnitt kostet eine Neubauwohnung 15,18 DM pro Quadratmeter.[47] Die Tendenzen des Absinkens des Mietniveaus der Jahre 1993 und 1994 beziehen sich lediglich auf Wohnungen der oberen Preisklasse, während in den unteren Preiskategorien der Preisanstieg nahezu ungebrochen fortdauert. Insbesondere macht sich hier die Steigerung der sogenannten "zweiten Miete", der Betriebskosten, bemerkbar. Im Vergleich zu den übrigen Lebenshaltungskosten ist der Anstieg enorm:

Abb. 16

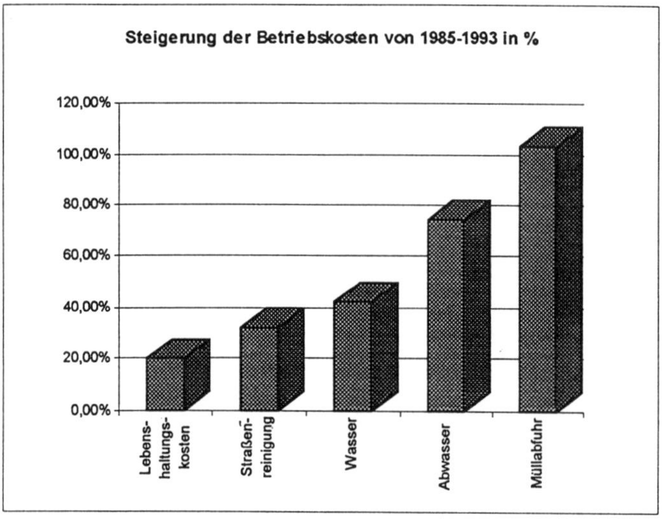

Quelle: Süddeutsche Zeitung vom 21.01.95

Die relative Mietbelastung der einkommensschwächsten Haushalte ist ungefähr viermal so hoch wie jene der Haushalte mit dem höchsten Einkommen. Überschuldete müssen für ihre Miete durchschnittlich 40% ihres Nettoeinkommens aufbringen.[48] Grundsätzlich gilt die Regel, je geringer das Einkommen, desto größer der Anteil, der für die Mietzahlungen aufgewendet werden muß:

[47] Hamburger Abendblatt vom 7.12.94, 21.

[48] Korczak, WSI Mitteilungen 12/1991, 745.

Abb. 17: Miete und Einkommen

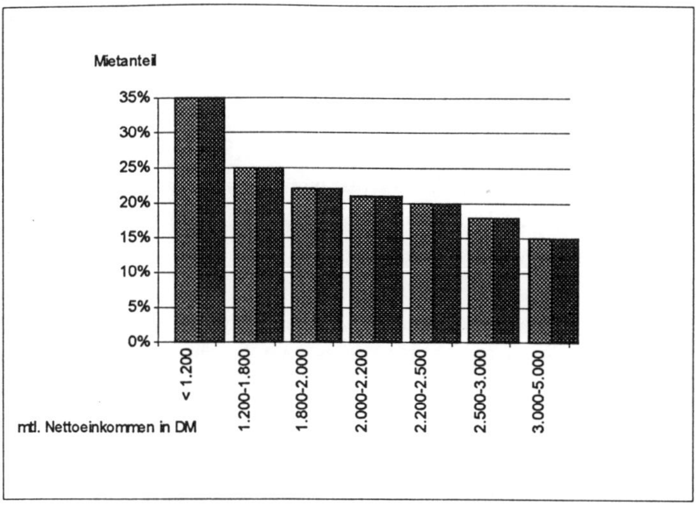

Quelle: Süddeutsche Zeitung vom 17./18.12.94

Anfang 1993 erhielten rund 3 Mio. Haushalte Wohngeld, wobei dic Haushalte des neuen und des alten Bundesgebiets gleichermaßen betroffen sind (Ostdeutschland: 1,95 Mio., Westdeutschland: 1,13 Mio.).[49] Dementsprechend sind 10% aller Privathaushalte von derartigen Zuschüssen abhängig.[50]

Obdachlosigkeit

Die Wohnungsnot findet ihren Ausdruck auch in der großen Zahl von Obdachlosen in Deutschland. Obdachlosigkeit ist häufig die Folge von Überschuldung. Die Zahl der Personen ohne eigene Wohnung wird für 1994 auf 550.000 Personen geschätzt.[51] Davon lebten 180.000 Obdachlose auf der Straße und übernachteten fast ausschließlich in U-Bahnhöfen, Abbruchhäusern, in Parks oder unter Brücken.[52] Allein mehr als eine halbe Million Kinder leben in Obdachlosensiedlungen oder vergleichbaren Wohnverhältnissen.[53]

---

49 Der Langfristige Kredit vom 1.12.94, 5.

50 Statistisches Jahrbuch 1994, 509.

51 Süddeutsche Zeitung vom 29./30.04.95, 48.

52 Stuttgarter Nachrichten vom 17.03.95, 1 und Die Woche vom 2.12.94, 20.

53 Der Spiegel vom 13.09.93, 76.

Sinkende Realeinkommen

Die gesamtwirtschaftlichen Probleme wirken sich auch auf die privaten Haushalte aus. Das Deutsche Institut für Wirtschaftsforschung hat festgestellt, daß die Bundesbürger bereits in der ersten Hälfte des Jahres 1994 rund drei Prozent ihres Einkommens gegenüber dem Vorjahr einbüßen. Bei einer Gehaltssteigerung von 5,5% zwischen 1993 und 1995 sank das Nettoeinkommen je nach Einkommensklasse real um 5,3% bis 8,9%.[54] Mit Beginn des Jahres 1995 wurden die Bundesbürger mit zusätzlichen Abgaben wie dem Solidaritätszuschlag und der Pflegeversicherung belastet.

Hinzu kommen Tendenzen größerer Unternehmen, wie beispielsweise Volkswagen, wo die wöchentliche Arbeitszeit zugunsten des Erhalts der Arbeitsplätze generell um ein Viertel reduziert wurde. Über die Auswirkungen dieser Maßnahmen auf die private Verschuldung liegen bislang praktisch keine Erkenntnisse vor.

Angebote einer präventiven Finanzierungsberatung für die Anpassung von Schuldverpflichtungen von Haushalten mit abgesenktem Einkommen der Verbraucher-Zentrale Niedersachsen e.V. an das Volkswagen-Werk sowie die Stadt Wolfsburg wurden seinerzeit mit der Bemerkung erwidert, hierfür bestünde keine Notwendigkeit. Allerdings meldete die Presse etwa ein Jahr nach der Einkommensabsenkung, daß Handwerksbetriebe in Wolfsburg sich gegen deutlich gestiegene Schwarzarbeit von Volkswagen-Arbeitern wehrten, die dadurch ihr Einkommensniveau zu halten versuchten.

---

[54] Welt am Sonntag vom 25.12.94, 31.

II Die Entwicklung der privaten Verschuldung in der Baufinanzierung

1 Verschuldungssituation der privaten Haushalte

Das Volumen der bankmäßigen Wohnungsbaukredite (gewerbliche und private) umfaßte 1994 1.200 Mrd. DM. Hiervon wurden 729 Mrd. DM (knapp 67%) als Kredite für den privaten Wohnungsbau an private Haushalte vergeben. Gegenüber 1993 bedeutet dies eine Steigerung um 14%.[55]

Unter Berücksichtigung der Bausparkassen und Lebensversicherungen ist der Bestand an Wohnungsbaukrediten (Privatpersonen und Unternehmen) deutlich größer: Die Bausparkassen wiesen 1994 ein Kreditvolumen von 169,8 Mrd. und die Lebensversicherungen von 110,6 Mrd. DM aus.[56] Der Bestand an Hypothekenkrediten auf Wohnungsgrundstücke umfaßte 1994 1.482 Mrd. DM. Der Markt nahm von 1984 (814,54 Mrd. DM) um rund 80% zu, wobei sich die Änderungsraten der einzelnen Marktteilnehmer unterschiedlich entwickelten (siehe dazu Punkt 3).

Ein weiterer Indikator zum Aufzeigen der volkswirtschaftlichen Bedeutung der Wohnungsbaukredite bzw. des Verschuldungsumfangs von Privatpersonen ist die Verteilung der Wohnungsbaukredite pro Haushalt, die sich wie folgt entwickelte:

---

55 Monatsbericht der Deutschen Bundesbank, Juni 1995, 28* f.

56 Monatsbericht der Deutschen Bundesbank, Juni 1995, 40*.

Abb. 18: Verschuldungsentwicklung pro privatem Haushalt (1984 bis 1994)

Jahr	Wohnungsbau-kredite insgesamt (inkl. sonst. Whg.baukredite) (in Mio. DM)	Hypothekarkredite auf Wohngrundst. (inkl. Sonst. Grundstücke) (in Mio. DM)	Sonstige Wohnungs-baukredite (insgesamt) (in Mio. DM)	Private Haushalte (in Mio.)[1]	Verteilung Wohnungsbau-kredite insgesamt (DM/pro HH)	Verteilung Wohnungsbau-kredite insgesamt (DM/pro HH) 44% d. HH
1984	348.187	223.227	124.960	26,367[2]	13.205	30.014
1985	379.351	242.541	136.810	26,367	14.387	32.700
1986	402.959	259.076	143.883	26,739	15.070	34.251
1987	421.630	274.653	146.977	27,006	15.612	35.641
1988	445.047	290.641	154.406	27,403	16.241	36.912
1989	473.786	306.121	167.665	27,793	17.047	38.743
1990	503.573	319.346	184.227	28,175	17.873	40.621
1991	533.396	329.446	203.950	28,6[3]	18.650	42.387
1992	567.862	344.985	222.877	28,9[3]	19.649	44.657
1993	638.700[4]	391.110	247.540	35,7[4]	17.890	40.815
1994	729.300	452.439	276.909	35,7	20.428	46.452

1 nur Westdeutschland
2 1984 liegt nicht vor, daher Wert von 1985
3 1991 und 1992 geschätzt; korrigierte Ifo-Schätzungen
4 Gesamtdeutschland

Quelle: Deutsche Bundesbank, Statistisches Bundesamt/Anmerkung: Kredite ohne Versicherungsgesellschaften und Bauspardarlehen

Der Bestand der Wohnungsbaukredite stieg von 1984 bis 1994 um 47,74%. Die Verschuldung der privaten Haushalte in Wohnungskrediten erhöhte sich von 1984 bis 1994 um 64,5% von 13.205,-- DM auf 20.428 DM,-- pro Haushalt, wobei, trotz erhöhter Haushaltszahl durch die neuen Bundesländer, aufgrund der Konsolidierung der Kreditvolumina eine Verteilung auf die Haushalte zum korrekten Ergebnis kommt.

Es ist jedoch kaum realistisch, daß jeder Haushalt mit Hypothekenkrediten belastet ist. Da eine Aufschlüsselung hierzu nicht vorliegt, ist hilfsweise zu unterstellen, daß entsprechend der Wohneigentumsquote 44%, abzüglich der entschuldeten Haushalte, also ca. 20% der privaten Haushalte mit privaten Baufinanzierungen belastet sind. Auch dies dürfte noch zu hoch liegen. Zumindest wurde dabei bedacht, daß bereits ein Teil der schuldenfreien Haushalte wiederum durch Haushalte kompensiert wird, die nicht hypothekarisch gesicherte Baufinanzierungen abgeschlossen haben (siehe o.g. Trend). Das Bild wäre somit schon deutlich anders, und auf die betroffenen 44% der privaten Haushalte würde 1994 jeweils ein Baufinanzierungsvolumen von mindestens 46.452,- DM entfallen sein.

1988 lebten von 24,7 Mio. privaten Haushalten 11,1 Mio. in Wohneigentum und 13,6 Mio. zur Miete.[57] Von den Wohneigentümern waren 4,6 Mio. Haushalte entschuldet und 6,5 Mio. noch verschuldet. Diese Zahlen bestätigen ebenfalls einen ungefähren Ver-

57 Einkommens- und Verbraucherstichprobe (EVS) des Statistischen Bundesamtes 1988.

schuldungsgrad mit Baufinanzierungen von 20 bis 30% aller Haushalte. Da in den neuen Bundesländern die Verschuldung mit Baufinanzierungskrediten niedriger als in den alten Bundesländern ist, dürften maximal 20% aller privaten Haushalte mit Wohnungsbaukrediten belastet sein. Bei einer Verschuldung von etwa 20% der Haushalte mit Baufinanzierungen würde das Kreditvolumen somit ca. 100.000,-- DM pro verschuldetem Haushalt betragen.

Diese statistischen Berechnungen zu Durchschnittskreditnehmern, d.h. Verschuldungshöhe je Haushalt, sind recht verzerrt. So wird z.B. nicht einbezogen, in welcher Höhe Lebensversicherungen für Baufinanzierungen in die Belastungen einfließen, oder welche privaten Haushalte welches Kreditverhalten besitzen.

2 Vermögensentwicklung im Wohnungsbaubereich

Dem Wohnungsbaukreditvolumen pro Haushalt steht 1994 ein durchschnittliches Geldvermögen von 114.800,-- DM gegenüber bei einem Geldvermögen von 4.300 Mrd. DM für insgesamt 35,7 Mio. Haushalte.[58]

Im Vergleich zur Verschuldungsquote sank in den letzten Jahren die Sparquote. Betrachtet man jene privaten Haushalte, die als potentielle Erwerber von Wohneigentum gelten können, zeigt sich eine deutliche Aufspaltung des Marktes.[59]

- Auf Basis der Einkommens- und Verbrauchsstichprobe (EVS) von 1988 betrug die Ersparnisquote bei Mietern durchschnittlich 7,5%, also nur die Hälfte der Sparquote von Wohneigentümern von 15,4%.

- Mieter, die die Absicht zur Wohneigentumsbildung haben, haben eine höhere Sparquote von 9,7% als jene Mieter, die keine Wohneigentumsbildung beabsichtigen (6,6%).

- der privaten Haushalte, die Wohneigentum bilden wollen, legen Geld auf Bausparkonten an gegenüber 9,3% der Mieter ohne konkrete Eigentumsabsichten.

- Des weiteren zeigt die EVS, daß 26,6% der Ersparnisse von Wohneigentümern in Bausparvertägen angesammelt werden.

58 Monatsberichte der Deutschen Bundesbank, Mai 1993 und Mai 1995, 32.

59 Vgl. im folgenden Klug, G., Bedeutung des Wohneigentums für den Sparprozeß und die Entwicklung der Gesamtwirtschaft, Vortrag anläßlich der Bilanz-Pressekonferenz der Deutschen Bank Bauspar AG, Frankfurt/M., 20.03.1995.

- Verschuldete Wohneigentümer wenden inklusive Kredittilgung 962,-- DM pro Monat zur Ersparnisbildung auf, während Mieterhaushalte lediglich 211,-- DM pro Monat sparen.

- Entschuldete Wohneigentümer sparen immerhin noch 398,-- DM monatlich, etwas mehr als die Haushalte, welche planen, Wohneigentum zu erwerben (323,-- DM monatlich).

Fazit

Die Stärkung der Ersparnisbildung vermied in der Vergangenheit eine unverhältnismäßig hohe Verschuldensquote. Dennoch führt die Entwicklung einiger Verschuldungsursachen dazu, daß die Kreditvergabe zunimmt und die Risiken sich vergrößern. Die privaten Haushalte sind im Durchschnitt vermögender als sie an Schulden aufgenommen haben. Die Ersparnisbildung durch die Wohneigentumsbildung bei privaten Haushalten ist zudem höher als bei reinen Mieterhaushalten ohne Wohneigentumsbildung. Probleme entstehen, wenn die Einstiegsgrenzen in den Wohneigentumsmarkt steigen und wenn damit zu deren Überwindung größere Risiken und Verschuldungsgrade in Kauf genommen werden.

3 Entwicklung des Wohnungsbaumarktes

a) Entwicklung der Anbieteranteile

Der Hypothekenkreditmarkt ist in Deutschland durch Spartentrennung gekennzeichnet:

- Kreditbanken/Großbanken
- Sparkassen-Organisationen
- Bausparkassen
- Genossenschaftsinstitute
- Realkreditinstitute (öffentliche und private Hypothekenbanken)
- Versicherungsunternehmen

In den letzten 10 Jahren gewannen insbesondere die Kreditbanken und Großbanken an Marktanteilen. Von 1984 bis 1994 stieg deren Marktanteil um 67,45%.[60] Demgegenüber verlor besonders Bausparen an Marktanteil (von 1984 bis 1994 um 34,45%), obwohl das Volumen von zugeteilten und nicht zugeteilten Verträgen zwischen 1989 und 1994 um 22% gestiegen ist. Die Marktentwicklungen waren von einer Verschiebung zugunsten der

60 Bankenstatistik der Deutschen Bundesbank, Gesamtverband der deutschen Versicherungswirtschaft, eigene Berechnungen.

privatwirtschaftlichen Institutsgruppen gekennzeichnet.[61] Die Marktanteilsverschiebungen bewirkten gleichzeitig Veränderungen der Kreditangebote, wie umseitige Abbildung verdeutlicht.

1994 und insbesondere 1995 zeichneten sich folgende Trends für die Branche ab:

(1) Wichtige Steuervergünstigungen bei der Eigenheimförderung (zum Beispiel Schuldzinsenabzug bei Neubauten) liefen Ende 1994 aus. Ende 1993 war bereits die Abschreibungsobergrenze für gebrauchte Immobilien von 330.000,-- DM auf 150.000,-- DM gesenkt worden. Folge: In 1995 wird ein Rückgang der Neuzusagen für Immobilienfinanzierungen um voraussichtlich 10% erwartet.

(2) Der Druck auf die Zinsmargen der Hypothekenbanken verstärkt sich. Die Spannen sind auf 0,5 bis 0,9% geschrumpft, nur noch halb soviel wie vor 15 Jahren.

(3) Die Anforderungen an ein effizientes Risikomanagement steigen. Die Hypothekenbanken haben in den vergangenen Jahren die Finanzierung von Gewerbeimmobilien ausgeweitet. Wie schwer kalkulierbar die Risiken in diesem Geschäft sind, hat zuletzt der Zusammenbruch im Baugeschäft Schneider im vergangenen Jahr deutlich gemacht.

61 Vgl. Keich, R., in: BankWatch-Infodienst 3/1993, 25.

Wohnungbaukredite nach Anbietergruppen: Entwicklung und Bestand 1984 bis 1994
(Privatpersonen und Unternehmen)

Institutsgruppen	Bestand in Mrd. DM*				Veränderg. in %	Marktanteil in %				Veränderg. in %	Nachrichtlich:
	1984	1992	1993	1994	1984-1994	1984	1992	1993	1994	1984 - 1994	Marktanteil 1968
Kreditbanken	82,62	201,93	187,36	252,40	205,50	10,14	17,50	14,61	16,98	67,45	4,30
Großbanken	36,79	71,76	79,80	101,10	174,81	4,52	6,22	6,22	6,80	50,63	0,30
Regional- u. sonst. Kreditbanken (inkl. ausländische)	44,79	129,00	105,99	147,97	230,35	5,50	11,18	8,27	9,96	81,07	3,80
Privatbankiers	1,04	1,32	1,57	3,34	220,87	0,13	0,11	0,12	0,22	75,87	0,20
Sparkassen-Organs.	240,88	363,17	417,09	475,11	97,24	29,57	31,47	32,53	31,97	8,11	31,50
Girozentralen	69,58	96,67	118,39	121,81	75,07	8,54	8,38	9,23	8,20	(4,04)	8,10
Sparkassen	171,30	266,50	298,70	353,30	106,25	21,03	23,09	23,30	23,77	13,05	23,40
Bausparkassen	144,27	150,737	160,948	169,9	17,77	17,71	13,06	12,55	11,43	(35,45)	13,90
Private	97,70	105,317	112,619	119,2	22,01	11,99	9,13	8,78	8,02	(33,13)	9,00
Öffentliche	46,57	45,42	48,329	50,7	8,87	5,72	3,94	3,77	3,41	(40,33)	4,90
Genossenschaftsverbund	82,19	119,69	136,72	187,61	128,26	10,09	10,37	10,66	12,62	25,12	4,20
Zentralbanken	5,63	1,56	1,94	1,70	(69,79)	0,69	0,14	0,15	0,11	(83,44)	0,10
Kreditgenoss.	76,56	118,13	134,78	185,91	142,83	9,40	10,24	10,51	12,51	33,10	4,10
Realkreditinstitute	185,20	197,76	203,21	232,03	25,28	22,74	17,14	15,85	15,61	3,12	37,50
Private	97,28	143,77				11,94	12,46	0,00	0,00		12,40
Öffentl.-rechtl.	87,92	53,99				10,79	4,68	0,00	0,00		25,10
Kreditinstitute mit							0,00	0,00	0,00		
Sonderaufgaben	16,17	23,10	74,63	58,38	261,03	1,99	2,00	5,82	3,93	97,89	0,60
Versicherungsuntern.	63,21	97,73	102,111	110,631	75,02	7,76	8,47	7,96	7,44	(4,07)	8,00
Gesamt	814,54	1.154,11	1.282,06	1.486,06	810,11	100,00	100,00	100,00	100,00	162,17	100,00

Anmerkungen: * brutto, ohne technische Bereinigungen

Quelle: Bankenstatistik der Deutschen Bundesbank; Gesamtverband der deutschen Versicherungswirtschaft; eigene Berechnungen

(4) Die Refinanzierung muß immer stärker auf internationale Anleger ausgerichtet werden. Die gut gesicherten, aber im Ausland kaum bekannten Pfandbriefe sollen zu einem moderneren Refinanzierungsinstrument aufgerüstet werden. Hierzu wurde ein eigener Pfandbrief-Index, mit der Möglichkeit Terminkontrakte zu handeln, entwickelt. Die verstärkte Plazierung der Pfandbriefe im Ausland verlangt größere Emissionsvolumina. Waren vor 20 Jahren noch Beträge von 20 bis 50 Mio. DM üblich, so sind heute 500 Mio. und mehr keine Seltenheit.

(5) Die Hypothekenbanken müssen ihr Eigenkapital aufstocken, damit sie die ab 1996 geltende EU-Richtlinie zur Immobilienfinanzierung erfüllen.

1993 wurde der Zenith im Wachstum der Darlehensneuauszahlungen erreicht. Das Deutsche Institut für Wirtschaftsforschung in Berlin (DIW) errechnete eine Auszahlung an Krediten von 240 Mrd. DM, welches eine Steigerung um 40 Mrd. DM gegenüber 1992 bedeutet. Für 1994 wird eine Auszahlung von 265 Mrd. DM geschätzt (Steigerung um ca. 25 Mrd. DM). Der Anteil der Realkreditinstitute an den Neuauszahlungen sank 1994, während die Lebensversicherungsgesellschaften ein besonders hohes Wachstum verzeichnen konnten. Die Wachstumserwartungen für 1995 sehen für den Baufinanzierungsmarkt nicht so gut aus.[62] Die einzelnen Institutsgruppen reagierten auf die Marktveränderungen mit unterschiedlichen Produkten und Strategien.

b) Reaktionen der Anbieter

Kreditbanken

Die Kreditbanken reagierten auf die Entwicklungen der 80er und Anfang der 90er Jahre mit einer Straffung der Baufinanzierungsorganisation, dem Angebot von sog. Zins-Caps (variable Kreditzinsen mit Schwankungsbreiten) und einer Verstärkung der Baufinanzierungskooperation mit Bausparkassen und Lebensversicherungsgesellschaften. Besonders erfolgreich war in diesem Zusammenhang der genossenschaftliche Sektor.[63] Des weiteren sind die Großbanken und Kreditbanken dabei, durch die Gründung bzw. den Aufkauf von Immobilienmaklern ihre Vertriebsschienen und ihr Dienstleistungsangebot zu stärken (z.B. AUFINA durch Commerzbank AG). Dies führt zu einer stärkeren Marktaufteilung und festeren Kundenbindung.

---

[62] Deutsches Institut für Wirtschaftsforschung (DIW), Wochenbericht 5/95.

[63] Bungert, H., Bauherren schätzen die Vorteile der Verbundfinanzierung, in: Handelsblatt, B5 vom 20.09.94.

Hypothekenbanken

Bei den Hypothekenbanken werden durch die besonderen Bestimmungen zur Kreditsicherheit einerseits, andererseits durch die bisher relativ niedrigen Beleihungsgrenzen günstige Zinssätze ermöglicht. In der Hochzinsphase der letzten Jahre wurden verstärkt variable Kreditzinsen angeboten. Insgesamt konnten die Realkreditinstitute ein gutes Wachstum trotz steigender Kreditzinsen verzeichnen, während z.B. die Bausparkassen mit schlechteren Ausgangssituationen konfrontiert waren. Einige Institute versuchen mittlerweile größere Geschäftsvolumina durch Fusionen und Kooperation zu erreichen. Die Folge ist derzeit eine Konzentrationswelle am Hypothekenbankenmarkt.[64]

- Die Berliner Bank, die Landesbank Berlin und die Berliner Hypotheken- und Pfandbriefbank haben zur Bankgesellschaft Berlin fusioniert. Außerdem soll die Berliner Hypothekenbank- und Pfandbriefbank mit der Braunschweig-Hannoverschen Hypothekenbank zur Berlin Hannoverschen Hypothekenbank fusioniert werden.
- Die DG Hyp will die öffentlich-rechtliche Schleswig-Holsteinische Landschaft übernehmen. Erste Ideen zur Verbindung mit der Münchner Hypothekenbank bestehen ebenfalls.
- Die WestLB will zusammen mit der SüdwestLB und der Landesbank Rheinland-Pfalz die Westdeutsche Immobilienbank gründen.
- Die Deutsche Bank AG legte ihre Hypothekenbank-Töchter Frankfurter Hypothekenbank und Deutsche Centralboden zusammen.[65]
- Warburg & Co. gründet mit der DG-Hyp eine gemeinsame Hypobank "M.M. Warburg Hyp".[66]

Bausparkassen

Auch die Bausparkassen beginnen neue Strategien mit der Gründung eigener Hypoinstitute, so die GdF Wüstenrot (Wüstenrot Hypothekenbank AG).[67]

Lebensversicherungen

Die Lebensversicherer veränderten in den letzten Jahren ebenfalls ihre Kreditprodukte. Die Kapitallebensversicherung erfordert nach dem gesetzlichen Leitbild einen vorherigen Sparvorgang, bevor dieser Betrag beliehen werden kann. Solche "Lebens-

---

64 Vgl. u.a. auch Jünemann, B., Zwang zur Größe, in: WirtschaftsWoche vom 27.10.94, 88.
65 Der Langfristige Kredit, 12/95, 396.
66 Der Langfristige Kredit, 9/95, 288.
67 Der Langfristige Kredit, 10/95, 324.

versicherungskredite" spielen jedoch in der Praxis nur eine verschwindende Rolle. Um den strukturellen Problemen der Umschichtung in der Wohnungsfinanzierung auf reine Kreditvollfinanzierung vor allem bei den unteren Mittelschichten zu begegnen, haben sowohl Lebensversicherer als auch Bausparkassen gestützt von einem starken Vertretersystem Möglichkeiten gefunden, Vollfinanzierungen anzubieten, bei denen der Sparvorgang allein nur noch eine technische Komponente der Kreditgewährung ist.

Im Lebensversicherungsmarkt ist die Konstruktion aus dem Abschluß einer Kapitallebensversicherung, deren Schlußzahlung bereits bei Abschluß voll finanziert vorgestreckt wird, und bei der der Kreditnehmer Zinsen und Prämien zur gleichen Zeit bezahlt, inzwischen zur dominierenden Kreditform geworden, durch die über 110 Mrd. DM, d.h. ca. 9% des Wohnungsbaufinanzierungsbedarfes gedeckt wird.[68]

c) Entwicklung der Bausparfinanzierung

Das Bauspargeschäft stagnierte nach dem Aufschwung der 60er und 70er Jahre Anfang der 80er.[69] Anfang der 90er Jahre trat ein Sonderboom durch die hohen Verkaufszahlen in den neuen Bundesländern auf. Der Trend, daß die Bausparkassen den anschließend einsetzenden Rückgang der Baufinanzierungsverkäufe durch eine Erhöhung von Vor- und Zwischenfinanzierung kompensieren, setzt sich weiterhin fort.

---

68 Bankenstatistik der Deutschen Bundesbank, Gesamtverband der deutschen Versicherungswirtschaft, eigene Berechnungen.

69 Reifner u.a., Risiko Baufinanzierung, Kriftel/Ts., Neuwied, Berlin, 2. Aufl. 1995, 14 ff.

Abb. 20

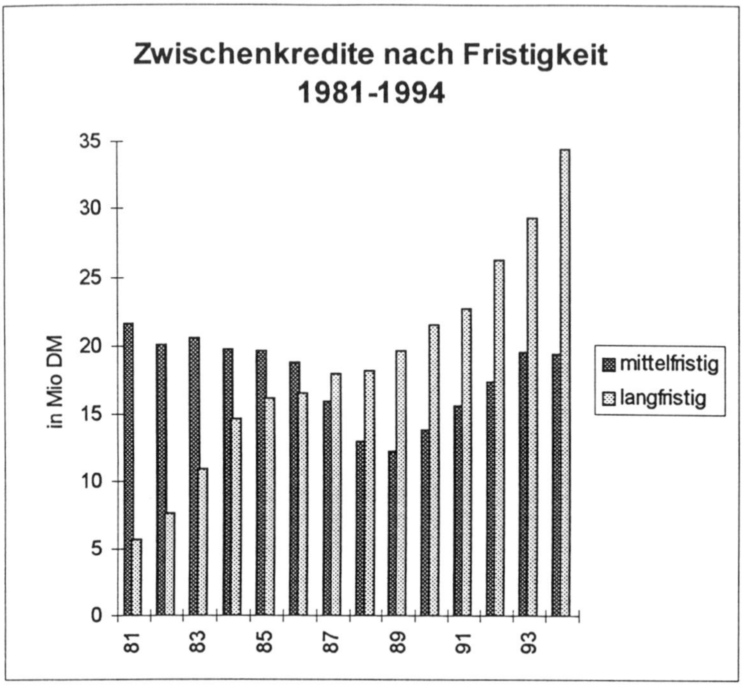

Quelle: Monatsbericht der Deutschen Bundesbank, März 1995

Daß diese Zwischenkredite keine Vorschaltdarlehen bzw. Zwischenkredite sind, die kurzfristig Schwankungen bei den Zuteilungszeiten auffangen, macht die folgende Grafik deutlich, wonach der Anteil der langfristigen Zwischenkreditvolumen inzwischen erheblich zugenommen hat.

Im Bereich der Bausparkredite haben in den letzten fünfzehn Jahren Konstruktionen an Bedeutung gewonnen, in denen der Ansparvorgang durch ein Vorschaltdarlehen bzw. einen Zwischenkredit voll finanziert und der eigentlich benötigte Kreditbedarf als zusätzlicher Zwischenkredit gewährt wird. Obwohl nach Bekunden der Bausparkassenverbände diese Formen von Bausparsofortfinanzierungen nicht mehr unterstützt würden, zeigte sich gerade in den neuen Bundesländern, daß Vermittler diese Bausparfinanzierungsformen gern anwandten. Auch fragt sich, ob die Zunahme der langfristigen Zwischenkredite eine weitere Fortführung dieser Kreditformen in den Bausparkassen nicht doch vermuten läßt.

Abb. 21

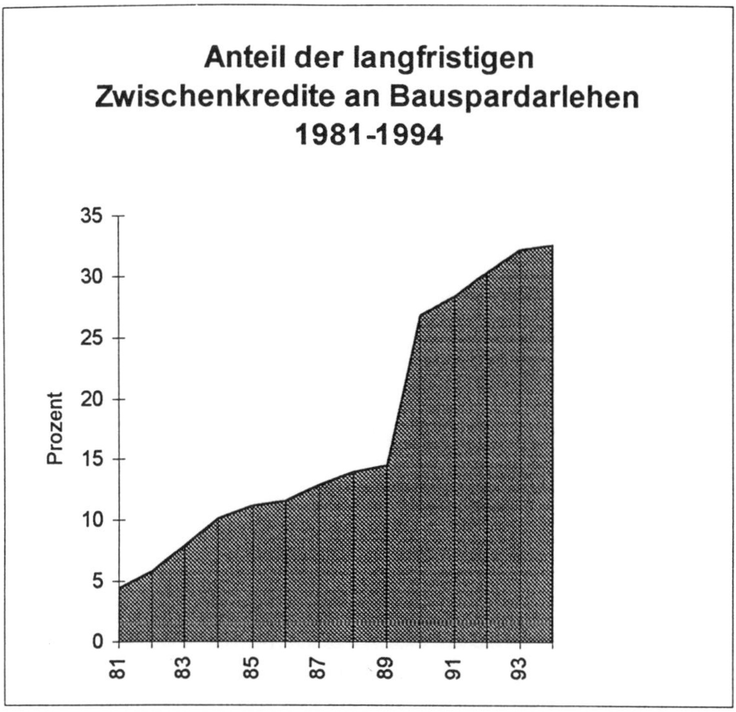

Quelle: Monatsbericht der Deutschen Bundesbank, März 1995

Die rein rechtliche Aufteilung eines wirtschaftlichen Kredites in eine Spar- und eine Kreditkonstruktion bringt dabei dem Kreditnehmer zusätzliche Probleme, die sich vor allem bei jenen Haushalten auswirken, die nur über einen geringen Dispositionsspielraum verfügen und geschäftlich unerfahren sind.[70]

Derartige Konstruktionen sind i.d.R. besonders undurchsichtig. Sie können nur schwer mit einem üblichen Kredit verglichen werden. Da der Kreditbetrag wegen der Sparkomponente relativ höher ist als beim einfachen Darlehen, sind die Kreditnehmer von Zinserhöhungen weit stärker belastet. Da bei Kündigungen nicht nur der Kredit, sondern auch die Spar-(Lebensversicherungs-)Konstruktion (mit hohen Verlusten) zu kündigen ist, entsteht ein erheblicher Druck, der den Kreditnehmer in Problemsituationen von den Dispositionen der Anbieterseite abhängig macht.[71]

---

70 Keich, R., in: Koch/Reis (Hrgb.), 83-94; Reifner, U., u.a., Risiko Baufinanzierung, 18 ff.

71 Keich, R., a.a.O.; Reifner, U., u.a., a.a.O.

Fazit

Die neuen Produkte der Bausparkassen fördern die Überschuldung sowie die Risiken. Wenn langfristige Zwischenkredite als Kompensation sinkender Marktanteile und Kreditauszahlungs-möglichkeiten dienen und der Markt zu einen schnelleren Konsum und damit zu einer schnelleren Verfügbarkeit von Kredit tendiert, wäre es für das Produkt Bausparen fatal, risikoreiche langfristige Zwischenkredite und Spar-Kredit-Kombinationen zu fördern. Wesentlich angebrachter wäre dem-gegenüber, Produkte zu entwikeln, deren Kreditvergabe flexibler, welche aber auch sicherer und für den privaten Haushalt wirtschaftlich sinnvoll sind. Auch die Stärkung des Gemeinschaftsgedankens, der Solidarität und der Aspekte von Gruppenfinanzierungen könnten eine Bereicherung für das Bausparen bilden, die sich gegen zunehmende Risiken einsetzen ließe.

d) Entwicklung der variablen Kreditzinsen

Variable Hypothekenkreditzinsen sind eine der Hauptursachen des Scheiterns von Finanzierungen. Daß die Vergabe von variablen Hypothekenkreditzinsen recht problematisch sein kann, bestätigen Erfahrungen im europäischen Ausland. So wurde die Immobilienkrise u.a. in Großbritannien durch überwiegend variabel vereinbarte Kredite verschärft.[72] In anderen Ländern reichen die Vorgaben für die Variabilität von der Orientierung an bestimmten Referenzzinssätzen über die Anbindung an bestimmte Refinanzierungsbedingungen bis zum strikten Verbot.[73]

Großbritannien

In Großbritannien besteht die Berechtigung zur Anpassung der Darlehenszinsen an die Entwicklung der jeweiligen Refinanzierungskosten. Diese bestehen im wesentlichen aus der Verzinsung der Spareinlagen (etwa 80%, Tendenz rückläufig) sowie aus den Kosten für die Mittel, die am Kapitalmarkt beschafft werden. Die Zinssatzänderungen unterliegen theoretisch keiner Beschränkung, allerdings wird dafür gesorgt, daß der Vertragszins nicht den maßgeblichen Zinssatz für neu verauslagte Darlehen übersteigt. In der jüngeren Zeit werden auch variable Zinsen an den LIBOR (London Interbank Offered Rate) gekoppelt.

---

72 Siehe auch Keich, R., Ein Blick über die deutschen Grenzen -Teil 1 - Teil 3 sowie insbesondere Teil 2: Der Baufinanzierungsmarkt in ausgewählten europäischen Ländern, in: BankWatch-Infodienst 9-11/1993.

73 Siehe im folgenden Brutschke, H., Variokredite im internationalen Vergleich: Anpassungsspielraum in Deutschland und Großbritannien am größten, in: BankWatch-Infodienst 5/95.

Spanien

In Spanien bestehen hauptsächlich zwei Möglichkeiten zur indexierten Zinsanpassung. Der Zins kann entweder unter Bezugnahme auf veröffentlichte Vorzugszinssätze der wichtigsten Kreditinstitute festgelegt oder unter Zugrundelegung der Zinssätze für Staatsschuldverschreibungen ermittelt werden. Die Refinanzierung erfolgt bei Banken und Sparkassen hauptsächlich über Spareinlagen, während Realkreditinstitute meist kurzfristige Schuldverschreibungen ausgeben.

Frankreich

Variable Kreditzinsen gibt es hier erst seit relativ kurzer Zeit. Es werden die Auswirkungen steigender Richtsätze auf den Betrag der Tilgungsrate bzw. auf eine inflationsbezogene Steigerungsmöglichkeit begrenzt, um die Kaufkraft des Kreditnehmers zu erhalten. Dadurch kann sich die Laufzeit des Darlehens je nach der Entwicklung der Rahmenbedingungen und deren Auswirkungen auf den Kreditzins verlängern oder verkürzen. Teilweise darf die Laufzeit nicht um mehr als fünf Jahre verlängert werden. Eine Zinssenkung führt regelmäßig unter Beibehaltung der Ratenhöhe zur Laufzeitverkürzung. Kreditgenossenschaften refinanzieren sich hauptsächlich über Spareinlagen. Hier wird der indexierte Vertragszins an den Zinssatz für diese Spareinlagen gebunden. Die Änderungen des Vertragszinses erfolgen daher entweder im selben Verhältnis wie der Referenzindex oder aber in denselben absoluten Werten, wobei letzteres die gängigste Variante darstellt.
Die durch Zinssteigerungen eintretenden Erhöhungen der Tilgungsraten dürfen nicht mehr als 10% der ursprünglich vereinbarten Rate ausmachen. Der oberste französische Gerichtshof, der Cour de Cassation, hat in einer Entscheidung vom 9.06.92 einem Kreditinstitut das Recht verwehrt, seine Zinssätze in Abhängigkeit von seiner Bankbasisrate ("Prime Rate") zu verändern. Eine entsprechende Klausel verstoße gegen Art. 1129 Abs. 2 des Code Civil.
Die Richter gehen davon aus, daß die Vereinbarung des Zinssatzes und die Vereinbarung über dessen Anpassung getrennt zu behandeln seien. Das bedeutet, daß bei Nichtigkeit des Rechtes auf Anpassung der anfängliche Zinssatz als Fixzinssatz gilt. Das Gericht bemängelt in dem Urteil zudem, die Klausel lasse nicht erkennen, daß eine Veränderung an objektiven Maßstäben, unabhängig vom Willen der Bank, getroffen werde. Sie eröffne der Bank vielmehr die Möglichkeit einer rein einseitigen Bestimmung. Demgegenüber hält der Kassations-Gerichtshof Klauseln für wirksam, die progressiv fixe jährliche Zinszuwächse vereinbaren. Damit sind in Frankreich auch die in Deutschland gebräuch-

lichen Varioklauseln zu unbestimmt und dürften der dortigen Rechtsprechung nicht standhalten.[74]

Belgien

In Belgien ist die Vergabe variabel verzinslicher Darlehen verboten.

Italien

In Italien können verschiedene Indexarten für die Zinsanpassung des Vertragszinses verwendet werden. Die Indices sind an die Refinanzierungskosten gekoppelt, die in einem Mischindexsatz bereits im Vertrag festgehalten werden. Die Refinanzierung erfolgt bei Banken und Sparkassen über die Spareinlagen, bei Realkreditinstituten zu 80% über laufzeitkongruente zinsvariable Schuldverschreibungen.
Der rechtliche Rahmen für variabel verzinsliche Darlehen ist sehr differenziert und unterscheidet erstens Vorschriften, die Referenzparameter bestimmen, zweitens Vorschriften, welche die verschiedenen Mechanismen der Variabilität betreffen, drittens die den zeitlichen Rahmen abgrenzenden Parameter sowie viertens Vorschriften über Sicherheitsmechanismen, die dem Ausgleich der Parameterschwankungen dienen.
Die für die Zinsvariabilität maßgeblichen Parameter können sich aus mehreren Referenzzinsätzen zusammensetzen und sich theoretisch über die gesamte Bandbreite der Geld- und Kapitalmarktzinsen erstrecken. Dadurch wird insbesondere der Kritik entgegengewirkt, daß der Rückgriff auf lediglich einen Parameter ein verfälschtes Bild der Refinanzierungssituation liefert.
Auf der Refinanzierungsseite werden für zinsvariable Schuldverschreibungen gewöhnlich die Effektivrendite der öffentlichen Wertpapiere, die Rendite von Schuldverschreibungen der Mobiliarkreditinstitute, die Durchschnittsrendite ordentlicher Schatzanweisungen und die Interbankrate zugrundegelegt.

USA

Der Kreditgeber ist verpflichtet, einen Prozentsatz anzugeben, um den sich der Zinssatz maximal erhöhen kann. Solche "Zins-Caps" können einerseits die jährlich mögliche Zinserhöhung (per-year-cap) oder andererseits die während der Gesamtlaufzeit mögliche Erhöhung (life-time-cap) angeben. Die Spanne selbst unterliegt keiner regulativen Einschränkung. In der Praxis können sich allerdings höhere "per-year-caps" als ein bis zwei Prozentpunkte und höhere "life-time-caps" von drei bis fünf Punkten am Markt nicht

---

[74] BankWatch Infodienst 5/93, 74.

durchsetzen. Im übrigen folgt die variable Gestaltung immer durch Anlehnung an einen Index wie z.B. die "Prime Rate" der größten Bank.

Die Zinsschwankungen sind im europäischen Vergleich in Deutschland mit an höchsten. Der folgende Überblick über einige wichtige deutsche Zinssätze im Hypothekenkredit macht das Ausmaß einer Verteuerung der Ratenbelastung im Anpassungfall und das Risikopotential deutlich.

Abb. 22

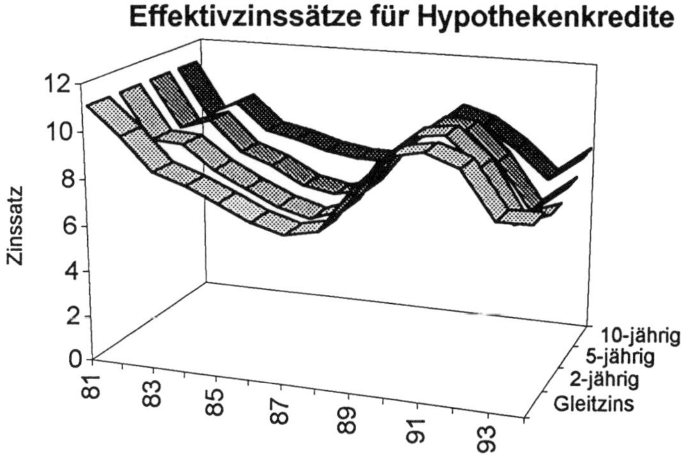

Quelle: Monatsbericht der Deutschen Bundesbank, März 1995

Die Geschäftsberichte der Kreditinstitute für 1992 - der Hochzinsphase - waren durchaus von einer starken Vergabe variabler Hypothekenkreditzinsen geprägt.[75] Diese Praxis scheint sich während der Niedrigzinsphase 1993/94 geändert zu haben. So konstatierte die Deutsche Centralboden in ihrem Geschäftsbericht 1993, daß nur noch 9% der Kreditverträge eine Laufzeit von unter vier Jahren hätten (insbesondere Vorschaltarlehen); einen ähnlichen Wert erreicht die Depfa. Die Deutsche Hypothekenbank in Essen weist in ihrem Bericht aus, daß 1993 über 66% der Verträge eine Zinsbindung von acht und mehr

75 Im Geschäftsbericht für 1992 der Württemberger Hypo steht, bei "Neubaufinanzierungen wurden annähernd 40% des Volumens mit kurzfristigen Festschreibungen bis zu 6 Monaten abgeschlossen. In der Tendenz zeichnet sich mit dem rückläufigen Zinsniveau eine Zunahme fester Zinsbindungen ab" (S. 32). Die Bayerische Hypotheken- und Wechselbank führt hierzu aus: "Kurzfristige Zinsbindungen sowie Darlehen mit variabler Verzinsung spielten nur noch eine geringe Rolle. Bei den Bedingungsanpassungen dagegen wurden über die Hälfte der Darlehen mit variablem Zins oder kurzfristiger Zinsfestschreibung prolongiert" (Geschäftsbericht 1992, S. 16).

Jahren zugrundelägen. Die anfänglich steigende Zinsentwicklung in 1992 bremste die Kreditaufnahme nicht. Auch 1993 wurde aufgrund der Zinssatzsenkungen ein sehr guter Umsatz gemacht. 1994 war der Trend rückläufig, zum einen durch den Auslauf steuerlicher Förderungen, zum anderen durch steigende Zinssätze.

Fazit

Der Verkauf von variablen Zinssätzen hängt von der jeweiligen Zinsphase ab. Dennoch werden noch viele Hypothekenverträge mit variablen Zinssätzen vereinbart, die ein Risiko für die Verbraucher darstellen. Eine Ausweitung variabler Kreditzinsen dürfte für Deutschland mit hohen Risiken verbunden sein, so in Form noch geringerer Sparquoten und Finanzierungszusammenbrüchen.

e) Entwicklung der Wohneigentumsquote

In Deutschland wird von einer "zu niedrigen Wohneigentumsquote" und "zu hohem Fehlbestand" gesprochen.[76] Zwar wurden 1994 über 475.000 Wohnungen fertiggestellt, dennoch bleibt die Wohneigentumsquote, die Anzahl der selbstgenutzten Wohnungen und Häuser innerhalb des Gesamtbestandes, im europäischen Vergleich mit 40% recht niedrig.

Abb. 23: Wohneigentumsquoten in der EU

Land	Jahr (Stand)	Prozentsatz
Belgien	1991	65
Dänemark	1991	52
Deutschland	1988	40
Griechenland	1981	70
Spanien	1991	78
Frankreich	1990	54
Irland	1992	80
Italien	1988	72
Luxemburg	1981	59
Niederlande	1991	45
Portugal	1991	66
Großbritannien	1991	68

Quelle: Hypothekenverband der Europäischen Union (EU)

[76] Siehe auch Keich, Roland, Ansätze für neue Märkte - Überlegungen zur Wohneigentumsquote in Deutschland, in: BankWatch-Infodienst 6/95; Keich, R., Unterschiede der Wohneigentumsquote und Baufinanzierung in Europa - Zukunft des Wohnungsmarktes und Bausparens in Deutschland", IFF-Vorstudie vom 8.03.95.

Der Druck, neue Finanzierungsangebote zu entwickeln, und der Anreiz, Wohneigentum staatlich zu fördern, hängt mit von der Bewertung der Wohneigentumsquote ab. Es zeigt sich, daß das Verschuldungsrisiko stark von diesen Parametern beeinflußt wird. Der Wille zur Privatisierung der ostdeutschen Mietwohnungen und zur Neuregelung der öffentlichen Förderung lassen für die nächsten Jahre eine veränderte Verschuldungssituation für private Haushalte erwarten. Derzeit fallen viele Kundengruppen durch die Maschen der Kreditvergabemöglichkeiten.

Eine große Zahl von Haushalten kommt für das "Bauen" nicht in Frage. Die Statistik der Bausparer unterscheidet sich in der Überrepräsentanz oberer Einkommensgruppen nicht von den Zahlen aus den anderen Finanzierungsformen. Das monatliche Durchschnittseinkommen seiner "Häuslebauer" bezifferte der Verband der Hypothekenbanken für 1992 mit 5.400,-- DM netto.[77]

Abb. 24: Die typischen Bausparkunden

Bausparbesitz nach persönlichem Nettoeinkommen in DM	
Nettoeinkommen in DM	in % davon Bausparer
4.000 und mehr	55
3.000 - 4.000	50
2.000 - 3.000	45
1.000 - 2.000	31
bis 1.000	25
Bevölkerung ab 14 Jahren	36

Quelle: Deutsche Bank Bauspar AG

Eigentumserwerb in Deutschland ist mit einer bedeutenden finanziellen Belastung verbunden: Durchschnittlich 40% des Netto-Haushaltseinkommens von Eigenheimerwerbern werden für die Objekt- und Finanzierungskosten verbraucht - ohne Berücksichtigung von §10e EStG-Abschreibungen. Demgegenüber steht eine Belastung von nur 23%, wenn man zur Miete wohnt.[78]

77 Informations-Rundschreiben des Verbandes Deutscher Hypothekenbanken vom 19.01.93.
78 Ebda.

Abb. 25: Finanzielle Belastung der privaten Haushalten bei Wohneigentum (1992)

	Verband der Hypothekenbanken (Kreditkunden)	F+B Hamburg (kurz vor Immobilienkauf)	F+B Hamburg (Erwerbsinteressenten)
Haushalts-Netto-Einkommen (HNE) in DM	5.400,--	6.000,--	3.700,--
Belastung für Eigentum in % des HNE	40%	31%	dto.
Belastung für Mietkosten in % des HNE	23%	19%	dto.
Eigengeld	28%	15-50%	ca. 12%
Objektpreis	400.000,--	300.000,--	300.000,--

Quelle: eigene Zusammenstellung

Bei durchschnittlichen Objektkosten von 400.000,-- DM und einer Eigengeldquote von 28% (1992)[79] braucht man in der Bundesrepublik über 100.000,-- DM an Eigengeld, um ein Eigenheim finanzieren zu können. Damit wird deutlich, daß im derzeitigen System neue Wohneigentümer entweder vermögend oder zumindest staatlich subventioniert sein müssen. Weiteren Erwerbergruppen ist der Zugang zu Eigentum und Finanzierung ohne Zweifel erschwert. Dennoch läßt sich bei den z.Zt. ausgeschlossenen Gruppen ein großes Potential vermuten. Die Wohneigentumsquote dürfte sich bei besserem Zugang mittlerer und unterer Einkommensgruppen zum Wohneigentum überproportional erhöhen. Dies kann aber nur durch annehmbare Kostengestaltungen erfolgen, wobei vor allem die Eigentumswohnung im Mehrfamilienhaus oder spezielle Formen des Gruppen- oder Teileigentums die realistischen Ziele sein dürften.[80]

Fazit

Eine wesentliche Rolle für den breiteren Zugang von Bevölkerungsteilen spielt der Baufinanzierungsmarkt. Produktentwicklung, Kreditmöglichkeiten für Haushalte und staatliche Einflußnahmen bestimmen in Deutschland wie auch in anderen EU-Ländern den Kreditmarkt. Diese Punkte stellen sogar die Schlüsselgrößen dar. Der Ausschluß von

79 Informations-Rundschreiben des Verbandes Deutscher Hypothekenbanken vom 19.01.93.

80 Das IFF arbeitet derzeit an neuen Erwerbs- und Finanzierungsmodellen (vgl. Keich, R., Wohnungsprivatisierung in den neuen Bundesländern: Gruppenorientierte Wohneigentumsfinanzierung - Neue Formen von Erwerbsmodellen für Mieter (GOFI), IFF-Vorstudie, Hamburg, Juni 1995.

Kundengruppen, die staatlichen Regulierungsgrenzen und die Kreativität und Kundenorientierung der Kreditgeber erweitern den Markt bzw. begrenzen ihn.

Die Einstiegsmöglichkeiten von Kunden in den Wohnungsfinanzierungsmarkt wird wesentlich durch deren finanzielle Situation bestimmt. Doch in Deutschland haben heute bereits mittlere Einkommensgruppen Probleme, am Markt teilzunehmen. Eine Lösung dieses "Schichtungsproblems" erfordert ein konsequenteres Prüfen neuer Käuferkreise und die Veränderung der Baufi- nanzierungsprodukte.

Für die Weiterentwicklung des deutschen Wohnungsbausystems kann dabei ein Blick über die Grenzen ins europäische Ausland oder in die USA weiterhelfen.[81] Eine leichtfertige Kreditvergabe kann jedenfalls nicht das Ziel sein.

4 Volumen der notleidenden Baufinanzierungen

Will man nun aufzeigen, wie hoch die Betroffenenzahl notleidender Finanzierungen ist, zeigen sich die Grenzen der deutschen Statistik. Für den Baufinanzierungsmarkt existiert, wie eingangs schon erwähnt, keine gesonderte statistische Erhebung darüber, wie hoch der Anteil gescheiterter Finanzierungen ist. Als ein wichtiger Indikator kann die Zahl der Zwangsversteigerungen dienen. Mit der wachsenden Verschuldung nahm ebenfalls die Überschuldung von Verbrauchern zu, also die Situation, in der Verbraucher aus ihren Haushaltseinkommen die finanziellen Kreditbelastungen nicht mehr decken konnten. Von 1978 bis 1988 erhöhte sich die Zahl der Zwangsversteigerungen von Wohnungseigentum um ca. 60% auf rd. 50.000, was auf eine gestiegene Überschuldung beim Hypothekenkredit hindeutet.

81 Siehe Reifner, U., Wohnungsbaufinanzierung in den USA, in: BankWatch-Infodienst 5/95.

Abb. 26: Gescheiterte Baufinanzierungen in Deutschland: Zwangsversteigerungen und Zwangsverwaltungen von 1978 bis 1992

Jahr	Zwangsversteigerungen	Zwangsverwaltungen
1978	32.807	4.315
1979	30.788	2.831
1980	32.666	4.013
1981	40.085	4.259
1982	52.612	4.909
1983	57.906	6.936
1984	60.548	10.613
1985	66.048	17.538
1986	64.045	18.080
1987	55.718	16.116
1988	48.848	15.130
1989	N.N.	N.N.
1990	28.099	N.N.
1991	22.456	N.N.
1992	20.824	N.N.

Quelle: Rechtspflegestatistik des Statistischen Bundesamtes, Handelsblatt vom 10./11.01.92 und 15.12.92, Argetra-Verlag/Ratingen

Für 1992 war zunächst eine Abnahme der Zwangsversteigerungen zu verzeichnen. Allerdings häuften sich die Fälle freihändiger Verkäufe, d.h. die Objekte auf dem deutschen Immobilienmarkt verkauft werden konnten, ohne daß es zum Zwangsversteigerungstermin kam. Die durchgeführten Zwangsversteigerungen umfaßten folgendes Volumen: 1992 wurden Immobilien mit einem Verkehrswert von 7,03 Mrd. DM zur Zwangsversteigerung angeboten und gegenüber dem Vorjahreswert nahezu unverändert geblieben. Die Einzelerlöse sind von 329.600,-- DM pro Objekt um 5,8% auf 348.700,-- DM gestiegen. Im ersten Halbjahr 1995 nahmen die Zwangsversteigerungen jedoch wieder stark zu und lagen mit 13.000 Zwangsversteigerungen um 15% höher als im Vorjahreszeitraum. Als Grund für diesen starken Anstieg werden die Spätfolgen der Rezension in Deutschland angegeben.[82]

Neben den Zwangsverkäufen (und ggf. freihändigen Verkäufen) engagieren sich die Gläubigerbanken verstärkt selbst auf dem Immobilienmarkt, da zur Zeit hohe Wertsteigerungen von Immobilien zu erwarten sind. Folglich entsteht tatsächlich nur eine relative Entspannung.

82 Immobilienzeitung vom 29.06.95, 6 und Der Spiegel 24/1995, 92.

Fazit

Die Ursachen von Zahlungsschwierigkeiten/Überschuldung der privaten Bauherren, die zum Scheitern von Baufinanzierungen führen, sind Arbeitslosigkeit, Scheidung, Krankheit und Erhöhung des Kreditbedarfs. Ein typisches Kennzeichen ist jedoch eine von Anfang an risikoreiche Baufinanzierung, die kaum Spielraum für zusätzliche Belastungen läßt. Das große Angebot an Baufinanzierungsvarianten ist daher nicht gleichbedeutend mit hoher Qualität. Bestimmte Kreditarten, teilweise sogar öffentlich gefördert, wirken sich sogar zum Nachteil des Schuldners aus. Die 1995 angestiegene Zahl der Zwangsversteigerungen zeigt, daß noch eine Vielzahl von Risiken für die Kreditnehmer bestehen. Auch läßt sich aus keiner Statistik ablesen, wieviele "Häuslebauer" nur gerade eben, d.h. mit größten persönlichen Einschränkungen eine falsche Finanzierung durchgestanden haben.

5 Gesamtbewertung der Verschuldungssituation privater Haushalte

Die Aussage aus dem Schuldenreport 1993 bleibt gültig: Die Beobachtungsmöglichkeiten für die Verschuldung bzw. Überschuldung privater Verbraucher (und implizit somit teilweise auch von Unternehmen) sind im Baufinanzierungsbereich ungenügend. Die statistischen Quellen weisen keine Klassifizierungen in Einkommens- und Betroffenengruppen auf, und geben keine detaillierten Informationen zur Überschuldung der Verbraucher (Kreditkündigungen und Zwangsversteigerungen, Einkommens- und Belastungs- bzw. Schulden- und Vermögenssituation nach Einkommensgruppen).

Die Ursachen für die zunehmende Verschuldung, des Anstiegs zwischen 1984 und 1994 um 47%, und insbesondere von Verschuldungsrisiken sind:

- Umwandlung von Mietern in Eigentümer;
- stärkerer Konkurrenzdruck zwischen den Kreditinstituten;
- risikoreiche Spar-Kredit-Angebote und variable Kreditzinssätze;
- Forcierung der Kreditaufnahme durch die Förderpolitik bei sinkender Sparquote;
- hohe Bauland- und Baupreise;
- relative Abnahme des Bausparen durch eine geänderte Konsumhaltung unter Druck;

Für die Weiterentwicklung des deutschen Wohnungsbausystems und zur Vermeidung risikoreicher Finanzierungen kann ein Blick über die Grenzen ins europäische Ausland oder in die USA neue Impulse geben. Die deutschen Haushalte sind zwar noch weit entfernt von einer allgemeinen Überschuldung. Finanzierungsrisiken, Zugangsbarrieren zum Wohneigentum durch begrenzte Kreditaufnahmemöglichkeiten und wirtschaftlich nachteilige Kreditgestaltungen bringen den privaten Haushalt jedoch immer noch in die marktschwächere Position gegenüber den Anbietern. Die Kreditinstitute könnten hier stattdessen mit neuen Produkten reagieren.

Transparenz, Marktinformationen und Offenlegung von Systemfehlern lassen sich nur durch eine ausreichende Marktberichterstattung erreichen. Politik und Bundesbank bleiben weiterhin aufgefordert, eine neutrale, differenzierte Berichterstattung über die Verschuldungssituation privater Haushalte in Deutschland einzurichten.

III Entwicklung der privaten Verschuldung in den neuen Bundesländern

von Prof. Dr. Christina Niedermeier, Berlin

Im fünften Jahr nach der Herstellung der deutschen Einheit ist auch in den neuen Bundesländern das marktwirtschaftliche Finanzdienstleistungssystem der Bundesrepublik etabliert. Eine erste Bilanz zeigt, daß der "Kaufrausch" in seinen prognostizierten Erscheinungsformen nicht eingetreten ist.

Selbst unter dem Aspekt einer erhöhten Konsumneigung betrug der private Verbrauch in den neuen Bundesländern 1990 lediglich 62,3% des Verbrauchs in den Altbundesländern zur selben Zeit. Sehr sensibel reagierten die Verbraucher auf die krisenhafte Wirtschaftsentwicklung. Die Sparneigung stieg beginnend mit dem Jahr 1991 wieder und führte 1993 nach Angaben der Deutschen Bundesbank zu einer Sparquote von 11,4% (zum Vergleich in den Alt-Bundesländern zum selben Zeitpunkt 12,3%).

Dennoch wurden in dieser Zeit Verbindlichkeiten begründet, die nunmehr zu gravierenden Ver- und Überschuldungssituationen in ostdeutschen Haushalten führen. Dies lag sowohl an dem Umfang notwendiger "Ersatzinvestitionen" für Möbel, Haushaltstechnik oder Fahrzeuge, an der mangelnden Vorhersehbarkeit der wirtschaftlichen Risiken, aber auch an der Unerfahrenheit vieler Verbraucher. Diese wurde nicht zuletzt auch von Firmen ausgenutzt.

Beobachtungen der Schuldnerberatung in den neuen Bundesländern machen deutlich, daß sich das Erscheinungsbild verschuldeter Haushalte und Einzelpersonen in der Struktur der Schulden und Gläubiger nicht mehr wesentlich von vergleichbaren Haushalten in den Alt-Bundesländern unterscheidet. Häufig ist jedoch feststellbar, daß die heutigen "Schuldnerkarrieren" zumindest zum Zeitpunkt marktwirtschaftlicher Umstrukturierung begannen, in der Werbe- und Marketingoffensiven der Vertreiber von Waren einerseits und die mangelnde Beratung durch Kreditinstitute andererseits dazu führten, daß zu viele unnötige Verträge, insbesondere jedoch Versicherungs- und Leasingverträge, sowie kreditfinanzierte Kaufverträge abgeschlossen wurden. Aus dieser Zeit resultieren auch durch Schuldübernahme oder Übernahme von Bürgschaften entstandene Verstrickungen in schnell notleidend gewordene Kredite.

Aufgrund der von vornherein zurückhaltenden Vergabe "normaler Kredite", insbesondere von Ratenkrediten (so lehnten die Sparkassen 5.000 Kreditanträge ab), erhielten Dispositionskredite und dessen Überziehungsmöglichkeiten eine besondere Bedeutung. Dies gilt

in gleichem Maße für all jene Kreditformen, in denen keine besondere Bonitätsprüfung erfolgte, beispielsweise bei Kauf in Versandhäusern. Schließlich führte auch die massive Nutzung von Kredit- und Mitarbeiterkarten zu einer erheblichen Überschuldung.
Verkomplizierend trat für die Verbraucher in den neuen Bundesländern hinzu, daß nicht das herkömmliche bundesrepublikanische Finanzdienstleistungssystem etabliert wurde, sondern daß in der Zeit der Umstrukturierung dieser Systeme die östlichen Bundesländer zum "Experimentierfeld" neuer Technologien wurden.

1 Ein spezielles Problem - Kredite an Gewerbetreibende

Die sich jetzt bereits darstellende Ver- und Überschuldung privater Haushalte hat unter den Bedingungen des Transformationsprozesses in den neuen Bundesländern in erheblichem Maße mit der Kreditvergabe an Gewerbetreibende begonnen.

Der Abbau des industriellen Sektors in den neuen Bundesländern und die damit einhergehende Änderung der Beschäftigungsstrukturen führten vielfach zwangsweise zum Aufbau einer selbständigen Existenz im Dienstleistungssektor. Verstärkt wurde dieser Trend durch die Ausgliederung der nicht produktionsunmittelbaren Betriebe aus den Kombinaten der ehemaligen DDR, die unter der Regie der Treuhandanstalt vollzogen wurde.

Schließlich waren ganze Berufsgruppen, wie Ärzte oder Apotheker, gezwungen, sehr schnell und ohne genaue Kenntnis der wirtschaftlichen Risiken kostspielig eine kreditfinanzierte berufliche Selbständigkeit aufzubauen.

Problematisch war für die Existenzgründungen in den neuen Bundesländern von vornherein die zu geringe Ausstattung mit Eigenkapital. Auf den Markt und seine Bedingungen waren die Gründer häufig ungenügend eingestellt, so daß die einsetzende Rezession zum wirtschaftlichen Zusammenbruch einer Reihe dieser Unternehmen führte. So stieg die Zahl der Unternehmensinsolvenzen von 401 im Jahr 1991 auf 5.700 im Jahr 1994.[83] Mit allein 2.900 Unternehmenszusammenbrüchen bis zur Jahresmitte 1995 beträgt die Steigerungsrate im Vergleich zum Vorjahr 60%. Es wird sogar angenommen, daß in Ostdeutschland bald die Hälfte aller Insolvenzen zu zählen sein wird, obwohl der der Unternehmensbestand um 70% niedriger ist als in Westdeutschland.[84]

Abgesehen davon, daß die wirtschaftliche Perspektive ostdeutscher Dienstleistungsunternehmen nach wie vor ungewiß ist, wird deren finanzielle Situation dadurch bestimmt, daß die für die Gründung in Anspruch genommenen Kredite öffentlich gefördert waren und

---

83 Die Welt vom 13.12.94, 1, Süddeutsche Zeitung vom 6.05.95, 31.

84 Handelsblatt vom 18.07.95.

aus Kreditprogrammen der Kreditanstalt für Wiederaufbau (KfW) oder der Deutschen Ausgleichsbank stammten. So wurden in der Zeit von 1990 bis 1995 insgesamt für 17.000 Existenzgründungen KfW-Darlehen in Anspruch genommen. Für die im Rahmen dieser Kreditprogramme aufgenommenen Darlehen setzten nunmehr erstmalig oder in verstärktem Maße Zins- und Tilgungsleistungen ein. Es ist zu erwarten, daß eine Reihe von Betrieben, aber auch von selbständigen Existenzgründungen dieser Belastung nicht standhalten können. Ver- und Überschuldung aus den damit verbundenen Finanzierungen treffen die gesamte Familie, nicht zuletzt, weil häufig Angehörige, Partner und Freunde Zweitschuldner oder Bürgen der Kredite geworden sind.
Im Zusammenhang mit der Wohnungsbaufinanzierung spielt der Einsatz von Fördermitteln in den neuen Bundesländern eine besondere Rolle. So reichte die KfW im Jahre 1993 16,7 Mrd. DM an Fördermitteln in den neuen Bundesländern aus. Stark in Anspruch genommen wurden vor allem zinsverbilligte Kredite für Modernisierung und Instandsetzen vor allem von privaten Eigentümern.

Auch nach Auskunft der Senatsbauverwaltung von Berlin war die Nachfrage nach diesen Fördermitteln auch 1994 groß. Die Investitionsbank Berlin, die für die Vergabe von Fördermitteln verantwortlich ist, lagen 1993 bereits 1.000 Anträge für rund 35 Mio. DM allein aus dem Ostteil der Stadt vor.[85]

2 Zur finanziellen Situation der Verbraucher

a) Einkommensstruktur in den neuen Bundesländern

Im Zuge der Lohn- und Gehaltsanpassungen in den neuen Bundesländern stiegen auch die tarifabhängigen Einkünfte weiter an.

Bezogen auf Lohn- und Gehaltsleistungen in den Alt-Bundesländern erreichten die durchschnittlichen Bruttomonatsverdienste in den neuen Bundesländern in Relation zu den Westeinkommen folgende Werte:

85 Berliner Zeitung vom 26./27.02.94.

Abb. 27: Durchschnittliche Bruttomonatsverdienste in Relation zum Westniveau

Jahr	Anteil
1990	35,7%
1991	47,6%
1992	62,1%
1993	65,5%
1994	68,5%

Quelle: Berliner Zeitung vom 16.06.94, Handelsblatt vom 8.03.95

Während das verfügbare Einkommen der betroffenen Haushalte im 2. Halbjahr 1990 noch bei 42,7% bezogen auf Haushalte in den Altbundesländern gelegen hatte, erreichte es 1993 über 61,7%.[86] 1994 stiegen die Durchschnittseinkommen um 7,5% auf rund 3.000,- - DM brutto monatlich.[87]

Wesentlich problematischer gestaltete sich allerdings die Einkommenssituation all jener Familien, die auf Lohnersatzleistungen oder den Bezug von Sozialhilfe angewiesen sind. 1993 stieg die Gesamtzahl der Sozialhilfeempfänger auf 287.500. Bei 62,9% der Betroffenen war Arbeitslosigkeit der Grund für die Inanspruchnahme von Sozialhilfe (gegenüber 35% im Westdeutschland).[88] Hier wird deutlich, daß die Zahl der Arbeitslosen erheblich gestiegen ist. Auch nach dem konjunkturellen Aufschwung hat sich diese Situation zunächst nur unwesentlich geändert. Allerdings ist die Zahl der Arbeitslosen seit Anfang vergangenen Jahres um fast 200.000 Personen merklich gesunken.

Abb. 28: Entwicklung der Arbeitslosenquote

Jahr	Quote
1991	10,4%
1992	14,8%
1993	15,8%
1994	16,0%
5/1995	13,3%

Quelle: Landeszentralbank in den Freistaaten Sachsen und Thüringen, Jahresbericht 1994, Monatsbericht der Deutschen Bundesbank, Juni 1995

86 Berliner Zeitung vom 16.06.94.

87 Jahresbericht des Ostdeutschen Sparkassen- und Giroverbandes, 8.

88 Frankfurter Rundschau vom 7.06.95, 1.

In einem relativ kurzem Zeitraum hat sich ein beträchtlicher Sockel an Langzeitarbeitslosen aufgebaut. Ihr Anteil liegt inzwischen bei rund einem Drittel aller Arbeitslosen. Der Anteil von Frauen, die von Arbeitslosigkeit betroffen sind, liegt mit zwei Drittel aller Arbeitslosen besonders hoch.[89]

Anhand der Lohnersatzleistungen wird offenbar, daß nach dem Auslaufen der Förderungen an Arbeitsbeschaffungsmaßnahmen (ABM) aus dem Gemeinschaftswerk Aufschwung Ost in den Jahren 1991 und 1992 die Zuwendungen kontinuierlich zurückgingen. So verringerte sich allein von 1992 auf 1993 die Zahl der in ABM Beschäftigten von 355.000 um 47% auf 241.000. Im Jahr 1993 wurden 63.000 in Maßnahmen nach §249h Arbeitsförderungsgesetz (AFG) beschäftigt. Allerdings betragen die Vergütungen aus diesen Beschäftigungsverhältnissen nur einen Teil der in ABM-Verhältnissen regelmäßig gewährten Leistungen.

Die Unterschiede in der Einkommenslage zwischen den neuen und den alten Bundesländern spiegelt sich auch in der Höhe der Spareinlagen wider. Von dem durchschnittlichen monatlichen Haushaltseinkommen in Höhe von 3.344,-- DM im Jahre 1993 gingen etwa 379,-- DM als Ersparnisse an Sparkassen, Banken und Versicherungen.[90] Damit wurde eine Sparquote in Höhe von ca. 12% erreicht.

Das durchschnittliche Geldvermögen der ostdeutschen Haushalte stieg auf 40.000,-- DM im Jahre 1994. Im Ergebnis dieser Entwicklung wurden in den neuen Bundesländern lediglich 9 Mrd. DM an Gewinnen aus dem Geldvermögen erzielt, während Zinsen und Dividenden vor Steuer in Gesamtdeutschland zur selben Zeit insgesamt von 200 Mrd. DM betrugen. Damit wurden in den neuen Bundesländern 1/20tel der Zinserträge der Alt-Bundesländer erzielt.

b) Ausgabenstruktur in den neuen Bundesländern

Die Ausgaben haben sich für die Haushalte in den neuen Bundesländern weiter erhöht. Einen besonderen Anteil an den Kostensteigerungen hatte die weitere Erhöhung der Mieten. Die Steigerung der Mietkosten wies im Verhältnis des Jahres 1993 zum Jahr 1992 eine Steigerung um "nur" 59% aus, nachdem die Mietkostenexplosion im Jahr 1992 dazu geführt hatte, daß eine Steigerung der Kosten von 127% im Vergleich 1991 erfolgt war.[91]

---

89 Handelsblatt vom 9.03.95, 4.

90 Jahresbericht 1993 des Ostdeutschen Sparkassen- und Giroverbandes.

91 Berliner Zeitung vom 13.04.94.

Neben den Mietkosten stiegen die allgemeinen Wohnkosten, bedingt durch die wesentlichen Erhöhungen der Preise von Müllabfuhr, Wasser- und Abwasserversorgung - sogenannten administrativen Preisen, sowie die Kosten der Energieversorgung. 1993 setzte sich auch die schrittweise Erhöhung der Kosten für soziale Dienstleistungen fort. So nahmen die Zuzahlungsbeträge für Arzneimittel und die Kosten für die Unterbringung von Kindern in Kindereinrichtungen zu.

3 Entwicklung der Kreditverschuldung

Die Inanspruchnahme von Krediten durch die ostdeutschen Privathaushalte wird nach wie vor separat durch den Ostdeutschen Sparkassen- und Giroverband und über die ostdeutschen Landeszentralbanken ermittelt und dargestellt.[92] Ein wichtiger Bereich, die Kreditaufnahme durch die Ausschöpfung von Dispositionskrediten, Inanspruchnahme von Kreditkarten und die darüber hinaus gehende Überziehung von Kreditlinien wird allerdings nur im Zusammenhang mit dem Zahlungsverkehr ausgewiesen. Die Konsumentenkreditverschuldung kann daher nur unvollständig durch direkte Zahlenangaben erfaßt werden.

1994 nahmen die Kreditbestände bei allen in den neuen Bundesländern tätigen Kreditinstituten um 29,3% auf über 150 Mrd. DM zu (1993: 116 Mrd. DM).[93] Damit wurde der Trend der vergangenen Jahre fortgeführt. Besonders stark war das Wachstum mit 39,7% (+ 30,4 Mrd. DM) im langfristigen Bereich. 71,1% aller vergebenen Kredite waren zum Jahresende 1994 langfristiger Art (1993: 66 %). Rund 33% bzw. 48,9 Mrd. DM entfallen auf Privatpersonen.

Nach wie vor sind die Sparkassen der größte Kreditgeber unter den drei Institutsgruppen (Privatbanken, Sparkassen und Genossenschaftsbanken) in den neuen Bundesländern. Mit einer Zunahme ihres Gesamtkreditbestandes um 21,8% auf 55,2 Mrd. DM weisen sie vor den privaten Banken mit + 20,8% auf 51,8 Mrd. DM und den Genossenschaftsbanken mit + 16,6% auf 18,6 Mrd. DM gleichzeitig die höchste Dynamik beim Kreditengagement auf.

Bei den privaten Haushalten in Ostdeutschland stieg die Gesamtverschuldung bis zum Jahresende 1994 auf durchschnittlich 7.710,-- DM pro Haushalt. Dies bedeutet gegenüber 1993 mit 5.930,-- DM eine Steigerung um 30%. Mit diesen Krediten wurden

92 Vgl. die Jahresberichte und Vierteljahresberichte der ostdeutschen Landeszentralbanken.

93 Vgl. im folgenden Pressemitteilung des Ostdeutschen Sparkassen- und Giroverbandes, Expansives Kreditgeschäft in den neuen Bundesländern - Sparkassen sind weiterhin Marktführer)

hauptsächlich Wohnungsbauten und -modernisierungen sowie die Anschaffung langlebiger Konsumgüter finanziert.

Abb. 29

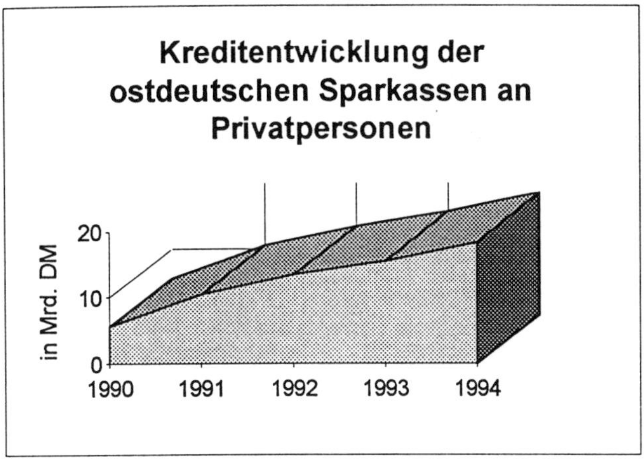

Quelle: Ostdeutscher Sparkassen- und Giroverband, Jahresbericht 1994

Im Jahresvergleichs 1993 zu 1994 hat der Anteil der Hypothekarkredite und Kredite für den Wohnungsbau zu Lasten der Ratenkredite um knapp 8% bzw. 13% zugenommen.

Abb. 30

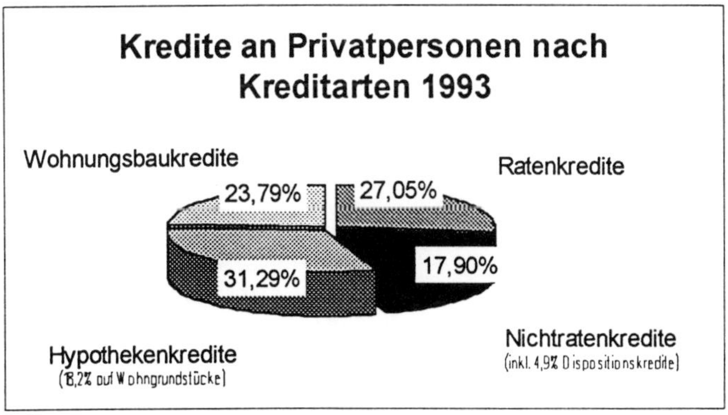

Quelle: Angaben des Ostdeutschen Sparkassen- und Giroverbandes vom 3.07.1995

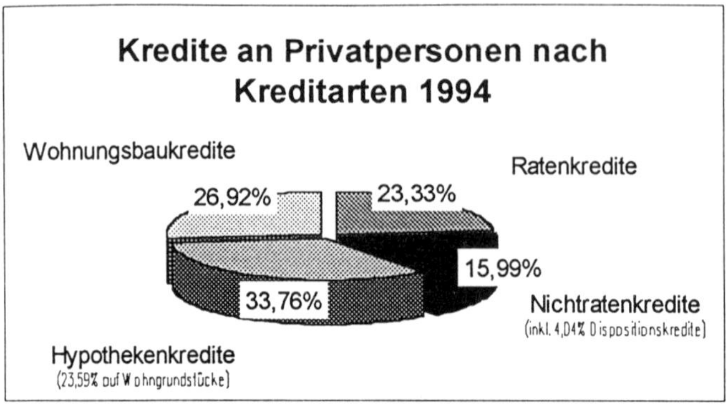

Quelle: Angaben des Ostdeutschen Sparkassen- und Giroverbandes vom 3.07.1995

Für das Jahr 1994 weisen alle Kreditinstitute eine insgesamt dynamische Kreditentwicklung aus, die insbesondere aus der Zunahme langfristiger Kredite resultiert. Bei der Vergabe von Krediten an private Verbraucher wird von allen Kreditinstituten die besondere Risikovorsorge betont.

a) Entwicklung der Konsumentenkreditverschuldung

Das Konsumentenkreditvolumen stieg bei den ostdeutschen Kreditinstituten um 15,6% von 16,4 Mrd. DM im Jahre 1993 auf knapp 19 Mrd. DM für 1994. Hierbei haben die Ratenkredite mit unverändert 60% für 1993 und 1994 den höheren Anteil.[94]

---

94 Zusammenstellung aus den Jahresberichten 1994 bzw. Vierteljahresberichten I. Quartal 1995 der ostdeutschen Landeszentralbanken.

Abb. 31

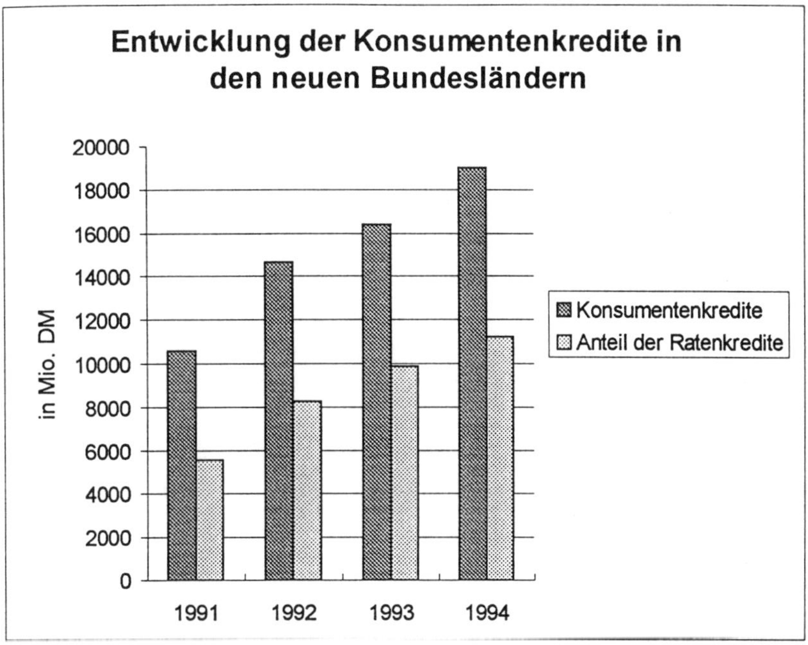

Quelle: Jahresberichte 1994 und Vierteljahresberichte I. Quartal 1995 der ostdeutschen Landeszentralbanken

In den einzelnen Bundesländern entwickelten sich die Konsumentenkredite wie folgt:

Abb. 32

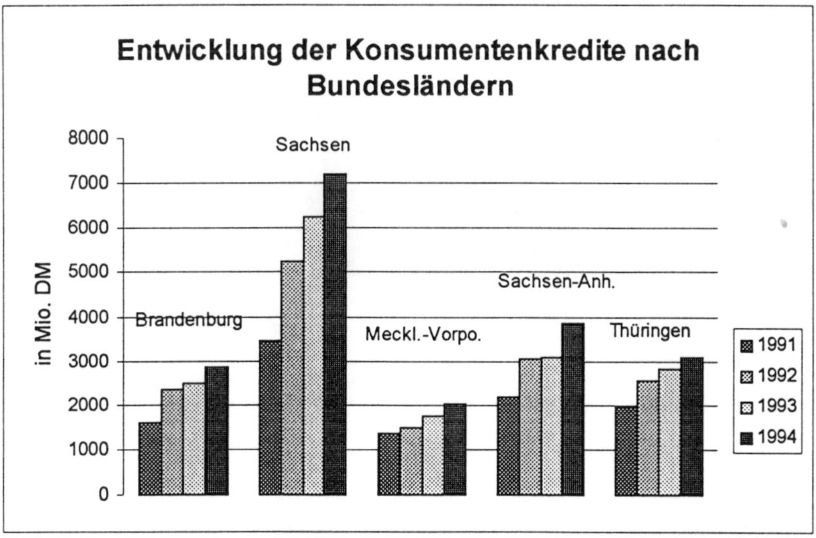

Quelle: Jahresberichte 1994 und Vierteljahresberichte I. Quartal 1995 der ostdeutschen Landeszentralbanken

Entwicklung bei den Sparkassen

Die weiterhin vorsichtige Kreditaufnahme durch die privaten Haushalte, bedingt durch die teilweise noch unsichere wirtschaftliche Situation, kam in einem moderaten Wachstum der Konsumentenkredite in Höhe von 4% zum Ausdruck. Ihr Bestand erhöhte sich auf 9 Mrd. DM (1993: 8,6 Mrd. DM). Der Anteil der Konsumentenkredite am Gesamtkreditvolumen fiel von 28,5% (Ende 1993) auf 20,5%. Pro Privathaushalt waren Ende 1994 im Durchschnitt 1.790,-- DM an Konsumentenkrediten bei den Mitgliedssparkassen aufgenommen worden.[95]

Relativiert wird diese Bilanz allerdings, wenn ergänzend dazu die Kreditmöglichkeiten im Rahmen der insgesamt 7,3 Mio.Girokonten berücksichtigt werden. In den neuen Bundesländern waren 1994 3,6 Mio. ec-Karten im Umlauf. Auch im EuroCard-Geschäft wurde gegenüber 1993 ein Zuwachs von über 39.000 Karten bzw. 62% erreicht, so daß der EuroCard-Bestand bei den ostdeutschen Sparkassen Ende 1994 knapp 103.000 Stück betrug.[96]

Abb. 33

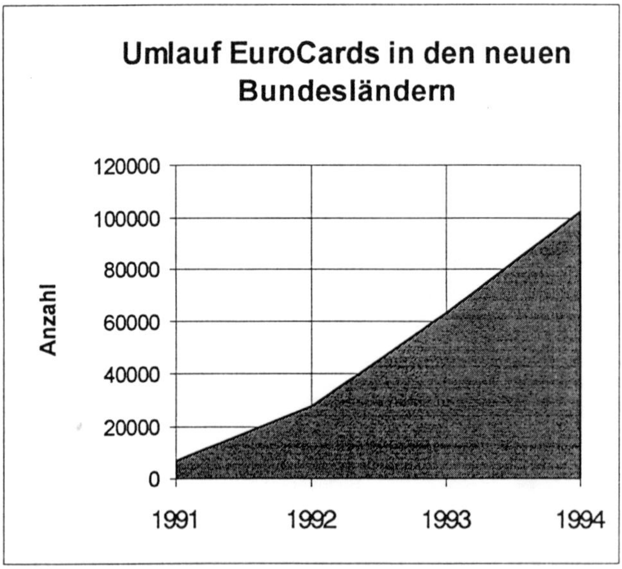

Quelle: Ostdeutscher Sparkassen- und Giroverband, Jahresbericht 1994

95 Ostdeutscher Sparkassen- und Giroverband, Jahresbericht 1994, 15.

96 A.a.O., 18.

Für die Kreditvergabe in den neuen Bundesländern ist nicht allein die Ausreichung von Krediten selbst von Bedeutung. Da der gesamte Bankensektor ohnehin neu strukturiert werden mußte, nutzen vor allem jene Institute, die bis dato noch nicht auf dem Markt präsent waren, die Möglichkeit, neue Methoden der Kundenbetreuung zunächst in den neuen Bundesländern zu erproben. Dazu gehört insbesondere auch die Segmentierung der Bankkunden.

So bietet die Berliner Bank seit dem 1.09.1994 zwei Varianten für die Führung von Girokonten an, und zwar das Privatkonto und Exklusivkonto. Das Privatkonto beinhaltet mit einer Grundgebühr von 9,-- DM monatlich den üblichen Zahlungsverkehr mit Abbuchungen von Miete, Bezahlung von Zeitungsabonnements und dergleichen, insgesamt bis zu zehn Buchungen im Monat, sowie die Inanspruchnahme sämtlicher Selbstbedienungsposten, Abwicklung von Daueraufträgen und das Zurverfügungstellen von zwei ec-Karten. Das Exklusivkonto ist zu einem monatlichen Preis von 19,-- DM für sogenannte "Vielbucher" vorgesehen, denen lediglich die ersten 10 Überweisungen berechnet werden, während sie alle anderen Leistungen kostenlos erhalten und das verbleibende Guthaben mit 2% verzinst bekommen.

Einen besonderen Stellenwert nimmt im Bankgeschäft mittlerweile das Telefonbanking ein. Insbesondere in den neuen Bundesländern, in denen Filialen neu aufgebaut wurden, haben die Kreditinstitute - so z.B. die Citibank, aber auch die Volksbank oder die Commerzbank - eine "Rund-um-die-Uhr-Betreuung" mit Selbstbedienungsbanken und Telefonbanking favorisiert.

b) Entwicklung der Hypothekenkreditverschuldung

Die Hypothekenkreditaufnahme entwickelte sich im Kontext der Rahmenbedingungen des allgemeinen Wohnungsmarktes. Gerade in den neuen Bundesländern ist das Defizit an standardgemäß ausgestatteten Wohnung gravierend. Gleichzeitig nehmen die Möglichkeiten des geförderten sozialen Wohnungsbaus ständig ab. So wurden im Ostberliner Stadtbezirk Berlin Mitte im Jahr 1993 nur sieben Sozialwohnungen gebaut.[97]

Die Verunsicherung der Mieter, die in Wohnungen ostdeutscher Wohnungsbaugesellschaften und Wohnungsbaugenossenschaften leben, nimmt zu, da auf Basis des sogenannten Altschuldenhilfegesetzes Gesellschaften und Genossenschaften gezwungen werden, 15% ihres Bestandes an Wohnungen zu privatisieren. Das Modell der sogenannten Umwandlung von Miet- in Eigentumswohnungen durch den Verkauf der Wohnungen an die Mieter stützte die seinerzeit federführende Wohnungsbauministerin Schwätzer darauf,

97 Berliner Zeitung vom 30.04/1.05.94.

daß einer Emnid-Umfrage zufolge 96% der Bevölkerung in den neuen Bundesländern den Wohnungserwerb als Schutz vor Mieterhöhungen ansähen und etwa ein Viertel der Mieter Interesse am Kauf ihrer Wohnung hätten. Neuere Untersuchungen, insbesondere auch Mieterbefragungen der betroffenen Unternehmen ergaben, daß lediglich 6% der Mieter überhaupt am Kauf der Wohnung interessiert seien, von denen wieder lediglich 3% eine ausreichende Bonität für die Aufnahme der nötigen Kredite hatten.[98]

Angesichts des völlig aussichtslosen Verkaufs an die Mieter in den gesetzlich vorgesehenen Größenordnungen versuchen Wohnungsbaugesellschaften seit 1993 ihre Wohnungen an Investoren zu verkaufen. Auf diese Weise wurden allein zum Jahreswechsel 1993/94 in Ostberlin insgesamt 10.000 Wohnungen an Investoren verkauft.[99]

Im Zuge des Verkaufs an derartige Investoren, die von den Wohnungsbaugesellschaften häufig ohne ausreichende Absicherung der betroffenen Mieter betrieben wurden, entwickelt sich auch die Spekulation mit Wohnungen des "Altbestandes". Bekannt wurde hier der Fall des Baron von Derschau, der im Ostberliner Stadtbezirk Mitte zwei Hochhäuser mit der Versicherung gegenüber den Mietern kaufte, dort ein sozialverträgliches Wohnen zu ermöglichen, diese Häuser jedoch bereits drei Monate später mit einem kalkulierten Gewinn von 20 Mio. DM auf dem bundesdeutschen Immobilienmarkt anbieten ließ.

Der Zwang der betroffenen Gesellschaften und Genossenschaften, allein in Ostberlin innerhalb der nächsten 10 Jahre insgesamt 46.553 Wohnungen privatisieren zu müssen, hat bei vielen der potentiell betroffenen Mieter die Flucht in den Erwerb neuer Eigentumswohnungen und Eigenheime begünstigt.
Die Förderung des Erwerbs der Mietwohnungen ist in den einzelnen Bundesländern sehr unterschiedlich geregelt. Während in Berlin für den Erwerb der eigenen "Alt"-Mietwohnung keine Fördermittel der Investitionsbank bereitstehen, erhalten sog. "Freizieher", d.h. Mieter und Nutzer von Wohnungen der Wohnungsbaugesellschaften, der Genossenschaften oder von Wohnungen aus dem ehemaligen gemeinnützigen Wohnbestand großzügig geförderte Kredite, wenn sie neugebaute Häuser und Eigentumswohnungen erwerben wollen.[100]

Die beschriebene Lage führte zu einer verstärkten Nachfrage nach unbebauten und bebauten Grundstücken. Nachdem die Investitionen in den Bau von Gewerbeflächen aufgrund der stetig fallenden Büromieten zumindest gegenwärtig nicht die gewünschten Renditen bringt, wird vor allem auch durch Investoren zunehmend die Erschließung von Bauland

---

98 Berliner Zeitung vom 25.03.94.

99 Berliner Zeitung vom 4.01.94.

100 Vgl. hierzu die IFF-Studie, Niedermeier, C., Maretzke, A.-H., Umwandlung von Miet- in Eigentumswohnungen in den neuen Bundesländern, März 1993.

und der Bau von Ein- und Mehrfamilienhäusern betrieben. Der entsprechende Markt hat sich in den neuen Bundesländern auf einem relativ hohem Niveau stabilisiert. Die angebotenen Immobilien werden insbesondere auch in Berücksichtigung der mangelhaften infrastrukturellen Erschließung im Vergleich zum Preisniveau in den Altbundesländern zu hohen Preisen angeboten. Nach Schätzungen des Rings Deutscher Makler (RDM) werden Immobilien in den neuen Bundesländern mit über 20% überhöhten Preisen angeboten.

Im Vergleich zu den Konsumentenkrediten stieg die Hypothekenkreditvergabe bei allen Kreditinstituten auch 1994 wieder stark an. Gegenüber dem Vorjahr mit einem Volumen von 11,4 Mrd. DM ergab sich ein Zuwachs von 42% auf 16,1 Mrd. DM.[101]

Abb. 34

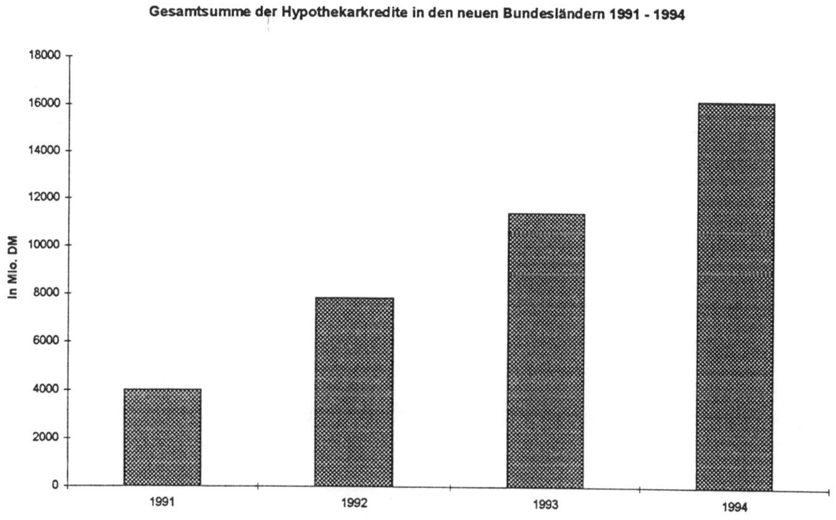

Quelle: Ostdeutscher Sparkassen- und Giroverband, Jahresbericht 1994

101 Zusammenstellung aus den Jahresberichten 1994 bzw. Vierteljahresberichten I. Quartal 1995 der ostdeutschen Landeszentralbanken.

Auf die einzelnen Bundesländer verteilten sich die Hypothekenkredite wie folgt:

Abb. 35

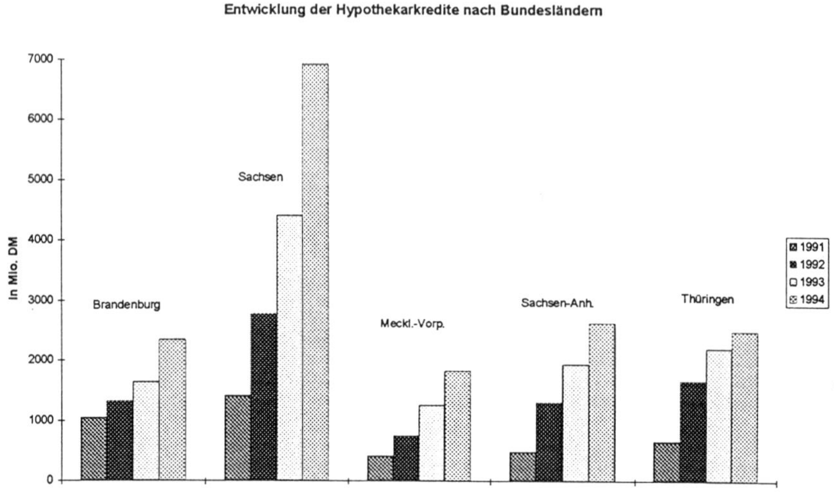

Quelle: Jahresberichte 1994 und Vierteljahresberichte I. Quartal 1995 der ostdeutschen Landeszentralbanken

Entwicklung bei den Hypothekenbanken

Die Hypothekenzusagen der Hypothekenbanken in den neuen Bundesländern erreichten einen Anteil von 40% an den gesamten Hypothekenzusagen, was den zunehmend beschleunigten Aufholungsprozeß der Hypothekenkreditinspruchnahme in den neuen Bundesländern illustriert. Der hohe Anstieg der Zusagen im Mietwohnungssektor, die um annähernd drei Viertel auf 14 Mrd. DM gesteigert werden konnten, spiegelt den immens hohen Modernisierungs- und Renovierungsbedarf im Wohnungsbestand wie auch zunehmend die Neubautätigkeiten und die steigenden Baugenehmigungen in den neuen Bundesländern wider.[102]

Entwicklung bei den Sparkassen

Auch die Ausreichungen von Wohnungsbaukrediten bei den Sparkassen stiegen erheblich an. Ihr Bestand erhöhte sich um 43,2% bzw. 3,4 Mrd. DM auf 11,4 Mrd. DM (1993: 7,9 Mrd. DM). Der Anteil der Wohnungsbaukredite am gesamten Kreditvolmen stieg damit auf 25,9% (1993: 24,3%).[103]

102 Verband deutscher Hypothekenbanken, Jahresbericht 1994, 35 f.

103 Ostdeutscher Sparkassen- und Giroverband, Jahresbericht 1994, 15.

4 Zur Überschuldungssituation privater Haushalte

Die Zahl der überschuldeten Haushalte läßt sich, ebenso wie für Westdeutschland, nicht genau bestimmen. Weder bundesweit noch in den einzelnen Bundesländern gibt es verläßliche Statistiken oder Untersuchungen. Das trifft für die neuen Bundesländer zur Zeit noch umso mehr zu, als die 1989 im Auftrag des Familienministeriums durchgeführte Untersuchung der GP-Forschungsgruppe sich nur auf die Alt-Bundesländer erstreckte. Inzwischen wird jedoch an einem Bericht über die neuen Bundesländer gearbeitet, der 1996 erwartet wird.

Die mögliche Überschuldungssituation kann nach wie vor nur anhand bestimmter Indikatoren fixiert werden. Derartige Indikatoren sind vor allem die sogenannten kritischen Lebensereignisse, wie insbesondere Arbeitslosigkeit, die die Gefahr von Überschuldung erhöhen. Andererseits können auch Angaben zu Mietschulden Anhaltspunkte für Überschuldungslagen geben.

Sporadische Statistiken insbesondere aus dem Bereich der Schuldnerberatung liefern Anhaltspunkte für das Ausmaß der Überschuldung von Privatverbrauchern. Nach Angaben der Schuldnerberatung Dilab e.V. aus dem Ostberliner Stadtbezirk Friedrichshain beträgt die durchschnittliche Schuldenhöhe der Klienten 20.440,-- DM. Sofern die Überschuldung aus einer Existenzgründungssituation herrührt, betragen die durchschnittlichen Schulden nach Auskunft der Schuldnerberatungseinrichtung Julatec e.V., die in verschiedenen Ostberliner Stadtbezirken präsent ist, zwischen 115.000,-- DM und 400.000,-- DM.

Steigende Arbeitslosigkeit

Durch die Arbeitslosigkeit eines oder mehrerer Familienmitglieder entstehen Einkommensverminderungen, die im weiteren auch dazu führen können, daß Verpflichtungen wie Miete oder Stromzahlungen oder auch Kreditraten nicht mehr erfüllt werden können. Diese These wird durch Erfahrungen aus der Schuldnerberatung insoweit gestützt, als z.B. in der Beratung des Stadtbezirks Friedrichshain 114 Klienten, d.h. 58,6% arbeitslos waren.

Mahnverfahren und eidesstattliche Versicherungen

Die von den Justizministerien der einzelnen Bundesländer geführten Statistiken werden nach unterschiedlichen Kriterien geführt, so daß kein einheitlicher Vergleich, sondern lediglich eine Gegenüberstellung des Zahlenmaterials erfolgen kann.

Abb. 36: Mahnbescheide, eidesstattliche Versicherungen, Zwangsversteigerungen in den neuen Bundesländern in 1993/1994*

Art der Maßnahme	Berlin	Branden-burg	Mecklenburg-Vorpommern	Sachsen-Anhalt	Thüringen
Mahnbescheide	364.000	k.A.	k.A.	k.A.	k.A.
Eidesstattliche Versicherungen			k.A.		
- Anträge	71.240			27.284	19.811
- eingeleitet	18.821	30.120 34.673*			
- abgegeben		6.171 9.344*			3.928
Zwangsversteige-rungen	1.027	k.A.	k.A.	856	k.A.
Konkurs(vergl.)-verfahren			k.A.		
- Anträge	2.500 3.031*	1.928*		949	
- Eröffnungen	173 216*	283*			2.347
Zwangsvollstrek-kungen und sonst. Anträge	k.A.	60.326 79.560*	k.A.	14.677	k.A.
Gesamtvollstrek-kungsverfahren	k.A.	k.A.			k.A.
- Anträge			316	736	
- Eröffnungen			156	180	

Quelle: Statistiken der Justizministerien der neuen Bundesländer

* Zahl für 1994

k.A. keine Angaben

Im Zusammenhang mit dem "Tilgungsschock" - dem Einsetzen der Tilgung bei öffentlich geförderten Krediten - und unter Einschätzung der wirtschaftlichen Lage wird die Auflage von Liquiditätssicherungsprogrammen gefordert. Verschiedene Kreditinstitute, so die Landesbank Berlin, aber auch die Sparkassen, versuchen zunächst mit der "Schonung" säumiger Gewerbekreditnehmer, d.h. dem Absehen von einer sofortigen Geltendmachung und Vollstreckung von Forderungen, einer Verschlimmerung der Situation entgegenzuwirken.

Miet- und Energieschulden

Den Umfang, den insbesondere die Mietschulden mittlerweile auch in den neuen Bundesländern erreicht haben, zeigen beispielhaft die Zahlen von Berlin. Die 23 Bezirksämter übernahmen hier im Jahre 1993 in 9.013 Fällen Mietrückstände. Insbesondere in den östlichen Stadtteilen stellen Mietschulden ein Problem dar und indizieren eine wirtschaftlich angespannte Situation der betroffenen Haushalte. In einzelnen Ostberliner Stadtbezirken ergibt sich hier folgendes Bild:[104]

- im Stadtbezirk Hohenschönhausen sind bei der dortigen Wohnungsbaugesellschaft 2.000 Mieter mit insgesamt 800.000,-- DM verschuldet;

- in Marzahn wurden 413 Mietschuldner verzeichnet; gleichzeitig übernahm das Sozialamt Mietforderungen in Höhe von 902.500,-- DM, dennoch kam es hier bis zum 1.10.1994 bereits zu 45 Wohnungsräumungen wegen geschuldeter Miete;

- im Stadtbezirk Friedrichshain, in dem die Wohnungsbaugesellschaft insgesamt 54.000 Wohneinheiten verwaltet, sind zwischen 7.000 und 10.000 Haushalten mit Mietzahlungen säumig. Die Mietschulden belaufen sich insgesamt auf zwischen 7 und 8 Mio. DM, von denen ca. 4.000,-- DM auf jeden verschuldeten Haushalt kommen. Im Ergebnis kam es bereits zu 1.121 fristlosen Kündigungen. In 467 Fällen wurden Räumungsklagen und in 233 Fällen Zwangsvollstreckungen beantragt.

Nach Angaben von Julatec e.V. war im Rahmen der durchgeführten Beratungen an Anstieg der Mietschulden an der Schuldenproblematik um ein Drittel und der Energieschulden um 50% festzustellen.

Insbesondere Energieschulden stellen auch in den anderen neuen Bundesländern ein beträchtliches Problem dar. Während die Wohnungsbaugesellschaften häufig noch den Versuch unternehmen, z.B. auch in der Zusammenarbeit mit den Schuldnerberatern den Verlust der Wohnung zu verhindern, machen Energieversorgungsunternehmen ihre Forderungen bedenkenlos gegenüber den Schuldnern geltend.

104 Jahresbericht des Dilab e.V. 1993.

5 Situation der Schuldnerberatung in Ostdeutschland

Die Probleme der Schuldnerberatung in den neuen Bundesländern sind bekannt. Selbst in Berlin, wo mit insgesamt 30 Beratungsstellen eine bundesweit beinahe einmalige Situation besteht, macht sich der hohe Anteil an ABM-Kräften in der Schuldnerberatung bemerkbar. Nach dem Abbau von ABM-Mitteln und der Schaffung einer Reihe von Stellen nach dem §249h AFG hat sich die Situation der betreffenden Berater weiter verschlechtert.

Hinzu kommt, daß - nicht zuletzt auch mit Blick auf die 1999 in Kraft tretenden Insolvenzordnung - die Beratung von ver- und überschuldeten Existenzgründern zunehmend ins Blickfeld gerät. Neben einer gesicherten personellen Ausstattung sind für diese Beratungen vor allem entsprechende Ausbildungs- und Qualifikationsprogramme nötig.

Als weiteres Problem wird die bisher weitesgehend fehlende Prävention, insbesondere im Zusammenhang mit der Verschuldung von Jugendlichen thematisiert. Überlegungen und Projekte im Rahmen der Prävention - so die Ausstellung "Reden über Schulden", die trotz der unzureichenden sachlichen und personellen Ausstattung zustandekam, unterstreichen den besonderen Bedarf, den die Schuldnerberatung in diesem Feld sieht.

KAPITEL B
RECHTLICHE ENTWICKLUNGEN BEI FINANZDIENSTLEISTUNGEN

I Rechtliche Entwicklungen bei Verbraucherkrediten

Mittlerweile hat das Verbraucherkreditgesetz (VerbrKrG) seinen vierten Geburtstag hinter sich gebracht.[104] Im Schuldenreport 1993 wurde noch über eine relativ geringe Anzahl von Urteilen berichtet, obwohl bereits zu erwarten stand, daß auch unter dem Regelungsbereich des VerbrKrG eine Zunahme gerichtlicher Entscheidungen zu erwarten sein würde. Diese Erwartung hat sich bestätigt.

Ein relativ hoher Anteil der neueren Urteile betrifft Fragen, die auf den ersten Blick nicht den privaten Verbraucher, sondern hauptsächlich Gewerbetreibende als Franchisenehmer und Leasingnehmer betreffen. Da Franchiseverträge regelmäßig eine Warenbezugsverpflichtung enthalten, unterfallen diese Verträge nach §2 VerbrKrG dem - wenn auch hier eingegrenzten - Schutz des Gesetzes.

Im folgenden werden die Entscheidungen zu Fragen der erstattungsfähigen Mahn- und Inkassokosten, der finanzierten Käufe und Ausbildungsverträge sowie zu vermittelten Krediten dargestellt. Nicht direkt dem VerbrKrG unterfallen die für den Verbraucherkredit wichtigen Bürgschaftserklärungen. Hier wird durch drei Entscheidungen des Bundesverfassungsgerichts (BVerfG) die frühere rigide Linie auch der obersten Gerichte in Frage gestellt. Allerdings gingen vielen die lang erwarteten Verfassungsentscheidungen zu weit,[105] den Verbraucherverbänden nicht weit genug.[106]

1 Rechtsprechung zum VerbrKrG

a) Formerfordernisse

Das am 1.01.1991 in Kraft getretene VerbrKrG verlangt die Einhaltung bestimmter formaler Kriterien zur Wirksamkeit eines Kreditvertrages. Diese Formalien sollen mehr Transparenz schaffen und den Verbraucher vor willkürlichen Vertragsgestaltungen schützen. Zu einigen Fragen konnten die Gerichte mittlerweile Stellung nehmen und so die Wirkung der Schutzfunktion des VerbrKrG in der Praxis untersuchen.

---

104 Zur Thematik Verbraucherkreditgesetzgebung vgl. auch die Auszüge aus dem Bericht der Europäischen Kommission über die Anwendung der Verbraucherkreditrichtlinie 87/102/EWG in Anhang 2.

105 Adomeit, NJW 1994, 2467, Rittner, NJW 1994, 3330.

106 So ist schwer verständlich, warum das BVerfG bei der vermögenslosen Ehefrau einen Verfassungsverstoß verneint, selbst wenn die Höhe des Kredits, für den die Ehefrau sich verbürgte, sich lediglich auf 30.000,– DM belief.

Langfristige Kreditverträge

Die Anwendbarkeit des VerbrKrG auf langfristige Kreditverträge, die vor dem 1.01.1991 geschlossen wurden, ist nur in eingeschränktem Umfang gegeben. War die Kapitalnutzung bis zur endgültigen Tilgung vorgesehen, so findet das VerbrKrG dann keine Anwendung, wenn lediglich die Konditionen neu festgesetzt werden, wie z.B. nach Ablauf einer Festzinsvereinbarung oder der Umstellung von variabler auf feste Verzinsung.[107]

Schriftformerfordernis

Das AG Frankfurt[108] hat das Verlangen nach einer Bearbeitungsgebühr für unwirksam erklärt, weil die verlangte Gebühr lediglich auf einer handschriftlichen Notiz vermerkt war. Als feststand, daß sich die Kreditnehmerin letztendlich gegen den Kredit ausgesprochen hatte, belastete der Kreditgeber dennoch das Konto mit der Bearbeitungsgebühr. Dies hatte jedoch rechtlich keinen Bestand, da diese Gebühr nach dem AG Frankfurt nicht dadurch dem Schriftformerfordernis entzogen werden kann, daß sie aus der Gesamtheit der Vertragsbedingungen herausgenommen und ihre Zahlung mündlich vereinbart wird. Die handschriftliche Notiz erfülle nämlich nicht die Voraussetzungen des Transparenzgebots nach §4 VerbrKrG, da hierin lediglich Eckdaten einer beabsichtigten Erklärung enthalten seien.[109]

b) Verzugsfolgen

Der Streit um die Folgen der Nichteinhaltung der vertraglichen Verpflichtungen durch den Kreditnehmer kann in einigen wesentlichen Punkten durch das VerbrKrG als geklärt bezeichnet werden.

Pauschale Verzugszinsen

So können als pauschale Verzugszinsen allenfalls 5% über dem jeweiligen Diskontsatz der Deutschen Bundesbank gem. §11 Abs. 1 VerbrKrG verlangt werden. Der pauschalierte Verzugsschaden in Höhe von 5% über dem jeweiligen Diskontsatz enthält sämtliche Schäden, die durch den Verzug entstehen. Dazu zählen auch Kosten für Mahnschreiben oder Gebühren für eine Detektei.[110] Dies bedeutet, daß diese weiteren Schadenspositio-

---

107 BGH NJW 1995, 527.

108 AG Frankfurt 32 C 3029/94 - 84.

109 AG Frankfurt a.a.O.

110 LG Stuttgart NJW 1993, 208.

nen nicht gesondert liquidiert werden können, es sei denn, der Gläubiger berechnet seinen Schaden konkret und kann einen höheren Schaden nachweisen.[111]

Mahn- und Inkassokosten

Streitig sind aber noch die Positionen der (außergerichtlichen) Mahn- und Inkassokosten. Grundsätzlich sind Inkassokosten nur dann zusätzlich erstattungsfähig, wenn der Gläubiger damit rechnen kann, daß der Schuldner auch ohne gerichtliche Maßnahmen leisten wird.[112] Der Gläubiger muß daher abwägen, ob die außergerichtliche Einschaltung eines Inkassounternehmens Erfolg verspricht, und kann nicht zwischen Rechtsanwalt oder Inkassounternehmen wählen. Inkassokosten für ausländische Inkassounternehmen, die in Deutschland nicht zugelassen sind, sind nicht erstattungsfähig.[113]
Das AG Stuttgart-Bad Cannstatt hält Mahnkosten in Höhe von 5,-- DM je Mahnschreiben für angemessen.[114]

c) Geschäfts- und Ausbildungsfinanzierung

Eine der wesentlichen Voraussetzungen für die Anwendbarkeit des VerbrKrG ist gem. §1 Abs. 1 VerbrKrG, daß der Kredit nicht für eine bereits ausgeübte gewerbliche oder selbständige berufliche Tätigkeit des Kreditnehmers bestimmt ist. Für Existenzgründungsdarlehen ist das VerbrKrG gem. §3 Abs. 1 VerbrKrG anwendbar, solange der Nettokredit 100.000,-- DM nicht übersteigt.

Anwendbarkeit des VerbrKrG auf Franchiseverträge

Die Anwendbarkeit des VerbrKrG auf Franchiseverträge ist nicht ganz eindeutig, wird aber überwiegend bejaht, soweit die Voraussetzungen des VerbrKrG vorliegen. Ein Franchisevertrag ist ein sogenannter gemischter Vertrag, bei dem ein Unternehmer, als Franchisegeber, einem anderen Unternehmer, dem Franchisenehmer, für dessen Betriebsführung bestimmte Waren, Warenzeichen, Geschäftsform, Vertriebsmethoden und Knowhow überläßt. Der Franchisenehmer ist berechtigt, die Waren oder Dienstleistungen zu vertreiben, die er zu diesem Zweck vom Franchisegeber erhält. Dafür zahlt er dem Franchisegeber ein vertraglich vereinbartes Entgelt und übernimmt bestimmte weitere Pflichten. Häufig werden in diesem Zusammenhang vom Franchisegeber die notwendigen Geschäftsräume zur Verfügung gestellt. Franchiseverträge sind sogenannte Dauerschuldverhältnisse und demnach längerfristig über mehrere Jahre hinweg angelegt. Fraglich war, ob

---

111 Vgl. auch AG Hagen NJW-RR 1995, 320.
112 LG Rottweil WM 1994, 1074.
113 AG Stuttgart-Bad Cannstatt, 9 C 3542/94.
114 Ebda.

der Franchisenehmer dem Schutzauftrag des VerbrKrG unterfällt und sich im Wege des Widerrufs nach §7 VerbrKrG von dem abgeschlossenen Vertrag lösen kann.

Charakteristisch für Franchiseverträge ist eine Verpflichtung des Franchisenehmers zum wiederkehrenden Erwerb oder Bezug von Sachen. §2 VerbrKrG ist insoweit deckungsgleich mit §1 c AbzG, der nach der Rechtsprechung des Bundesgerichtshofes auf Franchiseverträge anwendbar war.
Der BGH[115] hat mittlerweile die Anwendbarkeit des VerbrKrG auf Franchiseverträge bestätigt, da bei der Schaffung des VerbrKrG ausschlaggebend gewesen sei, daß dadurch der Verbraucherschutz nicht hinter das bereits erreichte Niveau zurücktreten sollte.

Das OLG Hamm[116] ist der Auffassung, daß es der Anwendbarkeit des VerbrKrG nicht entgegenstehe, wenn die Grenze von 100.000,-- DM überschritten würde. Diese Grenze beziehe sich nämlich nicht auf den Warenbezug oder Umsatz des Geschäfts, sondern lediglich auf den für die Existenzgründungsphase vergebenen Kredit. Der BGH[117] geht hier sogar so weit, daß er keine betragsmäßigen Einschränkungen für die Anwendbarkeit anerkennt, da dieses der Wortlaut und die Systematik des Gesetzes nicht zuließen.

Das VerbrKrG ist auch anwendbar, wenn es sich nicht um die erste selbständige Tätigkeit handelt, da dem bereits früher ausgeübten Gewerbe nicht unbedingt eine Kreditaufnahme vorausgegangen sein muß. Voraussetzung ist vielmehr, daß sich die vormals bzw. bereits ausgeübte Tätigkeit klar von der neuen Tätigkeit abgrenzte. Ist dies der Fall, ist das VerbrKrG anwendbar.[118] Dem Kreditnehmer, der erstmalig einen Kredit aufnimmt, könne nicht wegen beruflicher Erfahrung seine Schutzbedürftigkeit versagt werden, da gerade die erstmalige Kreditaufnahme den Schutzzweck des VerbrKrG ausmache.[119]

Das LG Berlin[120] geht davon aus, daß es zum Sinn und Zweck des VerbrKrG gehöre, den Verbraucher vor langfristigen und möglicherweise unüberlegt eingegangen Bindungen zu schützen. Der Schutzzweck des VerbrKrG gebiete seine Anwendung in den Fällen, in denen es neben einer nicht unwesentlichen Abnahmeverpflichtung auch um weitere Dienstleistungen des Franchisegebers gehe. Das VerbrKrG bezwecke einen weitgehenden Verbraucherschutz, der auch finanzierte Dienstleistungen, Geschäftsbesorgungen und dergleichen einschließe. Übereinstimmend gehen BGH, OLG Hamm und LG Berlin[121]

115 BGH WM 1995, 284.
116 OLG Hamm NJW 1992, 3179.
117 BGH a.a.O.
118 Ebda.
119 OLG Hamm a.a.O.
120 LG Berlin NJW-RR 1994, 692.
121 LG Berlin a.a.O.

davon aus, daß dem Franchisenehmer auch das Recht gem. §7 VerbrKrG zusteht, wonach der Franchisenehmer den Vertrag widerrufen kann.[122]

Anwendbarkeit des VerbrKrG auf Ausbildungsverträge

Bestimmte Arten von Ausbildungsverträgen enthalten Vereinbarungen über die Zahlung der Schulungskosten. Häufig sind diese Kosten vor Beginn der Ausbildung zu entrichten. Da hier zum Teil ganz erhebliche Beträge anfallen, besteht für die Interessenten die Möglichkeit, die Kosten ratenweise zu bezahlen. Ergibt die Summe der zu zahlenden Raten einen höheren als den in einer Summe fälligen Betrag, so liegt regelmäßig ein entgeltlicher Zahlungsaufschub im Sinne des §1 Abs. 2 VerbrKrG vor. Damit ist auf solche Verträge das VerbrKrG anwendbar.[123] Dies hat zur Folge, daß der Ausbilder in diesen Fällen die entsprechenden Angaben nach §4 VerbrKrG machen muß, d.h. der Ausbilder muß den effektiven Jahreszins und alle vom Verbraucher zu tragenden Kosten schriftlich angeben. Unterläßt er dies oder ist ein Teil der vorgeschriebenen Angaben unterblieben, so ist der Vertrag insgesamt gem. §6 Abs. 1 VerbrKrG nichtig,[124] sofern der Vertrag nicht nach §6 Abs. 2 oder 3 VerbrKrG geheilt wird. Außerdem sind die Grundsätze über das Widerrufsrecht auch auf diese Schulungsverträge anwendbar.[125]

d) Kreditvermittlung

Bei einem vermittelten Kredit ist die Vergütung des Vermittlers nach §16 VerbrKrG erst fällig, wenn der Kredit unwiderruflich Zustandekommen und ausbezahlt ist. Enthält der Kreditvertrag eine Bestimmung, nach der die Vergütung trotzdem fällig wird, auch wenn der Kredit nicht ausbezahlt wird, so ist eine solche Bestimmung unwirksam.[126] Eine solche Regelung verstößt regelmäßig gegen Treu und Glauben und widerspricht darüber hinaus dem Prinzip des Erfolgshonorars, das in §16 VerbrKrG insoweit eindeutig festgelegt ist.

122 Zu den Voraussetzungen des Widerrufs und den Anforderungen an die erforderliche Widerrufsbelehrung vgl. Schuldenreport 1993, 76 f.
123 LG Berlin 57 S 70/92; LG Göttingen ZIP 1992, 1540.
124 LG Göttingen ZIP 1992, 1540.
125 Zu den Voraussetzungen des Widerrufs und den Anforderungen an die erforderliche Widerrufsbelehrung vgl. Schuldenreport 1993, 76 f.
126 OLG Köln 10 U 8/93.

2 Entscheidungen zu Bürgschaften

Bürgschaftsverträge und Mithaftung insbesondere einkommens- und vermögensloser Familienangehöriger beschäftigen seit den 70er Jahren die Ziviljustiz. Das BVerfG hat in zwei Entscheidungen bekräftigt, daß hier vom Kreditgeber als Sicherungsnehmer gewisse Grenzen der Vertragsfreiheit zu beachten sind.
Waren die Zivilgerichte bislang von dem Grundsatz "Vertrag ist Vertrag" und, wie es der ehemalige Vorsitzende des IX. Senats plastisch ausdrückte, "wer bürgt wird erwürgt", ausgegangen, hat das Bundesverfassungsgericht nunmehr auch in seinen Entscheidungen von 1993 und 1994 Bürgschaftsverträge einem sozialstaatlichen Schutz unterstellt.[127] Alle Beteiligten des Zivilrechtsverkehrs könnten ihre individuelle Handlungsfreiheit - und damit auch die Vertragsfreiheit - nach Art. 2 GG wahrnehmen, es dürfe jedoch und gerade deswegen nicht das Recht des Stärkeren gelten. Vielmehr sei es Aufgabe der Ziviljustiz, darauf zu achten, daß die garantierten Grundrechte für alle Beteiligten wirksam blieben. Eine unverhältnismäßige Fremdbestimmung der einen Vertragspartei durch die andere muß daher von den Zivilgerichten gegebenenfalls mit den gebotenen Mitteln korrigiert werden.

a) Entscheidungen des Bundesverfassungsgerichts

Bürgschaft und Mithaftung durch eine vermögenslose Tochter

Der Entscheidung von 1993 lag die Bürgschaftsverpflichtung einer 21-jährigen ungelernten Arbeiterin zugrunde, die sich für die geschäftlichen Verbindlichkeiten aus dem Immobiliengeschäft ihres Vaters verbürgt hatte. Nachdem sich der Vater erfolglos als Reeder versuchte, wurde die Tochter für die offenstehenden Kredite in Höhe von 2,4 Mio. DM in Anspruch genommen. Das Bundesverfassungsgericht verneinte jedoch hier den Anspruch der Bank, da sie die Tochter über die mit ihrer Unterschrift verbundenen Risiken hätte aufklären müssen, und überhaupt sei das Risiko von einem Ausmaß gewesen, das selbst geschäftlich erfahrene Personen kaum hätten abschätzen können. Mit der Begründung, dem Urteil läge ein gestörtes Gleichgewicht der Vertragsparteien zugrunde, hat das BVerfG das Urteil des Bundesgerichtshofes (BGH) aufgehoben.[128]

Mit der gleichen Argumentation hat das Bundesverfassungsgericht in seiner Entscheidung von 1994 einen Rechtsstreit an den Bundesgerichtshof zurückverwiesen. Tochter und Schwiegersohn waren für die Eltern bzw. Schwiegereltern eine Bürgschaft in Höhe von 260.000,-- DM als Sicherung für Grundstückerwerb und Eigenheimbau eingegangen.

127 BVerfG WM 1993, 2199 und BVerfG NJW 1994, 2749.
128 BGH ZIP 1989, 629.

Dabei sollte jeder Bürge unabhängig vom anderen für den vollen Betrag seiner Bürgschaft haften. Nachdem Zins- und Tilgungszahlungen von den Eltern nicht erbracht werden konnten, hatte die Bank den aufgelaufenen Saldo in Höhe von rund 400.000,-- DM fälliggestellt und wollte Tochter und Schwiegersohn aus deren Bürgschaften in Anspruch nehmen. Das Bundesverfassungsgericht sah in diesen Bürgschaften das Resultat ungleicher Verhandlungsstärke und damit eine die Sittenwidrigkeit rechtfertigende gestörte Vertragsparität, die die Zivilgerichte zu korrigieren unterlassen hätten.

Bürgschaft und Mithaftung durch eine vermögenslose Ehefrau

Diese Verfassungsbeschwerde[129] wurde mit der Begründung zurückgewiesen, daß die Bank die Risiken der Bürgschaft nicht verschwiegen und daß die Ehefrau von dem Konsumkredit selbst profitiert hätte. Es sei auch hinsichtlich der Art und der Höhe des Kredits (30.000,-- DM) nicht zu beanstanden, daß die Ehefrau weder über Einkommen noch über Vermögen verfügte.

b) Entscheidungen des Bundesgerichtshofes

Der 9. Senat des Bundesgerichtshofs hat daraufhin seine bislang eher restriktive Rechtsprechung zur Sittenwidrigkeit von Bürgschaftsverträgen den Grundsätzen der Entscheidung des Bundesverfassungsgerichtes vom 19. Oktober 1993[130] angenähert. In zwei Urteilen vom 24. Februar 1994[131] kommt der BGH zu dem Ergebnis, daß von Angehörigen unterzeichnete Bürgschaftsverträge, speziell von geschäftsunerfahrenen volljährigen Kindern, unter bestimmten Voraussetzungen sittenwidrig und damit nichtig sein können:

(1) Ist z.B. absehbar, daß die Bürgschaft die finanzielle Leistungsfähigkeit des Bürgen erheblich übersteigt, kann dies zur Sittenwidrigkeit führen, wenn dies der Bank bekannt war oder bei Anwendung der gebotenen Sorgfalt hätte bekannt sein müssen und der Bürge aus Geschäftsunerfahrenheit ohne wesentliches Eigeninteresse gehandelt hat.

(2) Ein weiterer Grund für die Sittenwidrigkeit der Bürgschaft kann sein, wenn ein Angestellter des Kreditinstituts dem Bürgen gegenüber vor Unterzeichnung des Bürgschaftsvertrages die Tragweite oder das Risiko der Verpflichtung verharmlost hat.

129 BVerfG WM 1993, 2199.
130 BVerfG WM 1993,2199.
131 BGH NJW 1994, 1341 und BGH NJW 1994, 1278.

Aus diesen Entscheidungen erweitern sich die Aufklärungspflichten der Kreditinstitute in zweierlei Hinsicht. Einerseits muß die Bank, die eine Bürgschaft als Sicherheit verlangt, die Einkommens- und Vermögensverhältnisse des Bürgen näher erforschen. Anderseits gilt es, den Bürgen insoweit mit Informationen zu versehen, daß dieser die Tragweite und das Risiko seiner Entscheidung erkennt.

Nichterkennen der Bedeutung der Bürgschaftserklärung

Das Erkennenkönnen der Tragweite der Bürgschaftserklärung war auch Gegenstand der Entscheidung des BGH,[132] wo eine der deutschen Sprache nicht mächtige Iranerin eine Bürgschaftserklärung abgegeben hatte. Zusätzlich wurde ihr in diesem Zusammenhang von der Bank erklärt, es handele sich bei ihrer Unterschrift um einen Vorgang hinsichtlich ihres Sparguthabens. Unter diesen Voraussetzungen hat der BGH eine Anfechtung der Bürgschaftserklärung in Betracht gezogen und den Fall an die Vorinstanz zurückverwiesen.

Bürgschaftserklärung zur klauselmäßigen Sicherung

Daneben hat der BGH eine Bürgschaftserklärung als überraschend und damit unwirksam angesehen, wenn sie klauselmäßig zur Sicherung aller bestehenden und künftigen Forderungen dient soll.[133] Der BGH überträgt hier die Grundsätze zum Sicherungszweck von Grundschulden auf Bürgschaften, da ein Bürge nicht weniger schutzwürdig sei als der Besteller einer Sicherungsgrundschuld, zumal der Bürge mit seinem gesamten Vermögen haftet. Ein Bürge soll nach dem BGH daher berechtigterweise davon ausgehen können, daß er nur für die konkrete Verbindlichkeit einstehen soll, die für die Bürgschaftserklärung ausschlaggebend ist. Soll die Haftung weitergehen, ist eine dahingehende Vertragsklausel grundsätzlich überraschend und damit unwirksam.

Wegfall der Geschäftsgrundlage

Der 9. Senat hat in Abweichung von der Rechtsprechung des 11. Senats, der die gesamtschuldnerische Haftung der vermögenslosen Ehefrau an §138 BGB mißt, die Rechtswirksamkeit einer entsprechenden Bürgschaft bejaht, jedoch dem Urteil des BVerfG in anderer Weise Rechnung getragen.[134] Der BGH hat die durch die Bürgschaft gesicherte Forderung wegen Wegfalls der Geschäftsgrundlage reduziert. Dies komme dann in Betracht, wenn der Fortbestand des Vertrages wegen der veränderten Situation zu einem nicht mehr tragbaren Ergebnis führe. Der Sinn und Zweck einer Bürgschaft, welche, wie im

132 BGH NJW 1995, 190.
133 BGH NJW 1994, 2145.
134 BGH NJW 1995, 592.

vorliegenden Fall, die wirtschaftliche Leistungsfähigkeit des Bürgen bei weitem überschreite, dem Gläubiger dies bekannt gewesen ist oder er bewußt davon abgesehen hat, Feststellungen zum Einkommen und Vermögen des Bürgen zu treffen, unterscheide sich nach dem BGH grundlegend vom Regelfall einer Bürgschaft. Letztere diene vordergründig dazu, Hauptschuldner und Bürgen gemeinsam wie einen Schuldner zu behandeln, um so Vermögensverlagerungen zwischen den Partnern entgegenzuwirken.

Finanzielle Überforderung des Ehepartners

In seiner Entscheidung vom 26. April 1994 hat dagegen der 11. Senat[135] die Mitverpflichtung einer Ehefrau bei der Kreditgewährung als sittenwidrig und damit nichtig erachtet. Der BGH bezieht sich in seiner Begründung auf seine Entscheidung vom 24.11.1992,[136] nach welcher es bei der Beurteilung der Sittenwidrigkeit darauf ankomme, daß sich der mitverpflichtete Ehegatte finanziell überfordert hat und aus eigenem Einkommen oder Vermögen zu einer nennenswerten Schuldentilgung nichts beizutragen vermag. Die Vorinstanz,[137] die der BGH bestätigte, hatte auf dieser Grundlage eine realistische Zukunftsprognose für die Ehefrau entwickelt. Selbst wenn die Frau innerhalb der ihr verbleibenden Lebensarbeitszeit vom 24. bis zum 60. Lebensjahr eine ihrer Ausbildung (im vorliegenden Fall keine) angemessene Tätigkeit ausübte, hätte sie keine Chance, sich von der Mitverpflichtung zu befreien, d.h. aus eigener Kraft in einem überschaubaren Zeitraum die Schuld nennenswert zu reduzieren, geschweige denn tilgen. Dies sei auch dem Autoverkäufer bewußt gewesen. Insbesondere die Entscheidung des Bundesverfassungsgerichtes ist von seiten vieler Bankrechtler als verhängnisvoller Fehlgriff gewertet worden. In diesem Zusammenhang und für das Kreditrecht erhellend dürfte die Erwiderung des Senatspräsidenten am BGH[138] sein, der die soziale Bindung der Vertragsfreiheit als Selbstverständlichkeit interpretiert.

---

135 BGH NJW 1994, 1726.

136 BGH NJW 1993, 322.

137 OLG Stuttgart VuR 1993, 287 mit Anmerkung Brutschke.

138 Schimansky, Herbert, Bankvertragsrecht und Privatautonomie, WM 1995, 461.

II Rechtliche Entwicklungen im Hypothekenkreditbereich

1 Spannungsfeld Vorfälligkeitsentschädigung

Die Hypothekenzinsen sind in den vergangenen Jahren deutlich gefallen. Lagen die von der Deutschen Bundesbank für zweijährige Zinsfestschreibungen angegebenen Zinssätze Anfang 1991 im Durchschnitt noch bei über 10% p.a., so erreichten sie drei Jahre später einen neuerlichen Tiefstand: Im Februar 1994 lagen die Durchschnittszinsen bei 6,78% und befanden sich in der ersten Hälfte des Jahres 1995 auf einem Niveau von knapp 8%.

Eine vorzeitige Vertragsbeendigung, ggf. verbunden mit dem Neuabschluß zu günstigeren Konditionen, kann daher bei einem hochverzinslichen, langfristig festgeschriebenen Darlehen dem Kreditnehmer mehrere Tausend DM pro Jahr an Zinszahlungen einsparen. Aber auch andere Gründe, wie z.B. Scheidung, Arbeitslosigkeit, Wohnortwechsel etc., können zur Veräußerung des Wohneigentums und damit zur vorzeitigen Kreditbeendigung zwingen.

Bei der vorzeitigen Kreditbeendigung ist zu berücksichtigen, daß durch die Änderung der rechtlichen Rahmenbedingungen der Darlehenskündigung zum 1.01.1987 die Möglichkeit des Kreditnehmers zur Kündigung seines Darlehens verschlechtert wurden, wenn die Zinsen über einen bestimmten Zeitraum fest vereinbart sind. Die alte Rechtslage war nach §247 BGB davon geprägt, daß der Kreditnehmer jederzeit nach Ablauf der Kündigungsfrist sich aus der Vertragsbeziehung ohne Zahlung einer Vorfälligkeitsentschädigung lösen konnte - es sei denn, das Darlehen gehörte zur Deckungsmasse für Schuldverschreibungen. Kreditvertragsverhältnisse neueren Datums kann der Kreditnehmer oftmals nur unter Zahlung einer Vorfälligkeitsentschädigung vor dem Ablauf einer Zinsfestschreibungsfrist beenden. Dies ergibt sich auch daraus, daß das Vertrauen des Kreditgebers auf Einhaltung des Vertrags insoweit geschützt ist, als daß er trotz der vorzeitigen Vertragsbeendigung seine Gewinnkalkulation realisieren kann. Ob ein weitergehendes schutzwürdiges Interesse des Kreditgebers besteht, erscheint allerdings fraglich.[139]

Vorfälligkeitsentschädigungen werden auf vielfältige Art und Weise berechnet. Im wirtschaftlichen Ergebnis differieren die unterschiedlichen Methoden erheblich. Einmalbeträge werden einerseits als DM-Beträge, andererseits als Prozentsatz der Ablösesumme angegeben. Als Vergleichszins werden der Wiederanlagezins, der Hypothekenkreditzins, die Wertpapierrendite oder der FIBOR (Frankfurt Inter Banking Order Rate) herangezogen, wobei dann der in Zukunft zu erwartende Schaden nur betragsmäßig, durch degressiven Zinssatz oder überhaupt nicht abgezinst gefordert wird.

---

139 Reifner U., Brutschke H., IFF-Gutachten zu Vorfälligkeitsentschädigungen, November 1993.

Nach den Erfahrungen der Verbraucher-Zentralen[140] verhalten sich Verbraucher beim Kreditabschluß nicht marktrational. In Hochzinsphasen werden überhöhte Festzinssätze für lange Zeiträume abgeschlossen. Verbraucher sind demzufolge weitgehend nicht in der Lage, selbst abzuschätzen, ob der angebotene Zinssatz aktuell hoch oder niedrig ist. Disagio, Einmalgebühren, Tilgungsverrechnungsmodalitäten und getrennt ausgewiesene "Kopplungskredite" verzerren das Bild und machen es dem Verbraucher ohne Beratung schwer, Zinsentwicklungen einzuschätzen.

In dem IFF-Gutachten wurde die Entwicklung der Hypothekenzinsen über den Zeitraum von 1975 bis 1993 nachgezeichnet:

Abb. 37: Entwicklung der Hypothekenzinsen von 1975 bis 1993

Zinsfestschreibung	Variabel	2 Jahre	5 Jahre	10 Jahre
Durchschnitt	8,33638%	8,2783%	8,2807%	8,3632%
Standardabweichung	1,49393%	1,682%	1,5811%	1,625%
Maximum	11,91%	11,91%	11,91%	11,91%
Minimum	6,03%	6,03%	6,03%	6,03%

Quelle: Monatsberichte der Deutschen Bundesbank

Demnach schwankt der Hypothekenzinssatz um insgesamt 6 Prozentpunkte, wobei der Durchschnittswert von 8,3% deutlich macht, daß Hochzinswerte von über 10% nur relativ kurze Zeit gelten.

Vor diesem Hintergrund könnten größere Belastungen der Haushalte durch Fehlentscheidungen bei der Zinsbindung mit entsprechend qualifizierter Beratung vermieden werden. Es besteht Anlaß zu der Vermutung, daß in einer Vielzahl der Fälle die Anbieter durch falsche Beratung und entsprechende Konditionsgestaltungen den Verbrauchern ungünstige Kredite verkauft haben, von denen sich zu lösen durchaus sinnvoll sein kann. Dies kommt insbesondere bei festverzinslichen Krediten, die in einer Hochzinsphase über einen längeren Zeitraum zu einem festen Zinssatz abgeschlossen sind, in Frage.

Problematisch ist die in diesem Zusammenhang häufig von den Kreditinstituten erhobene Forderung nach einer Vorfälligkeitsentschädigung. Vom Kreditgeber wird zur Berechtigung seiner Forderung angeführt, daß er mit den festgeschriebenen Zinsen kalkuliert hätte und aufgrund der vorzeitigen Vertragsbeendigung diese Gewinnerwartung nicht mehr

140 Vgl. auch die Analyse der Untersuchungsergebnisse der Verbraucher-Zentralen im folgenden Kapitel.

würde realisieren können. Um diese unvorhergesehenen Verluste auszugleichen, soll der Kreditnehmer die Vorfälligkeitsentschädigung zahlen.[141]
Der Rechtscharakter der Vorfälligkeitsentschädigung ist strittig. Von Kreditgeberseite[142] wird vertreten, daß eine Vorfälligkeitsentschädigung das (lediglich den Wuchergrenzen unterfallende) Entgelt für eine vorzeitige Vertragsbeendigung darstelle. Die Verbraucherseite argumentiert, es handele sich bei der Vorfälligkeitsentschädigung um einen Schadensersatz, der den tatsächlich entstandenen Schaden nicht überschreiten dürfe.[143] Höchstrichterlich geklärt sind die mit einer Vorfälligkeitsentschädigung verbundenen Fragen noch nicht.

Nach der Schadensersatztheorie haben Kreditgeber und Kreditnehmer in ihrem Vertrag vereinbart, daß im Falle der vorzeitigen Vertragsbeendigung eine Vorfälligkeitsentschädigung zu zahlen ist. Aus dieser Vereinbarung ergibt sich, daß dem Kreditnehmer ein vertragliches Kündigungsrecht eingeräumt ist. Dies führt dazu, daß der Kreditnehmer auf jeden Fall dazu berechtigt wäre, den Vertrag vorzeitig zu beenden. Mit diesem vertraglichen Kündigungsrecht verbunden ist die Vereinbarung einer Schadensersatzregelung, der sogenannten Vorfälligkeitsentschädigung. Der tatsächlich entstandene bzw. der nach dem gewöhnlichen Lauf der Dinge zu erwartende Schaden ist zu ermitteln und nur dieser dann auch zu ersetzen.

Bei der Schadensberechnung ist nach Auffassung des IFF der zum Zeitpunkt der Ablösung maßgebliche Hypothekenzins zugrunde zu legen, bei dem die tatsächliche Laufzeit der Restlaufzeit des gekündigten Kredits entspricht. Bei der Berechnung der Vorfälligkeitsentschädigung ist sowohl hinsichtlich des Vertrags als auch des Wiederanlagezinses von den Nominalzinsen auszugehen. In den Effektivzinsen sind häufig Bearbeitungsgebühren und andere Kostenfaktoren enthalten, die auf die Laufzeit bzw. die Zinsbindung des Darlehens verteilt sind, somit zum Kapital hinzugerechnet werden und im Falle der Ablösung nicht zurückgerechnet werden. Wird nun eine neue Vereinbarung unter nochmaliger Forderung derartiger Gebühren getroffen, so werden diese Gebühren doppelt erhoben. Die Berechnung anhand der Nominalzinsen schließt dies aus. Da die vorzeitige Rückzahlung in Verbindung mit der früheren Wiederanlagemöglichkeit einen geldwerten Vorteil bedeutet, müssen diese Beträge abgezinst werden.

---

141 Vgl. Capital 7/95, S. 133 ff..

142 Weber, NJW 1995 (erscheint im August 1995).

143 Reifner, NJW 1995, 86 ff.; Metz, ZBB 1994, 205 ff.; Brutschke, ZAP 1994, 667 ff.

2 Spannungsfeld Disagiorückerstattung

Große praktische Bedeutung hatten im Berichtszeitraum auch die Rückerstattungsansprüche aus "nicht verbrauchtem" Disagio. Das Disagio dürfte inzwischen auch in Deutschland am Ende sein. Es ist eine deutsche Besonderheit innerhalb der Europäischen Union. Dabei handelt es sich um einen Abschlag vom Nettokredit (Nennbetrag), der allerdings vom Kreditnehmer an den Kreditgeber zurückzuzahlen und zu verzinsen ist.

Ein Disagio ist nach den allgemeinen Bestimmungen in der Regel als laufzeitabhängiger Zins zu werten. Seine historische Wurzel in der Vergabe von Pfandbriefen mit Risikoabschlag für jeden Kredit ist längst entfallen. Seine steuerliche Bevorzugung gegenüber anderen Schuldzinsen ist nicht nachvollziehbar und ist inzwischen wohl rechtswidrig.[144]

Für eine vorzeitige Vertragsbeendigung von Kreditverträgen mit Disagio gelten folgende Grundsätze:[145]

(1) Grundsätzlich ist davon auszugehen, daß das nicht verbrauchte Disagio sowohl bei vorzeitiger Kündigung durch den Kreditgeber wie auch bei zulässiger Kündigung durch den Kreditnehmer zurückzuerstatten ist.

(2) Das Disagio ist grundsätzlich auf die Zinsfestschreibungsfrist zu verrechnen; bei variablen Krediten auf die Laufzeit des Kredites, es sei denn, es ist ein kürzerer Verrechnungszeitraum vereinbart.[146] Nach Ablauf des Verrechnungszeitraums kommt eine anteilige Rückerstattung nicht mehr in Betracht.

(3) Eine die Rückerstattung ausschließende Klausel in den Allgemeinen Geschäftsbedingungen verstößt gegen §9 AGBG und ist daher unwirksam.

(4) Enthält der Vertrag eine vorformulierte Klausel, nach der das Disagio als Kapitalbeschaffungskosten deklariert wird, so kommt dennoch eine Wertung als Zins und damit ein Anspruch auf Rückerstattung in Frage. Bei der Frage der anteiligen Rückerstattung geht es in der Hauptsache nicht darum, wie die Vertragsparteien ein Disagio ausweisen, sondern ob dieses einen Einfluß auf die Höhe des Nominalzins genommen hat. Wurde mit der Zahlung des Disagios eine Verringerung

144 Vgl. im folgenden Brutschke H., IFF-Gutachten, Die Behandlung des Disagios bei vorzeitiger Kreditbeendigung, Mai 1995; BFHE 174, 535; vgl. auch S. 76.

145 Vgl. die Analyse der Untersuchungsergebnisse der Verbraucher-Zentralen am Ende dieses Kapitels.

146 BGH WM 1993, 2003; OLG Köln NJW-RR 1992, 375.

des Nominalzinses erkauft, führt dies in der Regel zur Verpflichtung einer anteiligen Rückerstattung.

Aus den vorgenannten Grundsätzen kann geschlußfolgert werden, daß ein Disagio nach der geltenden Rechtsprechung nur ausnahmsweise von einer Bank einbehalten werden kann, und zwar, wenn

(1) das Disagio die übliche Bearbeitungsgebühr von maximal 1% für die Bank sowie eventuelle fremde Kosten von weiteren 1% nicht übersteigt;
(2) zusätzlich nicht noch Bearbeitungsgebühren verlangt wurden;
(3) der Kredit mit Disagio in seinen Konditionen keinem entsprechenden Kreditangebot derselben Bank ohne Disagio mit höherem Zinssatz gegenüberstand;
(4) das Disagio bei öffentlich-geförderten Krediten als Teil der Förderkosten anzusehen ist;[147]
(5) das Disagio nach ausdrücklicher individueller Vereinbarung als Kapitalbeschaffungskosten deklariert worden, seiner Höhe nach dafür geeignet war und auch tatsächlich, etwa durch Abführung an einen Vermittler, dafür verwandt wurde.

3 Spannungsfeld variable Zinsen

Zinsgleitklauseln in Darlehensverträgen berechtigen regelmäßig den Darlehensgeber, die Zinsen des Darlehens den Entwicklungen der Zinsen auf dem Geld- und Kapitalmarkt anzupassen. Damit soll eine zinskongruente Refinanzierung ermöglicht werden. Darlehen mit variablen Zinsen ermöglichen im Gegensatz zu Darlehen mit festgeschriebenen Konditionen keine zuverlässigen Aussagen darüber, wieviel an Zinsen der Darlehensnehmer während der Darlehenslaufzeit bezahlen muß.

Die tatsächlichen Auswirkungen sind für den Darlehensnehmer daher spekulativer Art, da realistische Aussagen über die künftige Entwicklung der Zinsen nicht möglich sind. Ob die Wahl variabler Zinskonditionen für den Verbraucher positiv oder negativ im Vergleich zu einem Darlehen mit Zinsfestschreibung ausfällt, kann daher nur im Zusammenhang mit den konkreten Umständen im jeweiligen Einzelfall beurteilt werden. Diese Beurteilung kann jedoch in zuverlässiger Weise erst im nachhinein erfolgen.[148]

Die Zinsentwicklungen der Vergangenheit lassen sich ähnlich wie eine Sinuskurve aufzeigen, in der sich Hoch- und Niedrigzinsphasen abwechseln.

---

147 BGH NJW 1992, 2285; BGH WM 1993, 2204.

148 Vgl. im folgenden Brutschke H., IFF-Gutachten, Vergleich der variablen Hypothekenzinsen zu verschiedenen Refinanzierungszinssätzen, April 1995.

Abb. 38

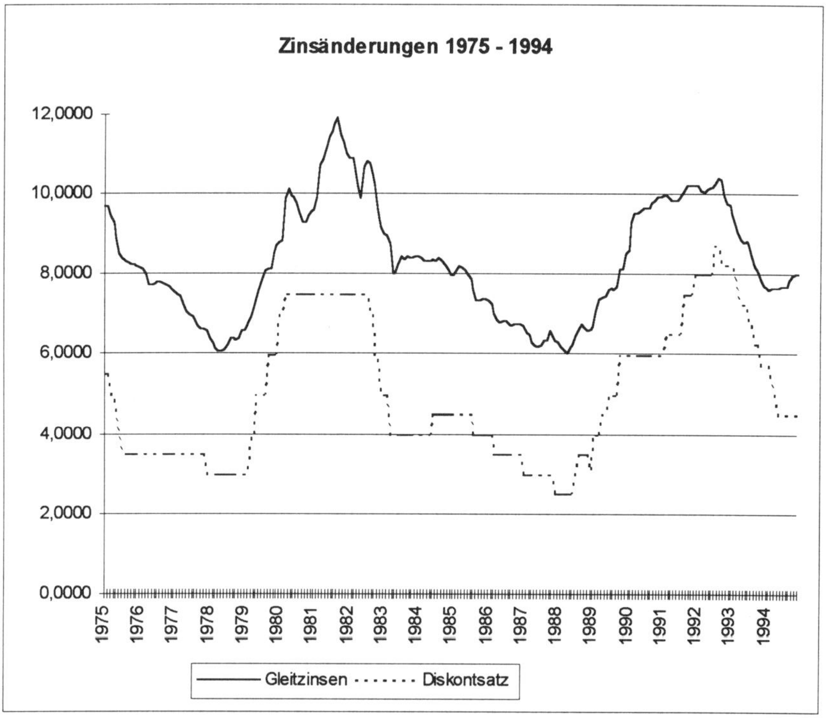

Es kann daher für den Darlehensnehmer durchaus sinnvoll sein, diese Entwicklungen seiner Entscheidung für oder gegen variable Konditionen zugrundezulegen. So kann die Vereinbarung variabler Konditionen in Hochzinsphasen ein wirtschaftlich sinnvolles Mittel für den Darlehensnehmer sein, um sich in einer anschließenden Nidrigzinsphase langfristig günstige Konditionen durch Zinsfestschreibung zu sichern ohne hohe Umschuldungskosten (z.B. Vorfälligkeitsentschädigungen) tragen zu müssen. Dagegen kann sich der Verzicht auf längerfristige Zinsfestschreibungen zugunsten variabler Konditionen in Niedrigzinsphasen für den Darlehensnehmer als sehr ungünstig erweisen, wenn seine Kreditzinsen in einer anschließenden Hochzinsphase entsprechend steigen. Im Extremfall wird die finanzielle Leistungsfähigkeit des Darlehensnehmers überschritten mit für ihn nachteiligen Folgen wie Kreditkündigung, Zwangsvollstreckung und u.U. Überschuldung.

Für den Darlehensnehmer ist aber nicht allein der Schutz vor Überschuldung ein wichtiger Aspekt bei Abschluß und Abwicklung eines Darlehensvertrags. Der Darlehensnehmer hat ein berechtigtes Interesse daran, daß der Darlehensgeber sein Recht zur einseitigen Festlegung und Änderung variabler Konditionen nicht willkürlich zum Nachteil des Kreditnehmers ausnutzt. In der Praxis variabler Zinskonditionen haben sich derzeit vor allem zwei kritische Entwicklungen herausgebildet:

(1) Die anfänglich vereinbarten Zinsen sind im Vergleich zu anderen vergleichbaren auf dem Finanzdienstleistungsmarkt erhältlichen Krediten sehr günstig. Bereits kurz nach Vertragsschluß erhöht der Darlehensgeber überproportional die Zinsen, bis sie sich auf dem Niveau der vergleichbaren Kredite oder auch darüber einpendeln. Hier besteht oftmals der Verdacht, daß sich der Darlehensnehmer auf ein "Lockvogelangebot" eingelassen hat und der Darlehensgeber die Vertragsgestaltung willkürlich zu seinen Gunsten fortführt.

(2) Die vertraglichen Zinsen folgen zunächst annähernd der allgemeinen Entwicklung auf dem Kapitalmarkt, insbesondere den allgemeinen Zinserhöhungen. Das Sinken der Kapitalmarktzinsen hat dagegen keine oder lediglich geringe Auswirkungen auf die Vertragszinsen, da die Zinssenkungen vom Darlehensgeber nicht an den Darlehensnehmer weitergegeben werden.

In beiden Fällen folgt die Fortschreibung der Vertragszinsen keinem nachvollziehbaren Muster. Sie erscheint in Relation zu den Kapitalmarktzinsen willkürlich und allein zum Vorteil des Darlehensgebers. Der Darlehensnehmer ist in diesen Fällen in zweierlei Hinsicht benachteiligt. Einerseits muß er die Entwicklungen am Kapitalmarkt verfolgen und mit seinen Vertragszinsen vergleichen, andererseits muß er im Falle von Differenzen die Herausgabe zuviel bezahlter Zinsen vom Darlehensgeber verlangen. Dabei ist er allerdings auf sachverständige, rechtskundige und finanzmathematische Hilfe angewiesen.

a) Zinsanpassung nach billigem Ermessen

Rechtlich sind variabel vereinbarte Darlehenszinsen und deren Fortschreibung anhand des "billigen Ermessens" gem. §315 BGB zu messen. Zudem unterliegen sie gem. §9 AGBG dem Transparenzgebot und können in den Fällen, wo sie dem Verbraucherkreditgesetz unterliegen, gem. §4 Abs. 1 S.3 Nr. 1 e) i.V. mit §6 Abs.2 S.5 VerbrKrG zum Verbot führen, Zinserhöhungen durchzuführen. Eine transparente und ausreichend bestimmte Regelung von Zinsanpassungsklauseln erfordert auf der Grundlage gleichmäßiger Anpassung entsprechend den Differenzen zwischen Referenzzinssatz und anfänglichem Nominalzinssatz, daß Anpassungszinssatz, Anpassungsintervall, Anpassungsschwelle und Anpassungszeitraum transparent und nachvollziehbar geregelt werden.

Für gewöhnlich wird im Darlehensvertrag ein anfänglicher Zinssatz vereinbart, den zu ändern der Darlehensgeber aufgrund vertraglicher Klauseln berechtigt ist: "Die Bank kann den Zinssatz ändern, wenn sie dies aufgrund der Entwicklungen am Kapitalmarkt für erforderlich hält. Sie wird die Änderungen dem Darlehensgeber bekanntgeben." Es handelt sich dabei um ein einseitiges Leistungsbestimmungsrecht, welches gem. §315 BGB im Zweifel nach billigem Ermessen auszuüben ist.

Nach der maßgeblichen Rechtsprechung kommt ein Verstoß von Zinsanpassungsklauseln gegen §9 AGBG regelmäßig nicht in Betracht, da der BGH vorformulierte Zinsanpassungsklauseln für hinreichend konkretisiert und dem Transparenzgebot standhaltend befindet.[149] Allerdings werden in der rechtswissenschaftlichen Literatur nicht unerhebliche Bedenken gegen eine hinreichende Bestimmtheit bestimmter Klauseln vertreten.[150]

Zumindest dürfen auch nach der Ansicht des BGH derartige Klauseln die Bank nicht einseitig begünstigen. Daraus ergibt sich ggf. eine Pflicht der Bank zur Senkung des Zinssatzes unter bestimmten Umständen, wie z.B. bei sinkendem Zinsniveau und verbesserten Refinanzierungskonditionen.[151]

b) Billigkeitskontrolle

Nach dem OLG Celle entspricht die Bestimmung des Zinssatzes nur dann der Billigkeit gem. §315 BGB, wenn der Darlehensgeber die ursprüngliche Vertragsgestaltung anhand des Schwerpunktzinssatzes fortschreibt. Daraus ergibt sich nicht allein das Recht des Darlehensgebers, den Zinssatz zu erhöhen, sondern auch die Pflicht, den Zinssatz entsprechend der allgemeinen Zinsentwicklung zu senken.

Problematisch ist die Bestimmung des billigen Ermessens nach §315 BGB. Dieser Begriff gibt dem Bestimmungsberechtigten der Leistung einen gewissen Spielraum.[152] Der Spielraum findet seine Grenzen allerdings dort, wo er sich als Mißbrauch privatautonomer Geltungsmacht niederschlägt.[153]

Nach dem Grundsatzurteil des BGH berechtigt und verpflichtet den Kreditgeber eine Vereinbarung über die Zinsvariabilität zur Änderung der vertraglichen Zinsen dann, wenn sich die Refinanzierungsbedingungen des Kreditgebers verändert haben.[154] Dabei ist der BGH der Auffassung, daß der Kapitalmarkt zur Bestimmung der Angemessenheit der Zinsfestlegung objektive Maßstäbe auch für eine gerichtliche Überprüfung nach §315 BGB bietet.[155]

149 BGH NJW 1986, 1803.
150 Schwarz, NJW 1987, 626; Köndgen/König, ZIP 1984, 129.
151 BGH NJW 1986, 1803; OLG Celle WM 1991, 1025.
152 Münchner Kommentar zum BGB, Söllner, §315 Rdnr. 14.
153 Palandt-Heinrichs, §315 Rdnr. 2.
154 BGHZ 97, 212; Köndgen, 180; v. Westphalen/Emmerich/Kessler, §4 Rdnr. 100.
155 BGH NJW-RR 1987, 1184.

Fraglich bleibt jedoch, wie die Refinanzierungssituation des Kreditgebers zutreffend ausgedrückt werden kann und wie damit gleichzeitig ein geeignetes Instrumentarium für die Billigkeitsprüfung nach §315 BGB gegeben ist. Die Refinanzierung der Kreditinstitute folgt keinen zwangsläufigen Gesetzmäßigkeiten, sondern ist im Rahmen der kreditaufsichtsrechtlichen Vorgaben von Institut zu Institut verschieden. Das Problem ist insoweit vergleichbar mit der Bestimmung der Höhe von Verzugszinsen, bei der auch die Frage der Refinanzierung von Kreditinstituten eine maßgebliche Rolle spielte. Für die Ermittlung des Verzugsschadens hat der BGH bei der abstrakten Verzugsschadensermittlung auf den jeweiligen Anteil der einzelnen Kreditarten am Gesamtvolumen des Aktivgeschäfts der Bank abgestellt.[156]
Bei den Aktivgeschäften der Banken handelt es sich jedoch nicht um Refinanzierungsgeschäfte, sondern um Kreditgeschäfte. Es stellt sich die Frage, ob in einem Aktivzins die Refinanzierungssituation in ihrer Gesamtheit ausgedrückt werden kann. Das OLG Celle ist der Auffassung, daß sich in dem Durchschnittszinssatz der Deutschen Bundesbank für Hypothekarkredite auf Wohngrundstücke zu Gleitzinsen die "allgemeinen Kapitalmarktänderungen" widerspiegeln.[157] Hiergegen bestehen allerdings Bedenken, weil diese Zinssätze bereits von unzulässigem Bankverhalten beeinflußt sein könnten.

Die Deutsche Bundesbank schreibt in ihrem Monatsbericht von Oktober 1994, nachdem sie seit Mitte des Jahres 1992 wiederholt die Leitzinsen gesenkt und dies zu einer Reduzierung des allgemeinen Zinsniveaus geführt hatte, es gingen "wichtige Passivzinsen weiterhin tendenziell kräftiger zurück, als entsprechende Kreditzinsen".[158] Im Ergebnis führt dieses Verhalten dazu, daß auch die von der Bundesbankstatistik erfaßten Kreditzinsen überhöht sind und damit der Durchschnittszins ein verzerrtes Bild darstellt.
Daraus folgt, daß der durchschnittliche Gleitzins der Deutschen Bundesbank nicht genau die allgemeinen Kapitalmarktentwicklungen widerspiegelt, zumal eine Gewichtung nicht vorgenommen wird. Der Gleitzins wird daher den tatsächlichen Gegebenheiten nicht gerecht. Dem OLG Celle[159] kann daher nicht in vollem Umfang beigepflichtet werden. Für den Gleitzins spricht allerdings trotz aller Bedenken sein hohes Maß an Praktikabilität. Die Zinssätze sind relativ leicht zugänglich und ermöglichen schon auf den ersten Blick eine Einschätzung über die Korrektheit der Entwicklung der Vertragszinsen.

Es gibt aber auch die Möglichkeit, bei der Zinsanpassungsüberprüfung z.B. auf die Leitzinsen der Deutschen Bundesbank abzustellen. Zwar handelt es sich hierbei nicht um marktgesteuerte Zinssätze, aber schon der Begriff "Leitzinsen" beinhaltet, daß die hierunter fallenden Zinssätze Leitfunktionen für die Kredit- und Sparkonditionen ausüben: "Der

156 BGH ZIP 1988, 759 [763].
157 OLG Celle WM 1991, 1025.
158 Monatsbericht der Deutschen Bundesbank, Oktober 1994, S. 19 [23].
159 Vgl. OLG Celle WM 1991, 1025.

Diskontsatz ist ein sogenannter Leitzins, an dem alle Banken und Sparkassen ihre Zinsen ausrichten."[160] Seine Veränderung führt im allgemeinen zu einer Verteuerung oder Verbilligung aller Kredite. Dabei erfolgt eine zentralistische "Steuerung" allenfalls indirekt. Es ist aber nicht zu verkennen, wie alle anderen maßgeblichen Zinssätze den Änderungen der Leitzinsen unmittelbar folgen. Die Vergleichbarkeit zur Verzugszinsproblematik wurde bereits oben angesprochen.

Bei der Frage nach der Höhe der Verzugszinses hatte der BGH zunächst auf die Refinanzierungssituation des Kreditgebers abgestellt und gewährte dem Kreditgeber den Ersatz des Verzugsschadens unter Berücksichtigung der jeweiligen Refinanzierungssituation.[161] Seit 1988 stellt der BGH auf den Durchschnittsgewinn der Bank, der sich anhand ihrer speziellen Geschäftsstruktur nach ihrem gesamten Aktivgeschäft richtet.[162] Dies setzt jedoch die Offenlegung der Geschäftsstruktur des Kreditinstituts sowie ihrer maßgeblichen Zinssätze im Aktivgeschäft voraus. Um hier die Ermittlung des Verzugsschadens praktikabel zu machen, auch wenn diese Faktoren nicht offengelegt werden, hat der Gesetzgeber einen griffigen Maßstab zu finden versucht und koppelt in §11 VerbrKrG nunmehr den maßgeblichen Verzugszins an den jeweils gültigen Diskontsatz, der sich nach der Formel "Diskontsatz + 5" bemißt. Dieser gesetzlichen Regelung wurde die Erkenntnis zugrundegelegt, daß die Refinanzierungsgelder durchschnittlich ca. 2% über dem Diskontsatz lagen und nur kurzfristig in Hochzinsphasen wesentlich abwichen.[163]

Da der Diskontsatz als Parameter zur Verzugsschadensermittlung mittlerweile von der h.M. (herrschenden Meinung) akzeptiert wird,[164] kann er theoretisch ebenfalls zur Bestimmung der Billigkeit des Zinsanpassungsverhaltens bei variablen Zinsen herangezogen werden.

Die Frage, wie sich die Refinanzierungskosten zutreffend, aber dennoch praktikabel ausdrücken lassen, hat die Gesetzgebung bei Erlaß des VerbrKrG damit beantwortet, daß sich die Refinanzierungskosten in einem gewissen Abstand zum Diskontsatz der Deutschen Bundesbank bewegen würden. Da Zinsänderungen bei zinsvariablen Krediten lediglich bei Änderung der Refinanzierungsbedingungen zulässig sind, wäre mit dem Diskontsatz ebenfalls ein handhabbarer Referenzzins gefunden, der die Überprüfung des billigen Ermessens praktikabel macht.

---

160 Aus einer Zinsänderungsmitteilung der Quelle-Bank.
161 BGH NJW 1979, 805; Reifner, §33 Rdnr. 94.
162 BGH ZIP 1988, 759; BGH BB 1988, 1485; Reifner, §33 Rdnr. 94 ff.
163 Bundestagsdrucksache (BT-DrS) 11/5462, Begründung zu §10.
164 Seibert, §11 Rdnr. 2; Bruchner/Ott/Wagner-Wieduwilt, §11 Rdnr. 28; Drescher, Rdnr. 314; v. Westphalen/Emmerich/Kessler, §11 Rdnr. 23 f.; selbst für vor Inkrafttreten des VerbrKrG geschlossene Verträge BGH NJW 1992, 109.

III Exkurs: Empirische Untersuchung zur vorzeitigen Rückzahlung und Vertragsgestaltung von Hypothekenkrediten

Für den Zeitraum März 1994 bis Mai 1995 wurde erstmalig eine umfangreiche empirische Untersuchung von Hypothekenkreditverträgen durchgeführt. Dabei wurden in einer gemeinsamen Überprüfungsaktion des Instituts für Finanzdienstleistungen und der Verbraucherzentralen Baden-Württemberg, Bremen, Hamburg, Hessen, Mecklenburg-Vorpommern und Niedersachsen rund 1.100 Hypothekenkreditverträge auf Vorfälligkeitsentschädigungen und Disagioerstattungen untersucht.[165] Zusätzlich liefert das umfassende Datenmaterial detaillierte Informationen zum Abschlußverhalten der (betroffenen) Kreditinstitute.[166]

1 Vorfälligkeitsentschädigung und abgelöstes Kreditvolumen

Insgesamt waren 275 Banken, Sparkassen, Versicherungen und Bausparkassen betroffen. Zum Vergleich der Berechnungen konnten 897 Fälle herangezogen werden,[167] bei denen Angaben zur Höhe der vom Kreditinstitut geforderten Vorfälligkeitsentschädigung vorlagen. Die Ergebnisse basieren auf einer Auswertung der anonymisierten Daten der erfaßten Kredite.

Insgesamt wurde ein Umschuldungsvolumen von rund 219,44 Mio. DM zur Überprüfung oder zur Berechnung der Vorfälligkeitsentschädigung/Disagioerstattung eingereicht. Bei 1.106 Fällen sind dies durchschnittlich 198.410,-- DM je berechnetem Fall, die zur Umschuldung oder zur vorzeitigen Kreditablösung an Restschuld bezahlt wurden bzw. zu zahlen sind.

---

165 Die Ergebnisse dieser Untersuchung wurden in Capital publiziert (Capital, Juli 1995, 131 f.). Die Verbraucher konnten bei den o.g. Verbraucher-Zentralen Informationsfaltblätter ("Verlockung Umschuldung" und "Achtung Disagio") mit einem Fragebogen anfordern. Nach einer Überprüfung der Verbraucherangaben und Unterlagen wurden am IFF zentral die Berechnungen durchgeführt und die umfangreichen Rechenergebnisse über die Verbraucher-Zentralen den Verbrauchern wieder zugeleitet. Erst durch die Berechnungen wurde in vielen Fällen transparent, daß teilweise erhebliche Unterschiede zu den Bankforderungen bestanden. Bei einer Vielzahl von Verhandlungen mit den Kreditinstituten und Beratungen von Rechtsanwälten dienten die Überprüfungsergebnisse als Grundlage.

166 Keich, R., Überprüfungsaktion von Vorfälligkeitsentschädigungen und Analyse der Abschlüsse von Hypothekenkrediten, IFF-Studie vom 26.05.1995.

167 Diese Berechnungen wurden mit dem IFF-Baufinanzierungsberatungs- und Überprüfungsprogramm BAUFUE 1.0 (Luchterhand-Verlag) durchgeführt.

Abb. 39: Ergebnisse zur Berechnung der Vorfälligkeitsentschädigung (Datenbasis 897 Fälle)

	Berechnungen der Banken	Berechnungen des IFF	Differenz absolut	Differenz relativ
Betroffene Kreditbeträge	195.790.292,31 DM			
Durchschnitt pro Vertrag	218.272,34 DM			
Abgelöste Restschulden	187.839.954,28 DM			
Durchschnitt pro Vertrag	209.409,09 DM			
VorfälligkeitsE* insgesamt für 897 Verträge	15.478.147,18 DM	7.898.933,00 DM	7.579.213,75 DM	95,95%
Durchschnitt pro Vertrag	17.255,46 DM	8.806,00 DM	8.449,46 DM	
Disagioerstattung insgesamt für (447 Verträge)	2.546.177,61 DM			
Durchschnitt pro Vertrag	5.696,15 DM			
VorfälligkeitsE inkl. Disagioerstattung insgesamt	15.478.147,18 DM	5.352.756,00 DM	10.125.391,40 DM	189,16%
Durchschnitt pro Vertrag	17.255,46 DM	5.967,56 DM	8.449,51 DM	
Anmerkung: *Summe der angegebenen und errechneten VorfälligkeitsE, bei err. VorfälligkeitsE ohne Disagioerstattung				

Quelle: IFF Hamburg, Aktions-Datenauswertung per 26.5.1995

Auf ein Restschuldvolumen von knapp 188 Mio. DM wurde von den Kreditinstituten ein Volumen von rund 15 Mio. DM an Vorfälligkeitsentschädigungen gefordert. Pro Vertrag entspricht dies einer durchschnittlichen Vorfälligkeitsentschädigung von rund 17.000,-- DM. Nach den Berechnungen des IFF wäre insgesamt ein Volumen von knapp 8 Mio. DM an Vorfälligkeitsentschädigungen entstanden, mit einer durchschnittlichen Vorfälligkeitsentschädigung in Höhe von knapp 9.000,-- DM. Die Forderungen der Kreditinstitute an Vorfälligkeitsentschädigungen liegen demzufolge im Durchschnitt um 100%, d.h. um rd. 7,58 Mio. DM. höher als die Berechnungen des IFF ergeben haben.[168]

Bezieht man in die Berechnung die Beträge zusätzlich mit ein, die den Verbrauchern in Form einer anteiligen Disagioerstattung hätten zurückgezahlt werden müssen, wären nach den Berechnungen des IFF nur rund 5 Mio. DM an Vorfälligkeitsentschädigungen zu

168 Zu den Abweichungen pro Kreditinstitut vgl. das Banken-Rating I am Ende des Kapitals. In Anhang 3 des Schuldenreports befindet sich ein Verzeichnis der in den Anlagen verwandten Banknamen-Abkürzungen.

zahlen gewesen; der betragsmäßige Abstand zwischen Banken- und IFF-Berechnungen hätte sich somit auf knapp 200% erhöht.[169]

a) Analyse und Ranking von Kreditinstituten

In der Aktion wurden die Vorfälligkeitsentschädigungsberechnungen von über 270 Banken, Versicherungen, Bausparkassen und Sparkassen überprüft.

Mit den häufigsten Fällen waren vertreten:

- Bayerische Hypotheken- und Wechselbank (67)
- Bayerische Vereinsbank (58)
- Commerzbank (50)
- Deutsche Bank (41)
- Landesgirokasse (39)
- DG Hyp (35)
- Rheinhyp (34)
- Centralboden (31)
- Landeskreditbank Baden-Württemberg (23)
- Deutsche Hypothekenbank Frankfurt/M. (23)

Diese Verteilung spiegelt, bis auf die Landesgirokasse, die Bedeutung der Volumensanteile der Hypotheken- und Großbanken am Baufinanzierungsmarkt wider. Die Fallzahlen sind aussagekräftig, um Schlußfolgerungen über das Verhalten der Institute ziehen zu können.

In das Ranking wurden 62 größere Institute einbezogen, deren Fallzahl mindestens drei Kreditverträge umfaßt.

Um eine Rangfolge der Kreditinstitute zu erhalten, wurde nach der prozentualen Abweichung zwischen errechneter und angegebener Vorfälligkeitsentschädigung sowie nach der absoluten, durchschnittlichen Abweichung in DM sortiert (Banken-Ranking II).

Ranking nach der Gesamtabweichung in Prozent

Die aussagekräftigere Übersicht ist die Sortierung nach prozentualen Abweichungen, da diese sich auch auf andere Verträge übertragen läßt. Beim Banken-Ranking I wurde das Ergebnis der Berechnungen mit dem IFF-Programm BAUFUE 1.0 als Grundlage ver-

169 Zu den Abweichungen pro Kreditinstitut vgl. das Banken-Rating II am Ende des Kapitels.

wendet und die Abweichung von diesem Wert errechnet. Wenn ein Kreditinstitut 100% ausweist, ist es doppelt so teuer. Die Rangfolge zwischen den Kreditinstituten, also der Kreditinstitute, die die höchsten Vorfälligkeitsentschädigungen verlangen, ergibt hier folgendes Bild:

Spitzenreiter ist die KSK Böblingen mit 526,45%. Es folgen die Deutsche Hypothekenbank Frankfurt/Main mit 149,50% und die KSK Esslingen mit 149,22%. Die Landesgirokasse in Stuttgart, die Westfälische Hypothekenbank und die DG Hyp liegen noch vor der Sparkasse Taunus zwischen rd. 132 und 145% Abweichung. Die "Ausreißer" wie z.B. die Nürnberger Hypothekenbank mit 8.586%, die Norddeutsche Hypothekenbank (Nordhypo) mit 1.959% oder die Südwestbank mit 1.097% Abweichung zwischen sämtlichen von den Kreditinstituten geforderten und den als angemessen berechneten Vorfälligkeitsentschädigungen, sind nicht mehr so extrem, da die hohen Prozentwerte aufgrund sehr geringer Fallzahlen entstanden.

Besonders günstig rechneten in der ersten Auswertung die
Sparkasse Heidelberg (6% unter den Berechnungen des IFF) sowie die R+V-Versicherung, die lediglich die Hälfte der angemessenen Vorfälligkeitsentschädigung gefordert hatten. Nunmehr gibt es kein Institut, das unter den IFF-Berechnungen liegt, das "günstigste" Institut ist die Sparkasse Memmingen mit 8,35%, vor der Berliner Bank mit 15,83% Abweichung. Auch hier zeigt sich eine Verdichtung der Aussagefähigkeit der Fallzahlen.

Zu beachten ist, daß in den Berechnungen auch Kombinationsfinanzierungen enthalten sind, die sich aus einem Festkredit und - als Tilgungsersatz - einem Sparvertrag (Kapital-Lebensversicherung oder Bausparvertrag) zusammensetzen. Der eigentliche Schaden entsteht bei diesen Verträgen durch die Kündigung bzw. Auflösung des Sparvertrags. Die Berechnungen des IFF sind demnach für diese Kredite noch zu günstig. Im Grunde ist der Kombinationsschaden zu berücksichtigen, weshalb auch der niedrige Schadensausweis der R+V-Versicherung in seiner Bewertung zu relativieren ist, da den Versicherungskrediten in der Regel bei einer vorzeitigen Kreditablösung in vielen Fällen gleichzeitig ein Schaden durch die Kündigung der Kapitallebensversicherung entsteht.

Ranking nach der durchschnittlichen Abweichung pro Kredit in DM

Das Banken-Ranking II beinhaltet eine Übersicht der Kreditinstitute nach der durchschnittlichen Abweichung in DM (Mittelwert), quasi nach individueller Betroffenheit in D-Mark. Danach wäre die Taunus Sparkasse das Institut, welches die höchste Abweichung in DM vorweist (durchschnittlich 44.484,-- DM), gefolgt von der KSK Esslingen mit 31.076,-- DM und der BfG mit 24.338,-- DM auf den Plätzen 2 und 3.

Günstiger als das IFF rechneten die Berliner Bank mit durchschnittlich -41,-- DM und die Sparkasse Rostock mit -21.636,-- DM.

In diesem Ranking wurde zum Vergleich auch die durchschnittliche Disagioerstattung pro Kreditinstitut sowie die jeweilige Fallzahl, in denen eine Disagioerstattung berechnet wurde, aufgelistet.

b) Empfehlungen

Im Durchnitt nehmen die Kreditinstitute doppelt so viel an Vorfälligkeitsentschädigungen wie nach den Berechnungen vom IFF und den Verbraucher-Zentralen angemessen gewesen wäre. Teilweise wird zusätzlich ein Disagioverzicht verlangt, was Tausende von Mark kosten kann. Als Zusammenfassung der Untersuchung lassen sich daher an die Verbraucher folgende Empfehlungen geben:

(1) Kein Disagioverzicht. Der Verbraucher sollte sich alles genau ausrechnen und ggf. den Disagioverzicht mit als Vorfälligkeitsentschädigung überprüfen lassen. - Wenn die Bank jedenfalls auf eine Vorfälligkeitsentschädigung drängt, empfiehlt es sich, unter Vorbehalt zu zahlen oder alternativ zumindest schriftlich deutlich zu machen, daß man nur zahlt, weil es nicht anders ging;

(2) Nur aus einer detaillierten Abrechnung der Kreditinstitute läßt sich erkennen, was gerechnet wurde, ob korrekt abgezinst, welcher Wiederanlagezinssatz verwendet und welcher Betrag für die Berechnungen zugrunde gelegt wurde. Dies sollte der Verbraucher verlangen.

(3) Prozentuale Vorfälligkeitsentschädigungen von 1 oder 28 der Restschuld sind meist günstig, aber auch hier sollte bei kurzer Restlaufzeit nachgerechnet werden.

(4) Es gibt kein einheitliches Verhalten der Kreditinstitute in den Berechnungen der Vorfällligkeitsentschädigung. Auch innerhalb von Bankengruppen wie Hypothekenbanken, Kreissparkassen usw. wird ohne einheitliches System gerechnet, obwohl es sich um eine Rechtsauffassung und nicht um Bankermessen handelt.

(5) Verhandeln lohnt sich auch über die eigentliche Vorfälligkeitsentschädigung hinaus. Pauschale Bearbeitungsgebühren, vergessene Disagiorückerstattungen u.ä. sind als Teil von Vorfälligkeitsentschädigungen zu betrachten. Die Summe überschreitet häufig eine angemessene Höhe.

(6) Stets sollte auch überprüft werden, ob eine Disagioerstattung zu erfolgen hat.

2 Hypothekenkreditkonditionen und Bankverhalten

Die Konditionen und das Bankverhalten bei Abschlüssen von Hypothekenkrediten waren schon häufig Anlaß gerichtlicher Überprüfungen und öffentlicher Diskussionen. Mangels einer einheitlichen Auswertung von Hypothekenkreditverträgen konnte bisher kein Überblick über das Konditionsverhalten der Kreditinstitute geschaffen werden, die in der Regel höchstens aktuelle Konditionsvergleiche beinhalteten. Mit der Überprüfungsaktion der Verbraucher-Zentralen und des IFF konnte nunmehr ein Datenbestand von rund 1.100 Verträgen ausgewertet werden.

a) Marktvergleich Effektiver Jahreszins

Der übliche Konditionenvergleich ist auf einen Zeitpunkt bezogen. Aktuelle effektive Jahreszinssätze werden aufgelistet. Langfristige Übersichten würden die Entwicklung des einzelnen Institutes zeigen. Wie sieht es aber aus, wenn über mehrere Jahre, teils Jahrzehnte die Marktposition eines Instituts betrachtet wird? Die Praxisregel sagt: "Einmal günstig, immer günstig!" Der aktuelle Konditionenvergleich ist das eine Indiz: der tatsächliche Vertragsabschluß, was wirklich vereinbart wurde, ist das andere. Bei den vorliegenden Datensätzen wurde die Differenz jedes einzelnen Kreditvertrags der Institute zwischen vereinbartem effektiven Jahreszins und durchschnittlichem Effektivzins der Deutschen Bundesbank für die gültige Zinsbindung ermittelt (siehe Banken-Ranking III). Die Summe dieser absoluten Zinsdifferenzen (Spalte Kumulation der absoluten Differenzen) wurde pro Kreditinstitut durch die vorhandene Fallzahl geteilt, so daß offensichtlich wird, wie stark die jeweilige Bank vom Marktdurchschnitt abweicht.

Besonders schlecht lag die Depfa mit durchschnittlich 0,874%-Punkten, knapp gefolgt von der Commerzbank mit 0,765%-Punkten über dem Marktdurchschnitt. Demgegenüber müßten die Kunden der Deutschen Centralboden mit 0,95%-Punkten bzw. die Kunden der WüstenrotBausparkasse mit 0,515%-Punkten unter dem Marktzins hervorragend bedient worden sein. Zinsvergleiche sind somit als sehr relativ anzusehen. Jedes Kreditinstitut hat Verhandlungsspielräume. Allerdings muß bedacht werden, daß Konditionsabweichungen von über 0,5%-Punkten vom Marktdurchschnitt in Hochzinsphasen leichter zu vereinbaren sind als in Niedrigzinsphasen, da hier die Rechenbasis höher ist. Der Großteil der ausgewerteten Verträge (881 von 1.106) wurde zwischen dem 1.12.1989 und Ende 1993 vereinbart, also in einem Zeitraum, in dem relativ hohe Zinskonditionen am Markt üblich waren. Des weiteren werden bei Festkrediten gegen Bausparvertrag bzw. Kapital-Lebensversicherung etwaige Zinsvorteile durch Nachteile in der Spar-Kredit-Konstruktion "erkauft". Preiswerte Festkredite sind daher stets im Zusammenhang mit möglichen Nachteilen von Sparverträgen zu betrachten.

Fazit

Der optisch günstige Anbieter muß nicht der preiswerteste sein, verhandeln lohnt. Zusätzlich muß die Anschlußfinanzierung ins Kalkül gezogen werden. Wenn ein Institut ungünstige Konditionen abschließt, kann nicht erwartet werden, daß es ein besseres Verhalten bei Verhandlungen über Zinsverlängerungen an den Tag legt, wenn es langfristig bei Vertragsabschlüssen bzw. Zinsverlängerungen schlecht zum Marktdurchschnitt liegt.

Exkurs: Aussagefähigkeit der Bundesbank-Zinssätze

In einem Schreiben der Bundesbank heißt es: Bei den übrigen Zinssätzen (z.B. Ratenkreditzinsen, Kontokorrentzinsen, Festgeld, Sparbriefe) werden von den Kreditinstituten lediglich die Nominal-zinssätze gemeldet. Aus diesen Angaben wird - analog der Ermittlung des Durchschnittszinssatzes für die Effektivzinssätze - ein Durchschnittszinssatz für die Nominalzinssätze errechnet. Hierbei können die möglicherweise unterschiedlichen Verrechnungsbedingungen der einzelnen Kreditinstitute, wie z.B. die Wertstellung, nicht berücksichtigt werden." Weitere Informationen zu den Berechnungen der Deutschen Bundesbank sind in der Bankenstatistik-Richtlinie der Deutschen Bundesbank zu entnehmen. Diese wurde am 1.01.1994 geändert.

Das Verfahren der Bundesbank ist problematisch:

- Wenn alle Kreditinstitute falsche Nomalzinssätze melden, ermittelt die Bundesbank falsche Durchschnittszinsen, unabhängig von den realen Konditionen der einzelnen Banken.

- Der Vergleichsmaßstab Effektivzinzsatz wird ungewichtet ermittelt. Die Bundesbank zählt beispielsweise die Effektivzinssätze aller gemeldeten Hypothekenkredite einer Zinsbindung zusammen und ermittelt daraus einen Durchschnitt. Offen bleibt aber, welcher Effektivzinssatz vom Verbraucher tatsächlich häufiger akzeptiert wurde. Falls ein Großteil der Geschäfte zu niedrigeren Effektivzinssätzen abgeschlossen worden ist, spiegelt sich dies nicht in den Zinsangaben der BundesbankStatistik wider.

b) Zins- und Tilgungsverrechnung

Die Tilgungsverrechnung wurde bereits mehrmals in BGH-Urteilen auf ihre Preistransparenz überprüft. Noch heute benutzen einige Kreditinstitute nachträgliche Verrechnungen. Zwar werden sie im effektiven Jahreszins nach der Preisangaben-Verordnung (PAngV) berücksichtigt, aber nur für den Idealverlauf. In der

Realität können Ratenerhöhungen, Zahlungsverzögerungen, Sonderzahlungen u.v.m. den Zahlungsverlauf so verändern, daß verspätete Tilgungsverrechnungen sich stärker als im effektiven Jahreszins bedacht auswirken.

Die Übersicht "Nachträgliche Tilgungsverrechnung" listet alphabetisch sämtliche Institute auf, die noch über ein Jahr nach dem BGH-Urteil[170] ab 1.01.1990 noch nachträgliche Verrechnungsmethoden verwenden. 30 Institute waren betroffen. Sie schlossen ab 1.01.1990 266 der 1.100 untersuchten Kreditverträge ab, davon 66 Verträge, also jeder vierte Vertrag, mit einer für den Verbraucher ungünstigen Verrechnung. In der Auswertung wurden nur die Verrechnungen von Tilgungen als ungünstig berücksichtigt, die nicht gleichzeitig identisch mit dem Rhythmus der Ratenzahlung sind. Eine termingleiche Verrechnung und Zahlung ist quasi eine sofortige Verrechnung[171]

- Eine Anmerkung zu den Abkürzungen in der Übersicht: TV = Tilgungsverrechnung , ZV = Zinsverrechnung, RZW = Ratenzahlungsweise. Die Zahlen in der Zeile unter den Abkürzungen zeigen die Auswahl der Monate auf, in deren Rhythmus die Verrechnung bzw. Zahlung erfolgt (12 = jährlich, 1 = monatlich).

Eine auffällig nachteilige Verrechnungsgestaltung ist die Zinsverrechnung vor der Tilgungsverrechnung. Die Braunschweig-Hannoversche Hypothekenbank, Hamburger Hypothekenbank, Landesgirokasse, L-Bank Rheinhyp und Sparkasse Wesel sind hier mit Vertragsabschlüssen vertreten (Zinsverrechnung monatlich oder quartalsweise, während die Zahlungen/Tilgung erst jährlich verrechnet wird). Die überwiegende Verrechnung der Zins- und Tilgungsverrechnung war bei den betroffenen Volksbanken quartalsweise, bei einer monatlichen Ratenzahlung. Die Sparkassen wählten bei den Kreditverträgen vornehmlich monatliche Ratenzahlung und die besonders nachteilige jährliche Tilgungsverrechnung, demgegenüber waren die Großbanken- und Hypothekenbanken mit keiner einheitlichen Systematik vertreten.

Fazit

Formularmäßige Verrechnungstermine sind für Verbraucher häufig sehr schwer verständlich. Ein Vertrauen darauf, daß die BGH-Rechtsprechung in jeden Vertrag einfließt, kann nicht a priori unterstellt werden. Sogar jährliche Tilgungsverrechnungen sind zum Teil noch üblich. Die Nachteile wirken sich besonders dann aus, wenn der Finanzierungsverlauf nicht dem Idealverlauf entspricht, da dann verspätete bzw. vorzeitige Verrechnungen sich stärker auswirken.

---

170 WM 1990, 1989.

171 Einzig bei Zahlungsverzögerungen kann ein Nachteil entstehen.

Exkurs: Beispiel zur Tilgungsverrechnung

Ein Kredit über 200.000,-- DM mit einem Zinssatz über 8% (für 10 Jahre fest) und einer anfänglichen Tilgung von 1% ist bei monatlicher Ratenzahlung und jährlicher Zins- und Tilgungsverrechnung bis auf 173.401,-- DM zurückgezahlt. Würde die Verrechnung sofort mit der Rate erfolgen, beträgt die Restschuld jedoch nur 172.050,-- DM. Diese höheren Kosten spiegeln sich im Effektivzins wider, da die Verrechnungsart und die Tilgung Rechenbestandteile sind. Der Differenzbetrag kann ein Schaden sein, der gem. der BGH-Rechtsprechung zu verrechnen ist.

Neben dem Verrechnungszeitpunkt ist jedoch auch entscheidend, wie schnell (und damit: wie hoch) die Tilgung sein soll. Möchte man im Beispiel eine höhere Tilgung, z.B. anfänglich 3%, baut die Verschuldung zwar schneller ab, hat jedoch im obigen Beispiel bei jährlicher Verrechnung einen noch größeren Nachteil: 115.868,-- DM Restschuld stehen 111.636,-- DM bei sofortiger Verrechnung gegenüber.

Noch ein dritter Punkt muß ins Kalkül gezogen werden: die Wirkung eines Disagios im Zusammenhang mit Verrechnung und Zinsbindungsdauer (siehe Tabelle). Je kürzer die Zinsbindung, desto teurer wird der Kredit durch den schnelleren Verbrauch des Disagios. Wer ein Disagio vereinbart, sollte sich den effektiven Jahreszins genau ausrechnen lassen.
Abb. 40: Wirkung von Zinsbindung, Zins- (ZV) und Tilgungs- (TV) Verrechnung und Disagio auf den effektiven Jahreszins

Zinsbindung in Monaten	ZV: sofortig TV: sofortig EffJZ in %	ZV: vierteljährl. TV: vierteljährl. EffJZ in %	ZV: jährlich TV: jährlich EffJZ in %	ZV: vierteljährl. TV: jährlich EffJZ in %
180	8,024	8,036	8,077	8,235
120	8,364	8,376	8,411	8,569
60	9,500	9,507	9,536	9,700
48	10.090	10,099	10,128	10,292
36	11,106	11,112	11,141	11,300
24	13,216	13,222	13,251	13,409
12	20,206	20,212	20,235	20,382
variabel*	8,358	8,370	8,405	8,563

Kreditbedingungen	Finanzierungsbetrag: 250.000 DM. Disagio 10%, Nominalzins 6,5% p.a., 1% anfängl. Tilgung, monatliche Rate

(* Verteilung des Disagios auf die gesamte Laufzeit bis zur vollständigen Kreditrückzahlung)
Quelle: Institut für Finanzdienstleistungen e.V., Hamburg, 1995

Fazit

Die sofortige Tilgungsverrechnung zum Zeitpunkt der Ratenzahlung ist am preisgünstigsten, die verspätete Verrechnung der Tilgung (z.B. jährlich) bei vorzeitiger Verrechnung der Zinsen am teuersten. Wer schnell seinen Kredit zurückzahlen will, muß wissen, daß dies zu höheren Kosten und damit höheren Effektivzinsen führen kann, wenn keine sofortige Verrechnung vereinbart wurde. Dies ist beim Angebotsvergleich wichtig. Allgemein sollten jedem angeforderten Angebot die gleichen Rahmendaten (Kreditbedarf, Zinsbindung, Disagio- und Tilgungshöhe) zugrunde liegen. Nur so lassen sich die Angebote vergleichen. Vorsicht ist geboten bei kurzer Zinsbindung und hohem Disagio.

c) Beratungsverhalten

Disagio - Steuerliche Begünstigung bald hinfällig und dennoch von Banken empfohlen?

Die bisherige steuerliche Begünstigung des Disagios ist rechtswidrig und ab 1991 wohl kaum noch zu halten. Die Finanzbehörden des Bundes und der Länder beraten derzeit darüber wie vorgegangen werden soll. BGH, BVerfG und Bundesfinanzhof (BFH) stimmen in folgender Aussage überein:
Wird als Gegenleistung für die Zahlung eines Disagios - wie allgemein üblich - ein verringerter Nominalzins vereinbart, gilt das Disagio seit der Entscheidung des Bundesgerichtshofes (BGH) vom 29.05.1990 grundsätzlich als Zinsvorauszahlung. Bis dahin war es nach der Ansicht des BGH Sache der Vertragsparteien, ob sie dem Disagio Zinscharakter beimessen oder es als laufzeitunabhängige Kosten einordnen. Sofern keine Bestimmung getroffen wurde, galt für das Disagio die Einordnung als Kostenfaktor.

Steuerrrechtlich ist ein Disagio, das nicht als vorangezahlter Zins gilt, nach der bislang geltenden Rechtslage im ersten Jahr gem. §10e Abs. 6 EStG als Werbungskosten bzw. Sonderausgaben abzugsfähig. Die Bedingungen hierfür waren, daß das Disagio vor dem Erstbezug geleistet werden muß und kein Gestaltungsmißbrauch vorliegen darf. Grundlage der steuerlichen Abzugsfähigkeit war der Wille des Gesetzgebers, eigengenutzte Eigenheime steuerlich zu begünstigen. Hintergrund war, daß ein Disagio - zivilrechtlich gesehen - hauptsächlich der Abgeltung überwiegend einmaligen Verwaltungsaufwands diente.

Durch den Wandel der zivilrechtlichen Beurteilung des Disagios stellt sich damit die Frage einer steuerrechtlichen Neubewertung. Der BFH hat in seiner Entscheidung vom 8. Juni 1994[172] die steuerliche Absetzbarkeit des Disagos aus Gründen des Vertrauensschutzes

172 BHF X R 26/92.

zumindest bis zum Datum der BGH-Entscheidung für gewährleistet erklärt. Ausdrücklich offen ließ er, wie ein Disagio nach Erlaß der BGH-Entscheidung steuerlich zu bewerten ist, und ob die Abziehbarkeit eines Disagios als Vorbezugskosten weiterhin gegeben ist, da ein Disagio im zivilrechtlichen Regelfall den laufzeitabhängigen Schuldzinsen zuzuordnen sei. Die Kreditgeber sehen in der derzeitigen Rechtslage eine Gefahr, da sich seit 1991 niemand mehr darauf berufen könne, daß ihm die Laufzeitabhängigkeit des Disagios unbekannt gewesen sei. Bis zu einer Klärung des Problems wird nach dem Schreiben des Bundesministeriums der Finanzen vom 31.12.1994 davon auszugehen sein, daß für die steuerliche Abziehbarkeit der enge wirtschaftliche Zusammenhang mit der Herstellung bzw. Anschaffung der eigengenutzten Wohnung ausschlaggebend ist. Ob mit Disagii künftig anders zu verfahren ist, bleibt vorerst offen.

Diese Problematik wirkt sich generell auf jede Disagio-Höhe aus. Insbesondere werden aber Verträge betroffen sein, deren Disagio-Höhe 5% und mehr beträgt. Obwohl die künftige steuerliche Absetzbarkeit von Disagii fraglich wird, wurden trotz Wissens des BFH-Urteils von 1991 immerhin noch ca. 5% aller Verträge mit hohen Disagii abgeschlossen. Das durchschnittliche Disagio dieser Verträge beträgt rund 8,3%. Es wurden seit 1.01.1991 mit einem Disagio über 5% folgende Vertragszahlen vereinbart:

Finanzierungssummen:	8.509.134,-- DM
durchschnittliche Auszahlungsquote:	91,677%
Summe gezahltes Disagio:	708.203,06 DM
zur Kündigung erstattetes Disagio:	579.235,11 DM
durchschnittliche Zinsbindung:	117,91 Monate

Der Schaden der Kreditnehmer ist, wenn der BFH die Absetzbarkeit bei Eigennutzung wie erwähnt endgültig verneint, erheblich und muß unter Umständen von den Kreditgebern wegen Falschberatung ersetzt werden.

Abb. 41

Besonders auffällige Kreditinstitute	**Insgesamt vorliegende Verträge**	**Abgeschlossene Verträge ab 1991**	**davon Verträge mit Disagio über 5% ab 1.1.1991**
Bayern Vers.	2	1	1
BayHyp	67	40	2
BayV	58	43	4
Comba	50	32	2
DB	41	37	1
DDirekt	12	8	2
DGHyp	35	15	3
DSL	15	9	2
KSK Bitburg	4	4	2
KSK Dachau	2	2	1
KSK Esslingen	5	5	2
Landesgirokas se	39	30	1
LB BW	23	18	3
LüHyp	8	3	1
Raiba Itzehoe	1	1	1
Raiba Wald	1	1	1
Rheinhyp	34	12	3
SSPK Düsseldorf	5	4	2
VB Pfullendorf	1	1	1
Gesamt:		742	35

Quelle: Institut für Finanzdienstleistungen e.V., Hamburg, 1995

Fazit

Jeder 20. Vertrag mit hohem Disagio (ab 5%) beinhaltet ab 1.01.1991 ein Risiko hinsichtlich seiner steuerlichen Anerkennung. Das im europäischen Vergleich deutsche Unikum "Disagio" (bzw. Damnum) birgt eine Vielzahl von Problemen. Die Bankberatung muß auf die Spezialprobleme aufmerksam machen, da das Disagio in seiner Wirkung höchst komplex ist. Generell sollte der private Bauherr auf Disagii verzichten und steuerlichen Rat einholen, bevor er quasi auf das Konditionsangebot in jeglicher Hinsicht "baut".

Zinsbindung - Langfristige Zinsvereinbarungen in Hochzinsphasen

Die Umschuldung bzw. vorzeitige Rückzahlung von Hypothekenkrediten steht oftmals in Zusammenhang mit langfristig vereinbarten Krediten. Eine Zinsbindung, die während der Hochzinsphase über länger als fünf Jahre abgeschlossen wird, bindet Verbraucher meist sogar über das nächste Zinstief hinaus bis hin zum folgenden Zinshoch. Eine Vertragslösung hat hohe Vorfälligkeitsentschädigungen zur Folge, da die Beendigung des Kredits meist nur wenige Jahre nach Vertragsschluß im folgenden Zinstief erfolgt. Zieht man darüber hinaus in Betracht, daß im Zinshoch ein Großteil der Verträge variabel vereinbart wird, immerhin waren 1992 nach groben Schätzungen anhand der Geschäftsberichte ca. 60% der abgeschlossenen Hypothekenkredite bei Hypothekenbanken variabel, so zeigt sich besonders deutlich, wie nachteilig bei diesen langfristig fixierten Zinsbindungen gehandelt wurde.

Das Banken-Ranking IV beinhaltet die Fälle, welche zwischen dem 1.12.1989 und 1.01.1993 eine längere Zinsbindung als fünf Jahre vorweisen. Es wurde der Zeitraum 1.12.1989 bis 1.01.1993 als Hochzinsphase gewählt, da im November/Dezember 1989 die Seitwärtsbewegung der durchschnittlichen Bundesbank-Zinsen (fünf Jahre fix) endete und in eine Aufwärtsbewegung überging. Ab Dezember 1992 unterschritten die Bundesbank-Zinsen den langfristigen Durchschnitt von 1975 bis Anfang 1995 (= 8,96% effektiv bei fünfjähriger Zinsbindung). Von sämtlichen untersuchten Verträgen wurden in diesem Zeitraum 789 bzw. hiervon 741 ab 1991 vereinbart. Insgesamt waren 242 Verträge, also fast jeder dritte Vertrag mit einer langfristigen Zinsbindung versehen. Der Durchschnitt der Zinsbindungen lag bei rund 115 Monaten.

Von den großen Hypothekenbanken schlossen bei einer verhältnismäßig hohen Fallzahl die Centralboden, Rheinhyp, Württembergische Hypothekenbank, DePfa und die DGHyp etwa 50% ihrer Verträge in diesem Zeitraum langfristig ab. Einige Volksbanken und Sparkassen waren mit noch höheren Anteilen vertreten, wobei die betrachtete Vertragszahl zehn Fälle unterschritt und damit weniger aussagekräftig als die der großen Hypothekenbanken ist.

Fazit

Lange Zinsbindungsfristen sollen eine sichere Kalkulationsgrundlage für die Finanzierung sowie gleichzeitig eine Sicherung niedriger Zinssätze bieten. In Hochzinsphasen sind höchstens kurzfristige Zinsbindungen sinnvoll, um in den anschließenden Zyklus einer Niedrigzinsphase die niedrigeren Zinssätze längerfristig zu vereinbaren. Auch ein Splitting der Zinsbindungen ist denkbar, wenn es wichtig ist, daß bestimmte denkbare Belastungserhöhungen abgemildert werden. Eine langfristige Zinsbindung, wie bei den 62 betrachteten Instituten anzubieten, was bei einigen Banken bei jedem zweiten oder dritten Vertrag erfolgte, ist nicht sinnvoll.

Anlage 1

Vorfälligkeitsentschädigung

Banken-Ranking I

relative Abweichung

Rang	Kreditinstitut	durchschnittliche AbweichungFall	geringste Abweichung	höchste Abweichung	Fallzahl
1	KSK Böblingen	526,45	46,43	2695,98	8
2	DeuHyp	149,50	-14,81	1174,95	23
3	KSK Esslingen	149,22	65,20	209,67	5
4	Landesgirokasse	144,49	23,26	616,48	39
5	WestHyp	141,89	38,80	267,01	6
6	DGHyp	133,60	-9,29	1031,15	35
7	SPK Taunus	132,26	74,33	200,40	3
8	KSK Ludwigsburg	129,09	30,77	339,19	10
9	AHB	123,35	27,51	291,43	8
10	WürtHyp	120,33	42,45	250,63	12
11	KSK Bitburg	115,36	110,81	128,24	4
12	RheinHyp	111,00	-3,03	985,83	34
13	KSK Waiblingen	110,15	6,23	201,59	10
14	BayHyp	108,44	-69,55	440,57	67
15	NüHyp	104,67	18,54	314,79	8
16	VB Schorndorf	99,67	47,28	147,56	6
17	SSPK Düsseldorf	98,24	14,83	234,22	5
18	SSPK Augsburg	97,49	96,62	98,44	6
19	HHHyp	96,62	4,32	486,88	11
20	HypoBank	95,82	69,56	143,73	5
21	Citibank	95,43	14,73	135,92	6
22	BayV	87,72	9,58	277,83	58
23	KSK Hannover	87,41	29,40	122,66	4
24	LBBay	86,48	-54,80	407,15	6
25	LBWest	83,35	58,41	139,02	9
26	MüHyp	82,92	38,04	136,16	6
27	LBS BW	80,78	64,16	112,90	5
28	LB BW	80,31	-22,16	186,88	23
29	KSK Göppingen	79,18	27,04	149,55	6
30	FFMHyp	77,68	19,73	185,73	7
31	BFG	77,40	55,61	138,57	6
32	RBH	76,28	42,99	217,11	10

Vorfälligkeitsentschädigung

Banken-Ranking I

relative Abweichung

Rang	Kreditinstitut	durchschnittliche AbweichungFall	geringste Abweichung	höchste Abweichung	Fallzahl
33	KSK Pinneberg	73,97	-13,91	195,00	4
34	Sparda	72,89	-8,78	194,25	21
35	Nordhypo	72,48	46,25	105,42	5
36	BHW Bank	72,38	64,28	76,47	3
37	LB HH	68,98	34,87	111,27	7
38	Comba	68,42	1,31	154,56	50
39	LB SH	67,69	-84,48	327,94	10
40	DePfa	67,31	20,69	121,83	18
41	SPK Nordfriesland	66,18	30,83	83,86	4
42	NordLB	63,89	3,14	245,61	14
43	DDirekt	60,20	10,61	127,87	12
44	DB	60,05	-33,76	157,67	41
45	DCAG	58,35	-48,88	218,88	31
46	SPK Bremen	57,84	47,10	70,20	3
47	Allianz	56,68	19,74	100,86	13
48	LB Oldenburg	55,93	28,01	123,37	7
49	BHW	48,72	4,90	173,99	17
50	BSK Würo	47,05	18,35	70,49	4
51	SSPK München	43,95	20,28	52,02	9
52	Br.-Hann.Hypo	43,15	0,82	108,33	8
53	LüHyp	41,82	-0,34	65,85	8
54	LBS HH	38,15	9,48	82,42	4
55	SPK Rostock	34,88	-31,55	72,43	5
56	SPK Kiel	34,44	33,15	35,74	5
57	SSPK Hannover	33,81	-25,79	76,72	13
58	SPK Haspa	33,41	-61,01	105,76	15
59	KSK Harburg	29,12	4,59	52,87	6
60	DSL Bank	20,89	-493,83	136,24	15
61	Berl.Bank	15,83	-23,83	71,09	5
62	SPK Memmingen	8,35	-31,19	20,84	5

Vorfälligkeitsentschädigung

Banken-Ranking II

absolute Abweichung

Rang	Kreditinstitut	durchschnittliche Abweichung/Fall	geringste Abweichung	höchste Abweichung	Fallzahl	durchschnittliche Disagioerstattung	Anzahl gerechneter Disagioerstattung	durchschnittliche Auszahlungsquote in %
1	SPK Taunus	44.484 DM	21.238,26 DM	77.346,26 DM	3	16.952,11 DM	3	94,67
2	KSK Esslingen	31.076 DM	1.924,04 DM	61.475,35 DM	5	20.260,39 DM	3	94,00
3	BFG	24.338 DM	1.722,51 DM	59.363,12 DM	6	11.121,07 DM	5	94,00
4	HypoBank	23.342 DM	6.538,68 DM	37.329,87 DM	5	6.622,29 DM	4	95,60
5	KSK Waiblingen	23.193 DM	1.539,21 DM	72.255,82 DM	10	8.097,14 DM	10	94,69
6	BayHyp	22.823 DM	-6.544,77 DM	106.938,70 DM	67	11.183,75 DM	37	96,74
7	DePfa	22.442 DM	973,41 DM	88.705,45 DM	18	- DM	0	100,00
8	KSK Böblingen	20.335 DM	1.857,38 DM	26.498,92 DM	8	10.366,69 DM	7	93,94
9	BHW Bank	19.667 DM	3.258,76 DM	28.305,93 DM	3	- DM	0	100,00
10	SSPK Düsseldorf	18.003 DM	1.741,35 DM	60.924,93 DM	5	20.734,28 DM	2	97,20
11	LBWest	16.976 DM	4.482,29 DM	39.210,49 DM	9	1.870,36 DM	6	96,70
12	BayV	16.473 DM	999,86 DM	76.253,80 DM	58	9.359,05 DM	29	97,20
13	WestHyp	16.169 DM	775,11 DM	37.679,58 DM	6	10.701,64 DM	4	95,31
14	KSK Hannover	16.123 DM	1.846,72 DM	43.331,76 DM	4	4.467,15 DM	3	96,50
15	SPK Haspa	14.976 DM	-15.271,22 DM	135.255,37 DM	15	1.616,90 DM	13	98,22
16	LBBay	14.242 DM	-5.096,74 DM	72.501,60 DM	6	11.420,87 DM	2	98,33
17	Nordhypo	13.609 DM	7.086,02 DM	24.898,24 DM	5	1.916,77 DM	2	98,90
18	AHB	13.517 DM	1.680,72 DM	48.772,33 DM	8	5.253,43 DM	5	97,34
19	DGHyp	13.225 DM	-1.516,47 DM	97.857,35 DM	35	8.945,00 DM	18	96,31
20	FFMHyp	13.084 DM	3.577,38 DM	36.111,27 DM	7	5.607,64 DM	4	98,02
21	Comba	12.990 DM	78,18 DM	44.556,19 DM	50	4.137,29 DM	30	97,29
22	NüHyp	12.539 DM	2.535,74 DM	26.521,59 DM	8	3.335,58 DM	4	97,72
23	LB BW	12.348 DM	-5.750,87 DM	52.911,30 DM	23	6.536,14 DM	11	97,95
24	WürtHyp	12.303 DM	699,04 DM	22.577,74 DM	12	972,34 DM	5	99,15
25	DDirekt	12.277 DM	922,14 DM	50.343,19 DM	12	11.825,51 DM	6	96,37
26	KSK Bitburg	11.731 DM	8.088,08 DM	14.770,30 DM	4	3.066,67 DM	4	96,25
27	HHHyp	9.979 DM	467,63 DM	23.036,87 DM	11	2.753,72 DM	4	98,84
28	LBS BW	9.970 DM	2.135,52 DM	20.582,32 DM	5	7.170,58 DM	2	96,60
29	DSL Bank	9.675 DM	-22.679,27 DM	36.036,56 DM	15	3.619,19 DM	8	98,23
30	DB	9.581 DM	-3.783,97 DM	53.210,18 DM	41	8.155,38 DM	22	96,95
31	NordLB	9.307 DM	93,63 DM	30.093,43 DM	14	2.468,58 DM	4	99,16
32	DCAG	8.986 DM	-960,66 DM	43.092,01 DM	31	2.915,25 DM	18	97,96
33	KSK Pinneberg	8.963 DM	-1.725,84 DM	18.175,85 DM	4	2.931,84 DM	3	98,00

Vorfälligkeitsentschädigung

Banken-Ranking II

absolute Abweichung

Rang	Kreditinstitut	durchschnittliche Abweichung/Fall	geringste Abweichung	höchste Abweichung	Fallzahl	durchschnittliche Disagioerstattung	Anzahl gerechneter Disagioerstattung	durchschnittliche Auszahlungsquote in %
34	SSPK München	8.725 DM	1.966,67 DM	19.329,92 DM	9	- DM	0	100,00
35	KSK Ludwigsburg	8.635 DM	2.178,51 DM	15.498,04 DM	10	1.645,09 DM	6	97,72
36	Landesgirokasse	8.520 DM	1.322,65 DM	19.411,14 DM	39	5.826,59 DM	28	96,17
37	RheinHyp	8.396 DM	-644,12 DM	31.938,20 DM	34	9.401,03 DM	13	97,11
38	SSPK Augsburg	8.323 DM	4.510,02 DM	13.800,37 DM	6	1.836,24 DM	6	95,00
39	Br.-Hann.Hypo	8.251 DM	87,98 DM	18.870,28 DM	8	- DM	2	100,00
40	RBH	8.081 DM	5.514,07 DM	11.530,60 DM	10	10.770,41 DM	4	98,93
41	LB HH	7.818 DM	5.473,48 DM	11.785,55 DM	7	1.333,16 DM	5	95,43
42	Allianz	7.779 DM	672,19 DM	25.478,16 DM	13	2.494,35 DM	9	98,08
43	DeuHyp	7.641 DM	-2.370,12 DM	24.805,29 DM	23	3.569,34 DM	14	97,54
44	MüHyp	6.911 DM	3.088,39 DM	10.123,97 DM	6	5.631,41 DM	2	97,50
45	SPK Nordfriesland	6.676 DM	1.749,60 DM	9.139,40 DM	4	- DM	0	100,00
46	LüHyp	6.585 DM	-80,27 DM	19.951,24 DM	8	8.866,43 DM	5	96,84
47	BSK Würo	6.520 DM	662,72 DM	10.006,74 DM	4	2.912,40 DM	3	97,88
48	LB Oldenburg	6.041 DM	569,53 DM	15.999,88 DM	7	1.465,85 DM	1	99,63
49	BHW	5.891 DM	697,51 DM	14.119,58 DM	17	1.489,83 DM	5	99,31
50	LBS HH	5.890 DM	1.902,13 DM	11.048,72 DM	4	2.881,60 DM	2	98,06
51	Sparda	5.719 DM	-892,36 DM	25.819,09 DM	21	2.093,22 DM	9	99,25
52	KSK Harburg	4.962 DM	505,37 DM	13.420,34 DM	6	- DM	4	100,00
53	Citibank	4.949 DM	3.440,89 DM	7.267,47 DM	6	1.295,11 DM	3	97,03
54	SPK Bremen	4.055 DM	2.096,89 DM	6.267,41 DM	3	215,19 DM	2	99,67
55	SSPK Hannover	3.946 DM	-12.896,86 DM	17.223,41 DM	13	517,29 DM	12	99,59
56	LB SH	3.729 DM	-679,79 DM	8.776,23 DM	10	3.331,29 DM	1	99,00
57	KSK Göppingen	3.465 DM	621,64 DM	7.042,56 DM	6	270,69 DM	2	98,33
58	VB Schorndorf	2.177 DM	1.104,06 DM	3.980,70 DM	6	1.038,22 DM	4	97,33
59	SPK Kiel	1.575 DM	1.062,70 DM	2.087,25 DM	5	9.494,94 DM	1	98,00
60	SPK Memmingen	1.209 DM	-908,85 DM	1.946,42 DM	5	- DM	0	100,00
61	Berl.Bank	-41 DM	-5.696,29 DM	4.173,39 DM	5	- DM	0	100,00
62	SPK Rostock	-21.636 DM	-85.189,97 DM	15.743,64 DM	5	- DM	0	100,00

Sortierung: Diff. Prozentpunkte je Vertrag zu Marktzins

Banken Ranking III

Rang	Kreditinstitut	Durchschnittliche Abweichung in Prozentpunkten vom Marktzins	Durchschnittliche Abweichung in % vom Marktzins	Fallzahl	Kumulation der absoluten Differenzen der Einzelverträge zum jeweiligen Marktzins	Kumulation der prozentualen Abweichungen der Einzelverträge zum jeweiligen Marktzins
1	DePfa	0,874	0,913	10	8,738	9,134
2	Comba	0,765	0,085	47	35,936	4,001
3	KSK Bitburg	0,425	0,057	4	1,700	0,230
4	BHW Bank	0,287	0,031	3	0,860	0,094
5	BayV	0,242	0,335	51	12,338	17,102
6	FFMHyp	0,235	0,027	3	0,706	0,082
7	SSPK Augsburg	0,220	0,025	6	1,320	0,152
8	LB Oldenburg	0,209	0,021	7	1,460	0,146
9	KSK Pinneberg	0,203	0,025	4	0,810	0,101
10	RheinHyp	0,182	0,024	29	5,288	0,690
11	Berl.Bank	0,176	0,018	5	0,880	0,088
12	SSPK Hannover	0,165	0,028	12	1,980	0,340
13	BHW	0,156	0,016	17	2,660	0,280
14	SPK Bremen	0,150	0,015	2	0,300	0,030
15	SPK Rostock	0,145	0,015	4	0,580	0,060
16	Nordhypo	0,134	0,013	5	0,670	0,066
17	KSK Harburg	0,122	0,012	5	0,610	0,058
18	KSK Göppingen	0,120	0,011	5	0,600	0,056
19	LBS HH	0,105	0,012	4	0,420	0,049
20	BFG	0,100	0,010	4	0,400	0,040
21	LB BW	0,085	0,358	23	1,944	8,229
22	DDirekt	0,065	0,006	10	0,650	0,063
23	SPK Kiel	0,032	0,004	5	0,160	0,021
24	BayHyp	0,030	0,003	63	1,868	0,171
25	DGHyp	0,023	0,002	27	0,620	0,058
26	DeuHyp	0,015	0,002	16	0,240	0,029
	Marktzins	0,000	0,000		0,000	0,000
27	WestHyp	-0,006	-0,001	5	-0,030	-0,005
28	NordLB	-0,006	-0,001	10	-0,060	-0,008
29	KSK Esslingen	-0,012	-0,001	5	-0,060	-0,007
30	HypoBank	-0,030	-0,001	3	-0,090	-0,003
31	DB	-0,063	-0,005	39	-2,450	-0,205

Durchschnittliche Zins-Abweichung zum Markt

Sortierung: Diff. Prozentpunkte je Vertrag zu Marktzins

Banken Ranking III

Rang	Kreditinstitut	Durchschnittliche Abweichung in Prozentpunkten vom Marktzins	Durchschnittliche Abweichung in % vom Marktzins	Fallzahl	Kumulation der absoluten Differenzen der Einzelverträge zum jeweiligen Marktzins	Kumulation der prozentualen Abweichungen der Einzelverträge zum jeweiligen Marktzins
32	MüHyp	-0,080	-0,011	6	-0,480	-0,069
33	SPK Haspa	-0,083	-0,009	15	-1,250	-0,136
34	Br.-Hann.Hypo	-0,095	-0,011	3	-0,284	-0,033
35	SSPK Düsseldorf	-0,122	-0,014	4	-0,490	-0,057
36	SPK Taunus	-0,133	-0,014	3	-0,400	-0,041
37	DSL Bank	-0,153	-0,018	11	-1,687	-0,195
38	KSK Ludwigsburg	-0,156	-0,018	9	-1,400	-0,161
39	KSK Böblingen	-0,163	-0,017	8	-1,300	-0,140
40	HHHyp	-0,163	-0,018	8	-1,305	-0,146
41	KSK Waiblingen	-0,168	-0,012	10	-1,680	-0,124
42	LüHyp	-0,209	-0,022	4	-0,836	-0,087
43	LBWest	-0,210	-0,025	5	-1,050	-0,127
44	AHB	-0,256	-0,032	8	-2,050	-0,259
45	SSPK München	-0,260	-0,027	9	-2,336	-0,241
46	VB Schorndorf	-0,300	-0,033	6	-1,800	-0,197
47	Landesgirokasse	-0,307	-0,033	39	-11,990	-1,273
48	SPK Nordfriesland	-0,320	-0,033	1	-0,320	-0,033
49	KSK Hannover	-0,328	-0,034	4	-1,310	-0,135
50	RBH	-0,346	-0,040	6	-2,073	-0,238
51	SPK Memmingen	-0,362	-0,039	5	-1,810	-0,194
52	LB SH	-0,397	-0,042	9	-3,570	-0,375
53	NüHyp	-0,400	-0,044	6	-2,400	-0,262
54	Citibank	-0,405	-0,046	6	-2,430	-0,277
55	LBBay	-0,425	-0,044	5	-2,125	-0,222
56	WürtHyp	-0,450	-0,048	9	-4,052	-0,434
57	LBS BW	-0,465	-0,051	5	-2,327	-0,253
58	Sparda	-0,486	-0,051	21	-10,200	-1,081
59	BSK Würo	-0,515	-0,054	2	-1,030	-0,108
60	DCAG	-0,950	-0,101	19	-18,045	-1,911

Anlage 4

Langfristige Zinsbindungsvereinbarungen

Hochzinsphase 01.12.1989 bis 01.01.1993

Banken Ranking IV

Kreditinstitut	Verkaufsanteil	Abschlüsse im Zeitraum	davon Fälle mit lgfr. Zins-
SSPK Augsburg	100,00%	1	1
BauBoden	100,00%	1	1
BaWüBa	100,00%	1	1
Bayern Vers.	100,00%	2	2
BHW Bank	100,00%	3	3
BSK Aachner	100,00%	4	4
BSK Würo	100,00%	2	2
Colonia	100,00%	1	1
ComCre	100,00%	1	1
DBV	100,00%	2	2
Debeka Bspk	100,00%	1	1
DG Bank	100,00%	1	1
FFMHyp	100,00%	2	2
Iduna	100,00%	1	1
KSK Biberach	100,00%	2	2
KSK Dachau	100,00%	1	1
LB HELABA	100,00%	1	1
R+V	100,00%	2	2
Raiba Itzehoe	100,00%	1	1
Raiba Wald	100,00%	1	1
Securital Vers	100,00%	2	2
SHL	100,00%	1	1
Sp Versicherung	100,00%	1	1
SPK B Weinheim	100,00%	1	1
SPK Elmshorn	100,00%	1	1
SPK n.Breisgau	100,00%	1	1
SPK Stuttgart	100,00%	1	1
SPK Wetterau	100,00%	1	1
VB Pfullendorf	100,00%	1	1
VB Nordrhein	100,00%	2	2
Ver.u.Westbank	100,00%	1	1
Volkswohlbund	100,00%	1	1
VPV	100,00%	1	1
DSL Bank	81,82%	11	9
SPK Memmingen-	80,00%	5	4
AHB	66,67%	3	2
DDirekt	66,67%	9	6
KSK Lauenburg	66,67%	3	2
LB SH	66,67%	9	6
LBS BW	66,67%	3	2
WürtHyp	66,67%	6	4
NordLB	62,50%	8	5
Allianz	61,54%	13	8
DePfa	60,00%	5	3
LüHyp	60,00%	5	3
DGHyp	56,25%	16	9
SSPK Hannover	55,56%	9	5

Langfristige Zinsbindungsvereinbarungen
Hochzinsphase 01.12.1989 bis 01.01.1993

Banken Ranking IV

Kreditinstitut	Verkaufsanteil	Abschlüsse im Zeitraum	davon Fälle mit lgfr. Zins-
BHW	53,33%	15	8
RheinHyp	53,33%	15	8
Br.-Hann.Hypo	50,00%	4	2
DCAG	50,00%	22	11
KSK Aurich	50,00%	2	1
KSK Hannover	50,00%	2	1
KSK Harburg	50,00%	4	2
LBWest	50,00%	4	2
SPK Nordfriesla	50,00%	4	2
VB Biberach	50,00%	2	1
Würo Bank	50,00%	2	1
NüHyp	40,00%	5	2
SSPK Düsseldorf	40,00%	5	2
LB BW	36,84%	19	7
BayHyp	35,56%	45	16
Berl.Bank	33,33%	3	1
Citibank	33,33%	3	1
KSK Pinneberg	33,33%	3	1
RBH	33,33%	9	3
SüdDeuBoCredit	33,33%	3	1
BayV	28,95%	38	11
Comba	28,95%	38	11
DeuHyp	28,57%	14	4
HHHyp	28,57%	7	2
SPK Haspa	28,57%	14	4
LBBay	25,00%	4	1
Nordhypo	25,00%	4	1
WestHyp	25,00%	4	1
SSPK München	22,22%	9	2
Landesgirokasse	20,00%	35	7
KSK Göppingen	16,67%	6	1
DB	10,53%	38	4
Sparda	5,56%	18	1
Gesamtergebnis*	30,67%	789	242

Anmerkung: *inkl. weiterer Institute

Nachträgliche Tilgungsverrechnung

Kreditinstitut	Vertragszahl		TV			ZV				RZW			
	betroffen	von	12	6	3	12	6	3	1	12	6	3	1
Allianz	6		x			x						x	
Br.-Hann.Hypo	2	8	x					x				x	
Citibank	1	6	x			x		x				x	
Comba	12	50	x			x						x	
DB	4	41											
davon:	2				x			x					x
	2		x			x							x
DDirekt	3	12											
davon:	2		x			x							x
	1				x			x					x
DeuHyp	3	23											
davon:	2		x					x				x	
	1		x			x							x
HHHyp	1	11	x					x				x	
KSK Augsburg	1	1			x				x				x
KSK Ostholstein	1	1	x			x							x
KSK Pinneberg	2	4											
davon:	1			x			x						x
	1			x					x				x
Landesgirokasse	1	39	x					x				x	
LB BW	1	23	x					x				x	
LüHyp	2	8											
davon:	1		x			x						x	
	1		x			x							x
Nordhypo	1	5	x			x							x
Raiba Wittlensweiler	1	1			x			x					x
RBH	3	4	x			x						x	
RheinHyp	6	13											
davon:	2		x					x				x	
	2		x			x						x	
	1		x					x					x
	1		x						x				x
SPK Norden	1	1		x			x						x
SPK Verbands	1	1	x			x							x
SPK Wesel	2	2	x						x				x
VB Bad Salz.	1	1			x			x		x			
VB Frickenhaus.	1	1			x			x					x
VB Goch	1	1			x			x					x
VB Heilbronn	1	2			x			x					x
VB Kreuznacher	3	2			x			x					x
VB Marbach	1	1			x			x					x
VB Neu-Isenburg	1	1			x			x					x
VB Sinsheim	1	1			x			x					x
VB Wilhelmshaven	1	2			x			x					x

IV Ausgestaltung und Auswirkungen des Verbraucheinsolvenzverfahrens

1 Ausgestaltung der Insolvenzordnung

Im Sommer 1994 hat die Gesetzgebung die Insolvenzrechtsreform verabschiedet.[173] Die Reform, über die mehr als 15 Jahre beraten wurde, erhielt von allen Fraktionen des Bundestages, mit Ausnahme der sich enthaltenden PDS, die Zustimmung. Aus den Bundesländern kam allerdings Widerstand gegen die Reform, da sie mit einer Vermehrung der von den Ländern zu finanzierenden Richterstellen verbunden sei.

Die Insolvenzordnung (InsO), die zum 1. Januar 1999 in Kraft tritt, verfolgt vor allem das Ziel, die Sanierungschancen insolventer Unternehmen zu verbessern. Zusätzlich wird mit dem in die Reform eingebetteten Verbraucherentschuldungsverfahren erstmals eine Restschuldbefreiung für überschuldete Verbraucher möglich, welche bislang den Zugriffen ihrer Gläubiger über einen Zeitraum von 30 Jahren ausgesetzt sind. Aber auch außergerichtliche Verhandlungen zwischen Schuldnern und Gläubigern sollen gefördert werden.

Ein vereinfachtes Verfahren sieht eine siebenjährige Wohlverhaltensperiode vor, in der ein Schuldner sein pfändbares Einkommen den Gläubigern zur Verfügung stellen muß. Am Ende steht dann für den sogenannten redlichen Schuldner die Befreiung von dessen Restschuld.

a) Grundzüge der Restschuldbefreiung gem. §§286 ff. InsO

(1) Dem Antrag auf Restschuldbefreiung ist die Erklärung beizufügen, daß der Schuldner sein pfändbares Einkommen für sieben Jahre an einen gerichtlich zu bestimmenden Treuhänder abtritt.

(2) Der Treuhänder rechnet die eingehenden Beträge gesondert ab und verteilt sie einmal jährlich aufgrund des Schlußverzeichnisses an die Gläubiger. Nach Ablauf von vier Jahren muß der Treuhänder 10%, nach dem fünften Jahr 15% und nach dem sechsten Jahr 20% an den Schuldner abführen.

(3) Der Treuhänder hat bei Beendigung des Amtes Rechnung zu legen.

(4) Der Treuhänder hat Anspruch auf Vergütung für seine Tätigkeit.

(5) Wird während der Laufzeit der Abtretungserklärung Vermögen von Todes wegen erworben, ist dieses zur Hälfte des Wertes an den Treuhänder herauszugeben.

---

173 Insolvenzordnung (InsO) vom 5.10.94, Bundesgesetzblatt 2865; die Paragraphen bezüglich Restschuldbefreiung und Verbraucherinsolvenzverfahren sind in Anhang 4 des Schuldenreports zusammengesellt.

(6) Auf Antrag des Treuhänders wird die Restschuldbefreiung versagt, wenn die an ihn abgeführten Beträge für das vorangegangene Jahr die Mindestvergütung nicht decken und der Schuldner den fehlenden Betrag nicht nachzahlt.

(7) Der Treuhänder ist zur Verwertung der Insolvenzmasse angehalten, soweit nicht Pfandrechte oder andere Absonderungsrechte bestehen. Der Treuhänder kann beantragen, daß von der Verwertung der Insolvenzmasse abgesehen wird. Dann muß aber der Schuldner binnen einer vom Gericht festgesetzen Frist einen dem Wert der Insolvenzmasse entsprechenden Betrag an den Treuhänder zahlen.

Vor allem der Initiative der Verbraucher- und Wohlfahrtsverbände, die, wie im Schuldenreport 1993 wiedergegeben, einen Alternativentwurf vorgelegt hatten, ist es zu verdanken, daß der Regierungsentwurf nicht nur bei den Abschlägen auf die Zahlung, sondern im Bundestag um eine weitere unbürokratische Alternative bereichert wurde, die in Zukunft den Schwerpunkt des Schuldenbereinigungsverfahrens bilden soll. Es beruht auf freiwilliger Übereinkunft sowie dem Mehrheitsprinzip.

b) Grundzüge des Verbraucherinsolvenzverfahrens nach §§304 ff. InsO

(1) Dem Antrag auf Eröffnung des Insolvenzverfahrens ist beizufügen:

a) Vermögensverzeichnis
b) Gläubigerverzeichnis
c) Verzeichnis der gegen den Schuldner erhobenen Forderungen
d) Schuldenbereinigungsplan, in den aufzunehmen ist, ob und inwieweit Bürgschaften, Pfandrechte und andere Sicherheiten der Gläubiger vom Plan berührt werden sollen.

(2) Der Schuldenbereinigungsplan bedarf der Zustimmung der Gläubiger. Haben mehr als die Hälfte der Gläubiger zugestimmt und beträgt die Summe ihrer Ansprüche mehr als die Hälfte als die Summe aller Ansprüche, kann die Zustimmung ersetzt werden. Die Zustimmung kann nicht ersetzt werden, wenn der ablehnende Gläubiger im Verhältnis zu den übrigen Gläubigern nicht angemessen beteiligt wird oder, wenn der Gläubiger durch den Schuldenbereinigungsplan wirtschaftlich schlechter gestellt wird, als er bei Durchführung des Insolvenzverfahrens und Erteilung der Restschuldbefreiung stünde. Das bedeutet, daß die Zustimmung des Gläubigers nicht ersetzt werden kann, wenn in die Rechtsstellung eines gesicherten Gläubigers ohne dessen Willen eingegriffen würde. Allerdings ist dabei zu berücksichtigen, daß z.B. Lohnabtretungen nach dem dritten Jahr des Insolvenzverfahrens unwirksam werden.

(3) Die Aufgaben des Insolvenzverwalters werden vom Treuhänder wahrgenommen (siehe oben).

c) Kritikpunkte an der Insolvenzordnung

Aus Sicht der Sozialverbände blieben an dem Gesetzeswerk folgende Kritikpunkte:

Kosten des Verfahrens

Die Kosten des Restschuldbefreiungsverfahrens muß der überschuldete Verbraucher tragen können. Falls dies nicht gegeben ist, findet das Verfahren nicht statt. Da viele Überschuldete hierzu nicht in der Lage sein dürften und eine Insolvenzhilfe - vergleichbar der Prozeßkostenhilfe - bislang nicht initiiert wird, reduziert sich der Personenkreis der für dieses Verfahren in Frage kommenden Überschuldeten ganz erheblich.

Kompliziertheit des Verfahrens

Das Verfahren ist für den Verbraucher zu kompliziert und wird von ihm kaum ohne einen erfahrenen Beistand durchgeführt werden können. Der dadurch zu erwartende Mehraufwand für Schuldnerberatungsstellen wird z.Zt. in keiner Weise finanziell abgesichert.

Dauer des Verfahrens

Der Zeitraum, in dem der Überschuldete mit dem Existenzminimum leben soll - wobei nicht einmal dies abgesichert ist - ist mit sieben Jahren zu lang. Mit der Dauer des Verfahrens kommen hier leicht neun bis zehn Jahre zusammen. Dazu kommt die Zeit, in der der Überschuldete ohnehin schon in sehr beengtem finanziellem Spielraum leben mußte, um die drohende Insolvenz noch abzuwenden.

Mitverantwortung der Banken

Ein zu der Überschuldung beitragendes Mitverschulden der Gläubiger wird in keiner Weise berücksichtigt. Daneben werden Banken, die über eine Lohnabtretung verfügen können, bevorzugt, Unterhaltsgläubiger dagegen benachteiligt.

Gläubigermehrheit

Darüber hinaus enthält das Gesetz eine quotenmäßige Zustimmungsregelung, nach der der Schuldenbereingungsplan nur dann gerichtlich beschlossen werden kann, wenn mindestens die Hälfte der Gläubiger mindestens zur Hälfte des gesamten Forderungsvolumens dem Plan zugestimmt hat. Häufig liegt aber der Großteil der Forderungen bei einem Gläubiger - z.B. bei einer Bank, so daß dieser den Beschluß des Plans blockieren kann.

2 Möglichkeiten und Bedingungen der praktischen Umsetzung im Vorfeld auf künftiges Insolvenzrecht

von Stephan Hupe, Bundesarbeitsgemeinschaft Schuldnerberatung e.V., Kassel

Die Sozial- und Verbraucherverbände, aber auch die Praxis der Schuldnerberatung haben die Insolvenzrechtsreform hart kritisiert. Das neue Gesetzeswerk stellt nicht die soziale Rehabilitation überschuldeter Haushalte, sondern die Befriedigung der Gläubiger in den Vordergrund.

Sieben lange Jahre ist der pfändbare Einkommensteil abzuführen, sieben Jahre der "Unterwerfung", in denen das Wohlverhalten der Schuldner an der Erfüllung zahlreicher Obliegenheiten gemessen wird. Flexibilität ist in der neuen Insolvenzordnung nicht erkennbar bzw. bietet für Schuldner keine Vorteile. Veränderungen in den wirtschaftlichen oder sozialen Verhältnissen, mit denen während eines solch langen Zeitraum zu rechnen ist, finden nur insoweit Berücksichtigung, als sie den Gläubigern einen höheren Zugriff ermöglichen. Verschlechtert sich das Verhältnis zwischen Einkommen und Ausgaben - z.B. durch eine höhere Miete nach einem Umzug -, so läßt sich der abgetretene Einkommensteil nicht verringern, jedenfalls ist keine rechtliche Handhabe zu einer Anpassung nach unten vorgesehen.

Der gerichtliche Vergleich, mit dem ein formelles Restschuldbefreiungsverfahren vermieden werden kann, erfordert auch in der nun verabschiedeten Fassung des Gesetzes aufwendige gerichtliche Aktivität. Für einen wirksamen Vorrang des außergerichtlichen Vergleichs fehlt es an flankierenden Regelungen, wie z.B einem Moratorium für die Zeit, die für die Erfassung der Schuldverhältnisse, die Entwicklung eines Vergleichsvorschlages und schließlich für den Abschluß des Vergleichs benötigt wird. Die Schuldnerberatung wurde vom Gesetzgeber nicht erwähnt, da ansonsten auch eine Regelung darüber notwendig gewesen wäre, wie die Tätigkeit der Schuldnerberatung in diesem Verfahren finanziert werden soll.

a) Aspekte außergerichtlicher Schuldenregulierungsvergleiche vor 1999

Trotz aller Kritik - dieses Verfahren ist so beschlossen und wird kommen, allerdings entsprechend der im Bundesrat gefundenen Kompromißformel erst zum 1. Januar 1999. Bis dahin sollen sich insbesondere die neuen Länder auf die damit verbundenen Mehrkosten im Bereich der Justizverwaltung eingestellt haben. Was bedeutet dies für die überschuldeten Haushalte und die Schuldnerberatung im Vorfeld?

Es ist schwierig, die Praxisentwicklung vorherzusagen, und man wird sehen, ob Vergleiche ähnlich der Vorgabe des Restschuldbefreiungsverfahrens nur im Einzelfall oder auch in einer Vielzahl von Einzelfällen abgeschlossen werden können.

Gläubigerverhalten

Grundvoraussetzung für außergerichtliche Vergleiche im Vorfeld der Insolvenzrechtsreform ist das Stillhalten aller Gläubiger für den Zeitraum, der zur Entwicklung eines Vergleichsvorschlages benötigt wird. Es darf nicht sein, daß ein Gläubiger, der möglicherweise erst durch die Intervention der Schuldnerberatung Klarheit über das Ausmaß der Zahlungsprobleme seines Schuldners erhält, eine Abtretungserklärung offenlegt oder Beitreibungsmaßnahmen in Gang setzt und damit den Vergleich sprengt. Beispielsfälle, in denen sich die Gläubiger einsichtig gezeigt und sich auf einen Regulierungsvergleich eingelassen haben, gab es bereits. Zudem hat der Deutsche Sparkassen- und Giroverband (DSGV) öffentlich Bereitschaft signalisiert, außergerichtliche Regulierungsvergleiche bereits vor dem 1. Januar 1999 abzuschließen.

Offen bleibt, wie sich andere Gläubigergruppen, wie z.B. Inkassobüros, verhalten werden. Man muß schon, ob ggf. vergleichsbereite Gläubiger bevorzugt werden können oder ob man sich unter Wahrung des Pfändungsschutzes bis 1999 in Geduld fassen muß. Für ohnehin vergleichsgeneigte Gläubiger ist der Hinweis auf das kommende Restschuldbefreiungsverfahren sicher hilfreich. Durch dieses Verfahren werden Kriterien und Abläufe vorgegeben, an denen man sich bereits heute orientieren kann. Ein "Insolvenzfall" wird damit handhabbar, es gibt eine Perspektive auf Schuldenrückführung.

Datenschutzproblematik

Zur Weitergabe von Informationen gilt generell die Regel, so wenig wie möglich bzw. so viel wie gerade nötig. Im Insolvenzverfahren wird jeder einzelne Gläubiger die Information über die Anzahl der Gläubiger (und deren Namen) und über die Höhe und die Art der einzelnen Forderungen erhalten. Dies ist für den Gläubiger durchaus ein Entscheidungskriterium. Er will sehen, inwieweit er angemessen berücksichtigt wird. Im Verfahren wird er allerdings durch ein Zwangsmoratorium gehindert, sich Vorteile z.B. in der Rangstelle der Beitreibung zu verschaffen. Die Gegenleistung für die umfangreicheren Informationen besteht für den Schuldner in der relativen Gefahrlosigkeit ihrer Weitergabe und in der mehr oder minder greifbaren Aussicht einer Restschuldbefreiung.

Diese Gegenseitigkeit ist in außergerichtlichen Verhandlungen nicht gesichert, so daß es ratsam wäre, die Informationsweitergabe zu beschränken. So sollte es ausreichen, wenn die Gläubiger lediglich die Gesamthöhe der Schulden und die Gesamtzahl der Gläubiger erfahren. Jedoch ist nicht auszuschließen, daß karge Informationen die Vergleichsbereitschaft der Gläubiger nachteilig beeinflußen. Persönliche Daten sind für die Gläubigerentscheidung noch unverzichtbarer. Besteht die Chance auf einen Vergleich, so wird es sich im Einzelfall nicht vermeiden lassen, Nachweise z.B. über die Familienverhältnisse und die Einkommenssituation vorzulegen.

Im Vergleich zur bisherigen Praxis wird der Informationsanspruch der Gläubiger beim Versuch eines außergerichtlichen Vergleichs also etwas höher sein. Dagegen hat sich der Schutz für den Schuldner zunächst einmal verschlechtert, da er kein Druckmittel hat, die Gläubiger zum Stillhalten zu zwingen.

Gleichbehandlungsgrundsatz bei den Gläubigern

Das Nahen des Verbraucherinsolvenzverfahrens wird, wie man bereits sieht, die Handlungsmöglichkeiten der Schuldnerberatung zweifellos beeinflussen. Insbesondere werden sich die Vorgaben des Restschuldbefreiungsverfahrens strukturbildend auf die Bemühungen um außergerichtliche Vergleiche auswirken. Das gilt vor allem für das Gleichbehandlungsgebot. Demnach sind alle Gläubiger gleichmäßig zu befriedigen. Die Bevorzugung von Gläubigern mit geringen Forderungen, die bis heute ein verbreitetes Mittel zur schnelleren Verringerung der Gläubigerschar und damit zu mehr Übersichtlichkeit für den Schuldner war, dürfte auch schon im Vorfeld des Inkrafttretens der Insolvenzordnung kaum noch realisierbar sein. Gleiches gilt für die Bevorzugung von Verwandten, die dem Schuldner mit einem Darlehen finanziell aushelfen wollten. Auch sie dürfen nicht mehr bevorzugt werden. Andererseits wird das vom Gesetzgeber gewollte dreijährige Vorrecht für die Abtretungsgläubiger dazu führen, daß sich die Banken als obligate Abtretungsinhaber nicht auf Vergleiche einlassen werden, die sie während der ersten drei Jahre schlechter stellen.

Abtretungsphasen

Vorgezeichnet ist im Prinzip auch eine eventuelle Abtretungsphase im außergerichtlichen Vergleich, die im Restschuldbefreiungsverfahren sieben Jahre (bzw. fünf Jahre für Altfälle) dauert, da zu erwarten steht, daß ein Gläubiger sich nicht freiwillig auf einen geringeren Zahlungszeitraum einläßt. Vergleiche mit Einmalzahlungen werden sicher grundsätzlich möglich bleiben. Aber auch hier ist davon auszugehen, daß sich die Beträge an den Volumina orientieren müssen, die ansonsten aller Voraussicht nach unter Berücksichtigung des Kapitalisierungsvorteils innerhalb von sieben Jahren anwachsen würden.

b) Aufstellung des Schuldenregulierungsplanes

Ein Schuldenregulierungsplan wird im gerichtlichen Verfahren als Anlage zum Antrag auf Restschuldbefreiung gefordert. Dieser ist jedoch bereits beim Versuch einer außergerichtlichen Einigung notwendig. Die Frage ist, ob der Schuldner selbst in der Lage sein wird, diesen Plan aufzustellen. Dies hängt sowohl von seiner Kompetenz als auch von der Zahl der Forderungen oder sonstigen Schwierigkeiten ab. Über die Kompetenz der Schuldner kann man nur Vermutungen anstellen. Nach den Erfahrungen der Beratungspraxis wird es wohl in zahlreichen Fällen nicht ohne fachmännische Hilfe gehen.

Die Vorgaben des Gesetzes besagen, daß alle Gläubiger im Schuldenbereinigungsplan grundsätzlich gleich behandelt werden müssen. Demnach ist zunächst die aktuelle Gesamtsumme aller ausstehenden Forderungen zu ermitteln. Schwierigkeiten werden auftreten, wenn einzelne Forderungen ganz oder teilweise umstritten sind. Dies wird erfahrungsgemäß häufig bei den von Inkassobüros vertretenen Forderungen der Fall sein. In solchen Fällen muß zunächst eine Klärung stattfinden, was durchaus sehr zeitaufwendig sein kann.

Weitere Schwierigkeiten können sich bei der Nachprüfung von Forderungsabrechnungen ergeben. Die Verrechnung von Zahlungen nach dem Verbraucherkreditgesetz ist nach der Fälligstellung (Kreditkündigung) durch die erlaubte Berechnung von Zinseszinsen recht schwierig. Fehler sind also sowohl bei den Gläubigern als auch ggf. bei der Schuldnerberatung zu erwarten.

Ist der Vorgang der Forderungsermittlung erfolgreich abgeschlossen, muß errechnet werden, welchen prozentualen Anteil die einzelnen Gläubiger im Verhältnis zur Gesamtforderung haben. Das Ergebnis wiederum ist die Quote, zu welcher die Gläubiger aus dem pfändbaren Einkommensteil befriedigt werden können. Der pfändbare Einkommensteil ist ebenfalls zu ermitteln. Er ist die Grundlage für eine Prognose über die Höhe der wahrscheinlichen Schuldenrückführung.

Der Schuldenbereinigungsplan muß die Rechnung für alle Gläubiger offenlegen und ggf. auch berücksichtigen, daß die Abtretungsgläubiger in den ersten drei Jahren den gesamten pfändbaren Betrag erhalten.

Abb. 42: Beispiel eines Schuldenbereinigungsplanes

(1) Ermittlung des pfändbaren Einkommensteiles laut Pfändungstabelle

Netto-Einkommen:	2.650,-- DM
Unterhaltsberechtigte:	2
pfändbar:	244,80 DM

(2) Schuldenregulierungsplan

Gläubiger	**Forderung DM**	**Vorrang DM**	**Anteil f. Quote**	**Quote %**	**Rate 1 - 30**	**Rate 30**	**Rate 31 - 36**	**Rate 37 - 84**
Sparkasse	7.500	7.500	0,00	0,0000	244,80	156,00	0,00	0,00
Kreditbank	22.300	1.312,80	20.987,20	65,8893		88,80	244,80	161,30
Oma	5.500			15,6975	0,00	0,00	0,00	38,43
Handwerker	1.823			5,7233	0,00	0,00	0,00	14,01
Vermieter	1.700			5,3371	0,00	0,00	0,00	13,07
Stadtwerke	1.237			3,8835	0,00	0,00	0,00	9,51
Telekom	729			2,2887	0,00	0,00	0,00	5,60
GEZ	376			1,1804	0,00	0,00	0,00	2,89
Summe	40.665	8.812,80	31.852,20	100,0000	244,80	244,80	244,80	244,80

c) Eignung von Beratungsstellen zur Begleitung des Insolvenzverfahrens

Derzeit überlegen die Justizminister der Länder, welche Stellen für die Durchführung der außergerichtlicher Regulierungsvergleiche in Frage kommen. Diese Stellen müssen, sofern ihre außergerichtlichen Bemühungen erfolglos bleiben, eine Bescheinigung darüber ausstellen, die für das Einsetzen eines gerichtlichen Verfahrens erforderlich ist.

Auch die Entscheidung für die Schuldnerberatung verlangt noch differenziertere Kriterien. Immerhin gibt es die "integrierte Schuldnerberatung", die "spezialisierte Schuldnerberatung", die "Fachberatung für Schuldnerberatung" und viele andere Stellen. Geeignet sind sicher nur solche Stellen, die sich auf Schuldnerberatung spezialisiert haben und deren Arbeitsanteil "Schuldnerberatung" über 80% liegt. Die Abwicklung bzw. die Begleitung in außergerichtlichen Vergleichsverfahren setzt professionelle Erfahrungen im Umgang mit Insolvenzgläubigern voraus. Darüber hinaus sind Kenntnisse aus dem Bereich des Zivilrechts sowie des Sozialrechts erforderlich. Zusätzlich bedarf es der Fähigkeit, Überschuldete, die sich ohnehin in einer bedrückenden Situation befinden, in einem komplizierten Verfahren beraten und begleiten zu können. All das spricht dafür, die spezialisierten Schuldnerberatungsstellen der Kommunen bzw. der Sozial- und Verbraucherverbände mit dieser Aufgabe zu betrauen.

d) Finanzierungsnöte der Schuldnerberatung - neue Perspektiven durch das Insolvenzverfahren?

Finanzierungsnöte stehen in der Sozialarbeit auf der Tagesordnung. Auch für die noch immer als "neu" bezeichnete Schuldnerberatung gibt es bislang keine ausreichende Klärung darüber, wer für die Finanzierung verantwortlich ist. Die Kommunen, die durch eine neue Vorschrift im Bundessozialhilfegesetz (BSHG) grundsätzlich in Frage kommen, tragen die Kostenlast der Schuldnerberatung etwa zu 50% (Bundesdurchschnitt). Der restliche Finanzierungsbedarf wird teilweise durch die ABM-Förderung (oder nach § 249h AFG) der Bundesanstalt für Arbeit, durch Landeszuschüsse oder durch Eigenmittel (der kirchlichen Verbände) gedeckt. Oft genug reichen die Deckungsmittel nicht - Schuldnerberatung kann deswegen noch immer nicht flächendeckend angeboten werden.

Der Bundesgesetzgeber hat es bei der Reform des Insolvenzrechtes vermieden, der Schuldnerberatung eine Aufgabe im Verfahren zuzuweisen, da ihn dies unweigerlich zu einer Kostenregelung gezwungen hätte. Nun liegt es in der Zuständigkeit der Länder, diejenigen Stellen zu benennen, die gegenüber dem Insolvenzgericht die gescheiterten außergerichtlichen Einigungsversuche bescheinigen sollen. Die Einigungsversuche - gleichgültig ob sie gelingen oder ob sie scheitern - sind allerdings besonders arbeitsintensiv, weitaus arbeitsintensiver als die später ggf. notwendig werdende Begleitung und Betreuung im gerichtlichen Verfahren.

In dieser Phase müssen die Schuldverhältnisse aufgenommen und geprüft werden. Dazu müssen ggf. Gläubiger angeschrieben und um Übersendung von Vertragsunterlagen und Forderungsaufstellungen gebeten werden. Schließlich muß bereits ein Schuldenregulierungsplan aufgestellt werden - es sind also im Grunde alle Vorarbeiten zu erledigen, auf die das Gericht im Fall des Scheiterns der außergerichtlichen Einigung für das weitere Verfahren zurückgreifen muß.

Insofern werden die Länder nicht umhin können, mit der Klärung, welche Stellen die Bescheinigung ausstellen sollen, auch die Klärung der Finanzierung der damit verbundenen Kosten vorzunehmen. Nachzuvollziehen wäre, wenn die Bundesländer, die bereits heute Landeszuschüsse für Schuldnerberatungsstellen gewähren, diese in Kostenbeiträge für das außergerichtliche Verfahren umwandelten. Länder, die sich bislang nicht in der Finanzierung von Schuldnerberatung engagieren, werden ihre Zurückhaltung in dieser Frage wohl aufgeben müssen.

Ein weiterer Aspekt eröffnet sich durch die Tätigkeit als Treuhänder während der Abtretungsphase ("Wohlverhaltensphase"). Hierfür hat der Bundesgesetzgeber eine Treuhändervergütung vorgesehen, die als prozentualer Abzug aus den Abtretungsbeträgen zu

Lasten der Gläubiger entnommen wird. Allerdings ist die Rolle des Treuhänders umstritten. Von der Praxis der Schuldnerberatung wird diese Aufgabe, die auch Kontrollfunktionen für die Gläubiger enthält, überwiegend abgelehnt. Unter Finanzierungsgesichtspunkten ist sie überdies nicht attraktiv, da im Einzelfall nur relativ geringe Gebühren entstehen. Lediglich die Spezialisierung auf diese Tätigkeit, verbunden mit einer hoch automatisierten Abwicklung großer Fallzahlen, kann zu erträglichen Einkünften führen. Dies wiederum lockt womöglich Inkassobüros, deren Profitorientierung aber wohl kaum der gewollten gesellschaftlichen Wiedereingliederung von überschuldeten Haushalte förderlich sein wird. Zu fragen wäre, ob die Übernahme dieser Tätigkeit nicht auch im Sinne des ganzheitlichen Ansatzes in der Schuldnerberatung in Betracht käme, womit sich immerhin Handlungsoptionen eröffneten, die ansonsten von anderen ausgeübt werden. Hier besteht auf jeden Fall weiterer Diskussionsbedarf.

3 Finanzierungsmodelle für die Schuldnerberatung

von Ulf Groth, Förderverein Schuldnerberatung in Lande Bremen e.V.

Für die Schuldnerberatungsstellen in Deutschland gibt es keine klare Finanzierungsstruktur. Die Finanzierung erfolgt z.Zt. über Mittel des Arbeitsamtes (ABM, §249 h AFG), kommunale Mittel, Landesmittel und Eigenmittel der jeweiligen Träger.

Durch die 1993 erfolgte Einfügung des §17 in das Bundessozialhilfegesetz (BSHG) wird erstmalig die Tätigkeit einer Schuldnerberatungsstelle im Sinne einer besonderen fachlichen Beratung in einem Gesetz genannt. Intention dieser Vorschrift im BSHG ist es, das Abgleiten armer Menschen in den Leistungsbezug "Hilfe zum Lebensunterhalt" (HLU) zu verhindern bzw. durch eine gezielte Schuldnerberatung mitzuhelfen, daß ein bestehender HLU-Bezug überwunden werden kann. Diese neue Vorschrift ist eine Möglichkeit, die Finanzierung von Schuldnerberatung auf ein solides Fundament zu stellen, da es sich hierbei um eine Soll-Vorschrift handelt.

Die Dienstleistung einer Schuldnerberatungsstelle i.S.d. §17 BSHG umfaßt sämtliche Personal- und Sachkosten, die notwendig sind, um dieser gesetzlichen Aufgabe nachzukommen. Dies ist das entscheidend Neue an den Finanzierungsmöglichkeiten, die diese Rechtsvorschrift eröffnet. In der Vergangenheit war meist keine Refinanzierung von Sachkosten durch den örtlichen Sozialhilfeträger für die Anbieter der Schuldnerberatung zu erreichen.

In der aktuellen Diskussion bewegt die Frage, ob eine "Einzel- fallberechnung" vorzunehmen sei oder möglichst eine "Global- finanzierung" angestrebt werden sollte, die Gemüter. Ein trag- fähiges Modell könnte, je nach Sichtweise, Anteile von beidem enthalten.[174]

Einzelfallabrechnung oder Globalfinanzierung

Als durchschnittliche Kosten für eine Schuldnerberatungsstelle (eine Fachkraft, eine anteilige Verwaltungskraft und Sachkosten) können für Westdeutschland 135.000,-- DM p.a. ermittelt werden. Durch eine Verpreisung einzelner, innerhalb der Schuld- nerberatung durchzuführender Aufgaben (z.B. Sondierungsberatungen, Grund- oder Intensivberatungen sowie nachgehende Hilfen) können Leistungsentgelte für bestimmte Tätigkeiten ermittelt werden. Hierfür teilt man die Gesamtkosten durch realistischer- weise anzuset-

---

174 Vgl. das "Bremer Modell" der Finanzierung von Schuldnerberatungsstellen bei Groth, U., Praktizierte und denkbare Finanzierungsmodi für Schuldnerberatung, in: Krebs (Hg.), Das neue Gesicht der Verschuldung, Gelnhausen 1995, 118 ff.

zende 1.400 Jahresarbeitsstunden und gelangt so zu einem Stundensatz von 96,50 DM. Somit wird z.B. für eine normale Schuldnerberatung, deren Bearbeitungsdauer durchschnittlich mit 20 Stunden realistisch anzusetzen ist, ein Gesamtbetrag von 1.930,-- DM gezahlt. Um dem Problem von abgebrochenen Verfahren zu begegnen, kann vorgesehen werden, daß dieser Gesamtbetrag nicht voll gezahlt wird, sondern lediglich ein Anteil in Höhe von 80%, d.h. ein Betrag von 1.544,-- DM. Die restlichen 20% können als sog. Erledigungsgebühr vorgesehen werden. Diese Abschlußgebühr sollte mit 20% (386,-- DM) bewußt gering gehalten werden, um sie nicht zu einer "Sanierungsprämie" im Sinne eines schlecht verstandenen Sozialinkassos verkommen zu lassen.

Worin liegen mögliche Vorteile dieser Finanzierungsform für Schuldnerberatungsstellen? Aus der Sicht eines Finanziers handelt es sich hierbei eindeutig nicht um eine Globalfinanzierung - der in der aktuellen sozialpolitischen Diskussion zunehmend Skepsis entgegengebracht wird -, sondern um eine Einzelfallabrechnung. Es werden lediglich, für alle nachvollziehbare Einzelleistungen bezahlt. Dies ermöglicht den Beratungsstellen - auch wenn dies auf den ersten Blick paradox erscheinen mag - eine gesicherte Finanzierung: Sie sind befreit von den Unsicherheiten eines Zuwendungsempfängers. Quartalsweise Abschlagszahlungen, in Höhe eines Viertels der durchschnittlichen Gesamtkosten können an die Beratungsstellenträger gezahlt werden. Einmal jährlich würde dann nachträglich eine Abrechnung erfolgen.

Mit diesem Abrechnungsmodell kann sowohl für die Geldgeber - und damit sind auch Finanz- und Sozialpolitiker gemeint - als auch für die Träger der Beratungsdienstleistungen ein transparentes Finanzierungsverfahren eingeführt werden. Angesichts der aktuellen haushaltsmäßigen Belastung der Sozialhilfeträger wird eine Entwicklung nicht zu verhindern sein, die darauf abzielt, nur noch Leistungen zu finanzieren, zu denen die Träger gesetzlich verpflichtet sind. Somit dürfte sich in der Zukunft das kommunale Finanzierungsengagement für die Schuldnerberatung auf die Abwicklung des §17 BSHG beschränken. Zur sachgerechten Umsetzung dieser Entwicklung bietet sich das hier kurz skizzierte Modell an.

Finanzierung nach dem Zeitverursacherprinzip

Zu Recht muß dann aber auch die Frage aufgeworfen werden, wie die Schuldnerberatung finanziert werden soll, die nicht unter die Intention des §17 BSHG fällt. Seit geraumer Zeit wird in der Schuldnerberatung - ausgehend von dem Mitverursacher- und Nutznießerprinzip - diskutiert, wie die Anbieter von Waren und Finanzdienstleistungen an der Mitfinanzierung dieser sozialen Dienstleistung beteiligt werden können.[175] Es ist heute

175 Beispielsweise befassen sich die CDA-Sozialausschüsse der CDU auf Bundesebene mit dieser Frage.

unstrittig, daß auch die Anbieter von Waren und Finanzdienstleistungen eine Mitverantwortung an dem Zustandekommen von Überschuldungssituationen tragen. Ebenso unstrittig muß festgestellt werden, daß diese Unternehmen, neben den betroffenen überschuldeten Haushalten selbst, Nutznießer der Dienstleistung Schuldnerberatung sind, da durch die engagierten Fachkräfte in der Schuldnerberatung dazu beigetragen wird, eine Reintegration von ehedem überschuldeten Personen in den Wirtschafts- und damit Konsumkreislauf zu erreichen, oder wenigstens (vollstreckungs)relevante Informationen gegeben werden, die ansonsten nur kostenträchtig über Gerichtsvollzieher oder Inkassounternehmen eingeholt werden könnten. Die positiven sozialen Komponenten sollen an dieser Stelle erst gar nicht weiter vertieft werden. All dies rechtfertigt eine ernste Diskussion und ein offensives, allerdings planvolles Herantreten an die Anbieterseite, um eine einflußneutrale Mitfinanzierung dieser Beratungsarbeit durch Wirtschaftsunternehmen zu erreichen.

Finanzierung struktureller Schuldnerberatung

Schließlich bleibt noch die Frage einer Finanzierung der strukturellen Schuldnerberatung. Je mehr sich die Basis-Schuldnerberatung bedarfsgerecht weiterentwickelt, um so mehr steigen auch die Anforderungen an die strukturelle Schuldnerberatung, d.h. an den Auf- und Ausbau von Overhead-Organisationen, die als "Sprachrohr" der Schuldnerberatung die Bündelung von Interessen dieses wichtigen sozial- und verbraucherpolitischen Arbeitsbereiches vornehmen.

Als erste Ebene sind Landesstellen, z.B. Landesarbeitsgemeinschaften, Schuldnerberatungs-Landesverbände, Fördervereine o.ä. vorzusehen. Dies wäre eine genuine Aufgabe der einzelnen Bundesländer, kleine, schlagkräftige Landeseinrichtungen zu finanzieren. Auch vor dem Hintergrund des 1999 inkrafttretenden Verbraucherkonkursverfahrens, ist es unumgänglich, diese "Mittelebene" verbindlich einzuführen.[176] Zu überlegen wäre auch, ob beispielsweise solche Landesstellen für mehrere Bundesländer gebildet werden können (z.B. für Berlin und Brandenburg, Hamburg und Schleswig-Holstein, Bremen und Niedersachsen oder dem Saarland und Rheinland-Pfalz). In diesen Landeseinrichtungen sollten nur anerkannte Beratungsstellen der jeweiligen Bundesländer Mitglied werden können.

Solche Landesstellen für Schuldnerberatung würden eine wichtige Funktion bei der Herstellung eines besseren Informationsflusses für die Basisberatungsstellen, bei der Organisation politischen Einflusses, der Entwicklung von Präventivangeboten, der Standardisierung und Vereinheitlichung von Arbeitsweisen, der Evaluierung und Bewertung stati-

176 Dies zeigen u.a. deutlich die Erfahrungen in Österreich bei der Umsetzung des dortigen Verbraucherkonkursverfahrens.

stischer Erhebungen u.a.m., übernehmen können. Diese Landeszentralen wären auf Bundesebene in einer Bundeszentrale, der Bundesarbeitsgemeinschaft Schuldnerberatung in Kassel, zusammenzuführen. Die Finanzierung dieser Bundeszentrale wäre Aufgabe eines zuständigen Bundesministeriums (z.B. dem Bundesfamilien- oder dem Bundesjustizministerium).

V Grundrecht auf ein Girokonto

In Deutschland gibt es ca. 80 Mio. privater Girokonten. Dennoch verfügen nach Schätzungen mindestens 500.000 Privatpersonen über keine Bankverbindung.[177] Diese Personen sehen sich von der Teilnahme am Wirtschaftsgeschehen ausgeschlossen oder müssen relativ viel Geld aufwenden, um wenigstens die notwendigen Zahlungen, die nicht in bar entgegengenommen werden, leisten zu können. Die Übermittlung von Zahlungen, wie z.B. Sozialleistungen an Kontolose, führt zu einer erheblichen Belastung der öffentlichen Haushalte. Andere Zahlungen können Kontolose unter Umständen gar nicht empfangen.

Die privaten Girokonten in Deutschland bilden mittlerweile nicht nur ein wesentliches Mittel des Geldtransfers im heutigen Wirtschaftsverkehr, sondern das Girokonto ist ein lebensnotwendiges Gut im modernen Wirtschaftsleben geworden. Können Privatpersonen nicht über ein Konto verfügen, so werden diese Personen von wesentlichen Chancen und Möglichkeiten ihrer Entfaltung nach Art. 2 GG ausgeschlossen. Mit dem Ausschluß vom Girokonto und den daraus resultierenden finanziellen Nachteilen für den Betroffenen ist ein erheblicher zusätzlicher Zeitaufwand sowie das Risiko des Abhandenkommens von Bargeld verbunden, da Barzahlungen und Bareinzahlungen lediglich vor Ort geleistet werden können. Zusätzlich wirkt der Kontoausschluß als Barriere für Weiterentwicklungen im Technologiesektor. Damit wird eine spätere Reintegration immer aufwendiger und unwahrscheinlicher. Aus diesen Gründen folgt, daß das Privatgirokonto den Status des notwendigen Lebensbedarfs erreicht hat.

Der Diskriminierung Kontoloser kann auch nicht die Initiative verschiedener Kommunen entgegenwirken, die für Sozialhilfempfänger spezielle Automaten aufgestellt haben und maschinenlesbare Karten herausgeben, die die Stelle der Sozialhilfeauszahlung einnehmen sollen. Dadurch werden lediglich die bei den Kommunen entstehenden Mehrkosten für die Übermittlung der Sozialhilfe an Kontolose reduziert. Dies entspricht allerdings wiederum einer unbefriedigenden Symptombefriedigung und nicht einer Lösung des Problems.

1 Politische Situation

Die Bundesregierung war bislang der Auffassung, eine gesetzliche Verpflichtung der Kreditinstitute in Form eines gesetzlichen Kontrahierungszwangs festzuschreiben, verstoße gegen den grundgesetzlich garantierten Grundsatz der Vertragsfreiheit. Dazu gehört dementsprechend auch die Freiheit zu entscheiden, ob man mit seinem Gegenüber einen Vertrag abschließen will oder nicht.[178]

177 Vgl. im folgenden IFF, Brutschke H., IFF-Gutachten, Zugang zum Girokonto, November 1994.

178 vgl. auch Bundestags-Drucksache (BT-DrS) 12/5557, 14

Aus dem Grundrecht der freien Entfaltung der Persönlichkeit nach Art. 2 GG sowie aus dem Sozialstaatsprinzip nach Art.20 GG folgt allerdings, daß den Staat die Verpflichtung trifft, die Versorgung der Bevölkerung mit Grunddienstleistungen sicherzustellen. Zu diesen Grunddienstleistungen gehört spätestens ab den 80er Jahren ein Mindestgirokonto auf Guthabenbasis.

2 Situation im Finanzdienstleistungssektor

Sparkassen

Als öffentlich-rechtliche Kreditinstitute sind Sparkassen gesetzlich verpflichtet, für sozial bzw. wirtschaftlich benachteiligte Privatpersonen ein Konto zu führen, und unterliegen somit einer dreifachen sozialstaatlichen Verpflichtung:

(1) Für sozial und wirtschaftlich benachteiligte Personen muß ein auf Guthabenbasis geführtes Girokonto (Mindestkonto) vorgehalten werden.

(2) In aller Regel besteht ein Kontrahierungszwang mit diesem Personenkreis, soweit nicht im konkreten Fall verhaltensbedingte Gründe eine Kontoverweigerung rechtfertigen.

(3) Die Kontoführungskosten sind im üblichen Entgelt mit zu kalkulieren, soweit es sich nicht um Zusatzleistungen handelt, die nach den Grundsätzen des aufwandsadäquaten Entgelts zu beurteilen sind.

Bei der Umsetzung dieser Verpflichtungen spielt die Kreditwürdigkeit des Kunden keine Rolle, da die Kreditaufnahme nicht vom Mindestkonto umfaßt wird. Der zur Umsetzung erforderliche Aufwand ist im Zeitalter der elektronischen Datenverarbeitung begrenzt und zumutbar.

Kontoverweigerungen können nur noch wegen solcher Verhaltensweisen gerechtfertigt sein, die auch zur Kündigung des Mindestkontos berechtigen würden. Dies sind jedenfalls keine Gründe, die die Kreditwürdigkeit betreffen. Auch eine frühere Kontoüberziehung rechtfertigt nicht die Verweigerung eines Guthabenkontos für die Zukunft.

Postbank

Für die Deutsche Bundespost Postbank ergibt sich durch das Postneuordnungsgesetz eine andere Situation. Bis dato war die rechtliche Situation die gleiche wie bei den öffentlich-rechtlichen Sparkassen. Nach der nach dem 1.01.1995 geltenden Rechtslage ist die Postbank AG als privatrechtliches Kreditinstitut nicht länger den öffentlich-rechtlichen Bindungen der Grundversorgung unterworfen. Sie kann aber wie jedes andere Kreditinstitut im Wege eines privatrechtlichen Kontrahierungszwangs zur Führung eines Mindestkontos verpflichtet sein. Allerdings stellt sich in diesem Zusammenhang die Frage, ob sich ein ehemals öffentlich-rechtliches Institut seiner Verpflichtung zur Umsetzung und Gewährleistung des Sozialstaatsprinzips durch die sogenannte "Flucht in das Privatrecht" entziehen kann oder ob diese Verpflichtung weiterhin wirkt. Diese Frage spielte bislang in der Diskussion keine Rolle, darf aber nicht vernachlässigt werden.

Privatrechtliche Kreditinstitute

Aber auch privatrechtliche Kreditinstitute sind nicht frei von Diskriminierungsverboten. Aus der faktischen Monopolstellung der Kreditinstitute im Bereich des Zahlungsverkehrs trifft sie eine gesteigerte soziale Verantwortung. Dort, wo keine Versorgung durch öffentlich-rechtliche Kreditinstitute gewährleistet ist oder wo ein öffentlich-rechtliches Kreditinstitut den Vertragsschluß betriebswirtschaftlich motiviert verweigert, kann ein privates Kreditinstitut im Wege eines privatrechtlichen Kontrahierungszwangs aufgrund seiner marktstarken Position gem. §826 BGB verpflichtet sein, wirtschaftlich oder sozial benachteiligten Kunden ein Mindestgirokonto einzuräumen. Ein privatrechtlicher Kontrahierungszwang ist dann gegeben, wenn keine sachlichen Gründe für die Vertragsverweigerung sprechen. Das individuelle Interesse der Abwendung eines höheren Arbeits- oder Kostenaufwands tritt hinter das öffentliche Interesse an der sozialen Integration des Kontolosen zurück. Für privatrechtliche Kreditinstitute ergibt sich danach in Monopolsituationen ein Abschlußzwang nach den Regelungen des Zivilrechts.

3 Forderungen an Politik und Bankensektor

Grundsätzlich sollte daher alle Kreditinstitute gleichermaßen die Pflicht treffen, die Ablehnung eines Kontoeröffnungsantrags zu begründen, ein Mindestkonto vorzuhalten, welches keine Kreditwürdigkeit voraussetzt, und die Kündigungen derartiger Konten einzuschränken.

Das somit gegebene Grundrecht auf ein Mindestgirokonto spezialgesetzlich zu fixieren, wird mittlerweile von den Bundestagsfraktionen der SPD,[179] Bündnis 90/Grüne[180] und PDS[181] vorangetrieben. Die CDU/CSU befürwortet eine Selbstverpflichtung. Auch sie sieht insbesondere im Hinblick auf die hohen Kosten der Sozialämter bei Kontolosen die Notwendigkeit.

179 Handelsblatt vom 31.03.95, 37.
180 BT-DrS 13/35.
181 BT-DrS B/137.

Für kontolose Privatpersonen besteht bereits jetzt gemäß der entsprechenden Sparkassenverordnungen in den Ländern Bayern, Brandenburg, Nordrhein-Westfalen, Rheinland-Pfalz, Sachsen und Sachsen-Anhalt die ausdrückliche gesetzliche Verpflichtung der Sparkassen zur Einrichtung und Führung eines Mindestkontos. Das Argument auf Kreditgeberseite, eine Absicherung gegen eine Kontoüberziehung wäre nicht machbar oder unverhältnismäßig teuer, wird so auch nicht länger haltbar sein können. Zum Jahresbeginn haben die rheinischen Sparkassen die technischen Vorkehrungen getroffen, die eine Führung von Girokonten auf Guthabenbasis sicherstellen. Allerdings war Anlaß dafür die Zielgruppe der jugendlichen Kontoinhaber, die im übrigen häufig auch kostenlos oder kostenermäßigt ein Girokonto nutzen können.

Mittlerweile wird auf seiten der kontoführenden Kreditinstitute eine freiwillige Selbstverpflichtung diskutiert,[182] wonach Kreditinstitute auf freiwilliger Basis Kontolosen ein Mindestkonto einrichten sollen. Diese aus dem Sparkassensektor kommende Initiative, die hier eine Verzerrung des Wettbewerbs befürchten und die durch die Selbstverpflichtung der Genossenschaftsbanken ergänzt wurde, hat inzwischen zu einer Empfehlung des Zentralen Kreditausschusses (ZKA) aller Bankenverbände geführt, ein solches Mindestkonto anzubieten.[183] Der Erfolg der Sozialverbände ist jedoch bisher erst in Absichtserklärungen dokumentiert. Eine Nachfrage der Verbraucher-Zentrale Hamburg e.V. an der "Basis" der Kreditinstitute[184] sowie die Erfahrung von betroffenen Kunden haben deutlich gemacht, daß die Verbandsspitzen selbst im Sparkassensektor sich nicht unbedingt darauf verlassen können, daß ihre Mitgliedsinstitute die Empfehlung auch befolgen. Hier gilt ähnliches wie bei der Tilgungsverrechnung. Versprechen in der Öffentlichkeit müssen kompetent überprüft werden.

---

182 Zum Stand der Diskussion siehe Reifner, U., Recht auf Girokonto: Zum Stand der Diskussion, in: BankWatch-Infodienst 5/1995.

183 Vgl. hierzu Anhang 5 des Schuldenreports.

184 Im April dieses Jahres hat die Verbraucher-Zentrale Hamburg eine Befragung zum Thema Mindestkonto bei rund 100 Kreditinstituten in Hamburg und Umgebung durchgeführt. Die Reaktionen schwankten zwischen Nichtreagieren, keinen Handlungsbedarf sehen, Befürwortung einer freiwilligen Regelung und der Bereitschaft zur Einrichtung eines Girokontos auf Guthabenbasis (vgl. Umfrageergebnisse der Verbraucher-Zentrale Hamburg vom 22.06.95).

KAPITEL C
INTERNATIONALE ENTWICKLUNGEN

I Regionaler Zugang zu Finanzdienstleistungen

Kreditvergabe und Armutsbekämpfung? Während aus Sicht eines Schuldnerberaters Banken häufig für eine zu offensive Kreditvergabe kritisiert werden, erfolgt gleichzeitig aus der Perspektive von Regionalentwicklung und Wirtschaftsförderung der Vorwurf zu regressiv mit Krediten umzugehen. Diese scheinbare Gegensätzlichkeit läßt sich aufklären, indem zwischen konsumptiver und produktiver Kreditaufnahme unterschieden wird.

In diesem Kapitel sollen Möglichkeiten geschildert und analysiert werden, mit angepaßten Finanzdienstleistungen zur regionalen Entwicklung und Armutsbekämpfung beizutragen. Dabei wird die Thematik am Beispiel der USA erläutert, wo die Begriffe "Redlining" (die regionale Diskriminierung in der Versorgung mit Finanzdienstleistungen) und "Reinvestment" (die gezielte Versorgung mit Finanzdienstleistungen) die Eckpunkte der bankwirtschaftlichen Praxis markieren und die Gesetzgebung sehr weitgehend auf die Problematik reagiert hat.[185] Darüber hinaus wird auf die unterschiedliche Ausgangslage in Deutschland hingewiesen und gleichzeitig Tendenzen aufgezeigt, die die Durchsetzung von veränderten Finanzdienstleistungen für Armutsbekämpfungskonzepte realistisch erscheinen lassen. Ziel ist, die möglichen positiven Effekte von veränderten Finanzdienstleistungen bei der Armutsbekämpfung aufzuzeigen.[186]

1 Zugang zu Finanzdienstleistungen in den USA - von Redlining zu Reinvestment

In den USA wird ein Zugang zu Finanzdienstleistungen und insbesondere zu Krediten als Bürgerrecht angesehen und gesetzlich festgeschrieben. Drei Gesetze sind von zentraler Bedeutung:

---

185 Vgl. Squires, G., From Redlining to Reinvestment, Community Responses to Urban Disinvestment, Philadelphia: University Temple, 1992; Thomas, K., Community Reinvestment Performance, Probuc: Chicago 1993; Reifner, U., Banking and the Community - A European Perspective on Community Reinvestment in the United States, Veröffentlichung in Vorbereitung, Hamburg; vgl. Gutachten des IFF für den Deutschen Sparkassen- und Giroverband "Community Reinvestment - eine amerikanische Besonderheit für den deutschen Banken- und Sparkassenmarkt?", Juni 1995.

186 Inspiriert ist diese Fragestellung durch mehrere laufende Projekte am Institut für Finanzdienstleistungen, in denen mit privaten und öffentlichen Partnern die Rolle von Finanzdienstleistern als Motor von regionaler Entwicklung theoretisch und praktisch beleuchtet werden. Weiterhin wurde im Mai 1995 u.a. von einem langjährigen Kooperationspartner und Vorstandsmitglied des IFF der erste europäische Stadtteilinvestitionsfonds gegründet: der Aston Reinvestment Fund in Birmingham, Großbritannien.

(1) Equal Credit Opportunity Act (ECOA) von 1977
Der ECOA ist aus dem Federal Fair Housing Act von 1968 hervorgegangen. Das Diskriminierungsverbot wurde erweitert. Der Fair Housing Act verbot Diskriminierung im Zusammenhang mit dem Kauf und der Vermietung von Immobilien: der ECOA weitet dies auf den gesamten Komplex der Kreditvergabe aus, wobei die Wohnungsfinanzierung weiterhin zentral bleibt.

(2) Home Mortgage Disclosure Act (HMDA) von 1975
Dieser verpflichtet Finanzdienstleister, Daten über ihre Hypothekenvergabe regional gegliedert zu veröffentlichen. Damit wurde ein systematischer Zugriff auf diese Daten zum Zwecke der Kontrolle einer fairen Kreditvergabe für den Bereich der Hypotheken möglich.

(3) Community Reinvestment Act (CRA) von 1977
Während die zuvor genannten Gesetze den Zugang zu Finanzdienstleistungen sichern sollen, wird in einem weiteren Gesetz der Anspruch noch erweitert und Finanzdienstleister verantwortlich für regionale Entwicklungsprozesse gemacht. Der CRA, der 1989 entscheidend erweitert wurde, sieht die Bewertung regionaler Aktivitäten von Banken vor und hat anders als die ersten beiden Gesetze das Ziel, Armut nicht nur nicht zu diskriminieren, sondern zu bekämpfen. Die Kreditvergabe wird zum Mittelpunkt von Armutsbekämpfung gemacht und die Banken als effektive Akteure zur Armutsbekämpfung identifiziert und in die Verantwortung genommen.

Diese drei Gesetze (ECOA, HMCA und CRA) werden zusammengefaßt häufig als Community-Reinvestment-Gesetze bezeichnet. Hintergrund für die Entstehung dieser Gesetze sind u.a. die folgenden gesellschaftlichen Entwicklungen in den USA:

(1) Seit den 60er Jahren ist eine sich verschärfende Problematik der Verslummung von innerstädtischen Kernbereichen zu beobachten. Diese wiederum wurde verursacht durch Segregation, Desinvestment und Redlining.[187]
(2) Durch den Druck der starken Verbraucherschutzbewegung im Finanzdienstleistungsbereich in den 70er Jahren reagierte die politische Ebene mit einer Vielzahl von verbraucherfreundlichen Bankgesetzen.

187 Redlining bezeichnet einen Prozeß, bei dem im wörtlichen Sinne Gebiete auf dem Stadtplan mit einem roten Stift umkreist werden, in welchen die Kreditvergabe ausgesetzt wird. Von diesen Gebieten wurde angenommen, daß sie sich negativ entwickeln, und durch den Entzug von Krediten wurde diese Annahme zur sich "selbsterfüllenden Prophezeiung", vgl. Evers, J. Redlining in den USA - Perspektiven für Deutschland, Konferenzpräsentation, Volksfürsorge akademie, 12.11.1993, Hamburg.

(3) Seit dem 2. Weltkrieg zieht sich der amerikanische Staat immer stärker aus der aktiven Verantwortung zurück und verlagert Probleme wie Armutsbekämpfung in erster Linie auf den privaten Sektor, indem er diesen gesetzlich zum Handeln verpflichtet. Staatliches Engagement dagegen wird zunehmend limitiert auf die Lenkung privaten Handelns durch Gesetze und die Refinanzierung einiger als besonders zentral angesehener Programme, deren Ausführung wiederum der Wirtschaft übertragen wird.

(4) Gesellschaftliche Themen wie Diskriminierung und Armut werden verknüpft und durch Studien und Statistiken belegt, die bis heute eine enge Korrelation zwischen Minderheiten und Armut aufweisen, (auch wenn inzwischen in absoluten Zahlen mehr weiße als farbige Amerikaner unter der Armutsgrenze leben).

Die drei erwähnten Gesetze werden im folgenden noch einmal ausführlich behandelt.

a) Chancengleichheit bei der Kreditaufnahme

In den USA ist der Zugang zu Finanzdienstleistungen grundlegend im Equal Credit Opportunity and Fair Housing Act von 1977 (ECOA) geregelt. Dieses Gesetz ist Teil des Verbraucherschutzkreditgesetzgebung (Consumer Credit Protection Act) und behandelt die Diskriminierung durch die verschiedenen Kreditarten. Damit wird der Fair Housing Act von 1968 ausgeweitet, in dem es ausschließlich um Hypothekenkredite ging. Neben den Hypothekenkrediten behandelt der ECOA zum Beispiel Überziehungskredite, Ratenkredite und Kreditkartenkredite.

Das Gesetz zielt vor allem auf die Kundenauswahl bei der Kreditvergabe ab und versucht, einen allgemeinen Zugang zu Krediten sicherzustellen. Weiterhin wird dem Kunden die Möglichkeit zum Beweis von diskriminierenden Handeln einer Bank gegeben, dadurch daß diese verpflichtet wird, innerhalb von 30 Tagen nach Antrag eine Entscheidung zu fällen und diese bei Ablehnung zu begründen.

Signifikant für die weitere Entwicklung der Reinvestment Gesetzgebung sind die folgenden Aspekte des ECOA:

(1) Der Zugang zu Krediten wird als elementares Element der amerikanischen Bürgerrechte angesehen, unabhängig vom Einkommen.

(2) Diskriminierung wird nicht nur durch aktives, sondern auch durch passives Verhalten von Kreditgebern verursacht.

(3) Es besteht ein Recht auf Information über die Gründe für das Verhalten von Banken.

Die Unterschiede zur europäischen Rechtskultur werden anhand der folgende Grundzüge erkennbar:[188]

(1) Arme Menschen sollen keinen Kredit erhalten, da sie dies weiter in Verschuldung und Abhängigkeit bringt und staatliche Hilfe somit erschwert wird.

(2) Unternehmerische Freiheit beinhaltet das Recht, sich Partner und Kunden selber auszusuchen.

(3) Es gibt keine Verpflichtung, Rechenschaft über das eigene Handeln abzulegen.

b) Dokumentation der Kreditvergabe

Die Einhaltung des ECOA wird von der amerikanischen Bankaufsicht überwacht. Dabei ist ein zentrales Problem das Fehlen systematischer, über Einzelfälle hinausgehender Informationen, die es der Aufsicht erst ermöglichten, aktiv zu werden. Der Home Mortgage Disclosure Act überwindet dieses für den Bereich der Hypothekenkredite, indem die Anbieter verpflichtet werden, ausführlich über ihre jeweilige Kreditvergabe in ihren Geschäftsgebieten Rechenschaft abzulegen.

Hintergrund für dieses Gesetz sind die sogenannten "Redlining"- Geschäftspraktiken von Kreditgebern. In Artikel 2801 des HMDA gibt der Gesetzgeber seiner Auffassung Ausdruck, daß "depositiory institutions",- ein sehr weiter Begriff, unter dem Banken, Sparkassen, Genossenschaftsbanken und andere Kreditgeber subsumiert werden -, teilweise zum Niedergang von bestimmten Regionen beigetragen haben, indem sie ihrer Aufgabe nicht gerecht geworden sind, eine angemessene Wohnungsfinanzierung für geeignete Kunden bereitzustellen. Daher fordert der Gesetzgeber Informationen, die darüber Auskunft geben, ob die Anbieter ihren Pflichten gerecht werden, ihre Stadtteile und Geschäftsgebiete mit Wohnungsfinanzierungen zu versorgen, und ob öffentliche Akteure unterstützt werden, das unternehmerische Umfeld zu verbessern.

Der Home Mortgage Disclosure Act ist ein wichtiges Element der Community Reinvestment Entwicklung, weil erstens Datenmaterial für die Aufsichtsbehörden und Initiativen geliefert wird, mit dem diese die Hypothekenvergabe einzelner Anbieter kontrollieren können, und zweitens Anbieter ein Interesse am Kreditengagement in Stadtteilen mit niedrigem Durchschnittseinkommen bekommen, da dies ihre Community Reinvestment Bilanz positiv beeinflußt.

---

188 Reifner, U., Banking in the Community.

c) Finanzdienstleister als Armutsbekämpfer

Der Community Reinvestment Act von 1977 und in seiner Weiterentwicklung von 1989 versucht, die bisherigen Begrenzungen und Unzulänglichkeiten, die mit dem ECOA und HMDA verbunden sind, zu überwinden, und setzt dafür als zentrales Element die Kontrolle durch Aufsichtsbehörden ein.

Der CRA erlaubt den Aufsichtsbehörden, das Verhalten von Kreditinstituten in Stadtteilen ganz grundsätzlich zu überprüfen, ohne sich auf die Kontrolle bestimmter Kennzahlen und Quoten festzulegen. Das Verhalten von Anbietern wird nicht mehr nur an passiven, sondern vor allem an aktiven Maßstäben gemessen. Ein nicht-diskriminierendes Verhalten wird nicht mehr als ausreichend angesehen, sondern es wird ein aktives Engagement für Community Reinvestment gefordert.

Ziel des Gesetzes ist die Bekämpfung von Armut durch wirtschaftliche Entwicklung. Während HMDA und ECOA vor allem die Diskriminierung von Kreditantragstellern aufgrund von Abstammung oder Geschlecht bekämpfen wollen, findet man im CRA keine Referenz.[189] Der CRA will die Diskriminierung von Armut, also das Redlining von Stadtteilen mit niedrigen Einkommen, verhindern. Dabei werden die Kontrollinstrumente benutzt, die auch in der Aufsicht der Bankensicherheit angewendet werden:

- Rating
- Informierung der Öffentlichkeit (seit 1989)
- Verzögerung und Verweigerung der Vergabe von Genehmigungen

Das Rating wird aufgrund eines alle 15 Monate zu veröffentlichenden Reports der Bank und den eigenen Untersuchungen des Aufsichtsamtes sowie der Auswertung der HMDA-Daten erstellt. Der Report enthält neben Zahlen vor allem Text und Photos, mit denen die Bank versucht, ihre Aktivitäten in benachteiligten Stadtteilen zu demonstrieren. Häufig wird dazu eine Liste mit Initiativen angegeben, mit denen im Verlauf des Jahres geredet worden ist, oder die durch Spenden unterstützt werden.

Bewertung des Community Reinvestment Act

Hauptkritikpunkte am CRA von 1989 aus Sicht einer effektiven Stadtteilförderung und Investmentstrategie bleiben die folgenden Punkte:

---

189 Trotzdem berichten viele Banken darüber, daß CRA-Aufsichtsbeamte eine Ausweitung der Kredite an farbige Minderheiten als Beweis für CRA-Aktivität fordern (vgl. Shaw, Karen S., Fair Lending Myth, in: The Bankers Magazine, 1/2 1995).

(1) Auch wenn das Gesetz nicht mehr auf Hypothekenkredite beschränkt ist, so bleiben diese durch die dort zu erstellenden Daten weiterhin der bedeutendste Teil der CRA-Kontrolle.

(2) Der Nachweis über Community-Reinvestment-Aktivitäten orientiert sich vor allem an Belegen der Anbieter über ihre Aktivität in Stadtteilen - nur wenig an den erzielten Ergebnissen.

(3) Durch die absichtlich breit angelegten Möglichkeiten, die Anbieter zu überprüfen, mangelt es denen an klaren Maßstäben, welches Handeln notwendig ist, um ein ausreichendes Rating zu bekommen. Es gibt keine verläßlichen Anforderungszahlen, sondern lediglich ein subjektives Urteil des aufsichtsführenden Beamten. Diesem Urteil sehen sich viele Anbieter sehr willkürlich ausgesetzt, da sich die Anforderungen von Staat zu Staat und von Beamten zu Beamten unterscheiden.

(4) Es besteht ein hoher Aufwand für die Bank, den jeweils aktuellen Vorschriften der CRA-Aufsichtsämter zu genügen. Dieser Aufwand wird teilweise als belastender als die eigentliche Reinvestment Arbeit angesehen.

Im Frühjahr 1995 wurde u.a. von verschiedenen Vertretern des Federal Reserve Boards (amerikanische Zentralbank) ein Katalog von Verbesserungsvorschlägen zur CRA-Gesetzgebung zusammengetragen und dem Kongreß vorgelegt.[190] Es ist als wahrscheinlich anzusehen, daß einige Gesetzesänderungen angenommen werden, die u.a. auch auf die oben genannte Kritik eingehen.

2 Auswirkungen auf die Kreditvergabepraxis in strukturschwachen Gebieten der USA

Der Banksektor hat große Anstrengungen unternommen, den Anforderungen der Community Reinvestment Gesetzgebung zu genügen. Fast alle Banken haben eigene Reinvestment Abteilungen gegründet; teilweise wurden Kooperationen mit anderen Banken geschlossen oder Abteilungen zu eigenen Entwickungsbanken ausgegliedert. Die Zahlen zu Reinvestmentanstrengungen sind eindrucksvoll. So haben sich in sieben großen Städten verschiedene Banken dazu verpflichtet, insgesamt fast 6 Mrd. US$ in strukturschwache Gebiete zu investieren.[191]

Die Erfolge dieser Investmentanstrengungen zu messen, fällt schwer, da es an einem Alternativszenario (was wäre ohne Reinvestment Verpflichtungen passiert?) fehlt. Aus deutscher Sichtweise befinden sich die Zielgebiete der Investmentanstrengungen meistens

190 Board of the Governors of the Federal Reserve System, Federal Reserve Bulletin (Stand der Diskussion), Washington, Februar 1995 und Community Reinvestment Act Regulation, Gesetzesvorschlag vom 27.09.1994, 59 Fed.Reg.51232, Washington 1994.

191 Squires, a.a.O., 18 f.

in einem immer noch sehr benachteiligten Zustand, für den der amerikanische Begriff von "Slum" als zutreffend empfunden wird. Eine Effektivitätsbewertung der Reinvestmentgesetzgebung kann und soll hier nicht stattfinden. Statt dessen werden einige positive Anwendungen in der Praxis der Kreditvergabe herausgestellt und diese für einen europäischen Kontext bewertet.

a) Praktische Instrumente des Community Reinvestment

Die Reinvestmentpraxis hat neue Techniken zur Erschließung von produktiven und einkommensschaffenden Kredite identifiziert:

(1) Mobilisierung lokaler Experten

Banken gehen partnerschaftliche Verhältnisse mit Stadtteilinitiativen (partnership with community groups) ein, um in benachteiligten Gebieten Finanzierungspotential ausfindig machen zu können. Diese Zusammenarbeit zu lokalen Experten ermöglicht es ihnen, die dort vorhandene Wirtschaftsstruktur einschätzen zu können und Möglichkeiten für die Vergabe von Produktivkrediten zu identifizieren.

(2) Nutzung von Entwickungssynergien im Regionalprinzip

Durch Gründung von Banken und Filialen, die sich in ihrem Geschäftsbereich auf Stadtteile mit Entwicklungspotential konzentrieren, wird versucht, durch aktive Kreditvergabe den Stadtteil positiv zu beeinflussen (development banking). Eine positive Entwicklung des Stadtteils wird wiederum als positiv für die Geschäftsentwicklung angenommen: Durch Wertsteigerung werden Baufinanzierungen sicherer und durch eine steigende Nachfrage Kredite an Unternehmen erfolgsversprechender. Die bekannteste und wohl erfolgreichste Stadtteilentwicklungsbank in den USA ist die South Shore Bank in Chicago.[192]

(3) Microlending

Microlending ist eine Kleinstkreditvergabe über Gruppenmodelle zur Finanzierung von Projekt-/Unternehmensgründungen. Diese Art des Development Bankings hat ihren Ursprung in Entwicklungsländern, hat aber eine breite Popularität in den USA gewonnen, wo 1994 bereits mehr als 400 Microlending-Organisationen regi-

192 Eine Beschreibung der South Shore Bank und deren Vorstandsmitglied findet sich bei Shapiro, J., Shorebank Corporation: A Private Sector Banking Initiitive to renew distressed Communities, in: Reifner/Ford: Banking for People, 183 ff.; in deutscher Sprache bei Reifner, U./Evers, J., Finanzdienstleistungen in strukturschwachen Gebieten, Machbarkeitsstudie zum Projekt "Kooperative Innovative Stadtteilentwicklung" im Auftrag der Volksfürsorge akademie, April 1995.

striert waren.[193] In den USA ist Microlending Teil der Armutsbekämpfung, da es sich als ein effektives Mittel zur Reintegration von Arbeitslosen herausgestellt hat.

(4) Gruppenmodelle bei der Wohneigentumsbildung
Insbesondere in den amerikanischen Großstädten gibt es eine Reihe von innerstädtischen Stadtteilen, in denen Wohnkomplexe stark sanierungsbedürftig und von Leerstand und hohen Sicherheitsrisiken gezeichnet sind. Solche Komplexe werden immer häufiger mit Hilfe von Gruppenfinanzierungen in selbstverwaltetes Eigentum für einkommensschwache Haushalte umgewandelt.

(5) Organisatorische Veränderungen der Kreditinstitute
Um auf die veränderten Anforderungen innerhalb des Segments Reinvestment eingehen zu können, bilden amerikanische Banken zunehmend eigene Einheiten, wie z.B. Community-Reinvestment-Abteilungen, die verantwortlich sind, mit anderen Abteilungen neue Produkte zu entwikeln, das gesamte Marketingkonzept den Reinvestmentanforderungen anzugleichen[194] und die Unternehmensstrategie zu verändern. Andere Banken gehen einen anderen Weg und bilden allein[195] oder zusammen mit anderen Banken[196] eigene Unternehmen, die diese Aufgabe übernehmen. Der Grund dafür liegt vor allem in den Schwierigkeiten bestehender Einheiten, sich auf neue Aufgaben wie der produktiven Kreditvergabe in strukturschwachen Gebieten mit anderen Anforderungen an die bankwirtschaftliche Praxis einzustellen.

b) Bewertung der amerikanischen Situation

Die Situation in den USA verdeutlicht, daß dort die Vergabe von Krediten vom Gesetzgeber eingefordert und als Möglichkeit zur Armutsbekämpfung gesehen wird. Finanz-

193 Aspen Institute, The 1994 Directory of US Microenterprise Organizations, Aspen Colorado. Die meisten dieser Organisationen beziehen sich in ihrer Konzeption auf die Grameen Bank in Bangladesh (vgl. hierzu Yunus, M., Grameen Bank: Does Capitalist System have to be Hand-Maiden of the Rich?, Vortrag bei der 85ten Rotary International Convention, Taipei, Taiwan, 12-15.06.94, The Economist vom 10.09.94, 94).

194 So erläuterte der für Community Reinvestment zuständige Senior-Vice President der Northern Trust Company bei einem Interview mit dem Autor, welche unternehmensinternen Schwierigkeiten bestanden, entgegen dem traditionellen Kundensegment auf den Anzeigen, z.B. eine Frau oder farbige Personen abzubilden. Chicago, 8.03.95.

195 So gründete z.B. die Bank of America 1990 die "Bank of America Community Development Bank", die ihrerseits inzwischen in 11 US-Staaten Community Development Divisions gegründet hat. Im Juni 1994 waren von dieser Unternehmensgruppe 100 Mio. US$ in kleine und mittlere Unternehmen und 225 Mio. US$ in den sozialen Wohnungsbau in strukturschwachen Gebieten investiert worden.

196 Z.B. die Delaware Community Investment Corporation, die von 32 Banken im Staate Delaware 1994 zu einer Entwicklungsbank ausgebaut worden ist und über einen Investitions- und einen Kreditvergabefonds verfügt.

dienstleistungen können z.B. in benachteiligten Gebieten Entwicklungspotentiale freilegen und in Revitalisierungsstrategien eingebunden werden. Auch für den einzelnen Haushalt können Produkte wie Kredite zur Mobilisierung von zusätzlichem Einkommen oder Kostensenkungspotentialen beitragen und nicht nur, wie in der deutschen Diskussion überwiegend befürchtet, zur Überschuldung. Um diese positiven Effekte zu erreichen, ist es allerdings notwendig, die Finanzdienstleistungsprodukte an die jeweilige Situation anzupassen. Unangepaßte Finanzdienstleistungen, wie z.B. zu rein konsumptiven Zwekken vergebene Kredite an einkommensschwache Haushalte, haben dagegen negative Folgen, wie in den Beratungsstellen verschuldeter Haushalte deutlich wird.

Der gesetzgeberische Druck auf amerikanische Banken in einkommensschwachen und von Verslummungsprozessen betroffenen Gebieten mit Produkten, insbesondere Wohnungs- und Unternehmensfinanzierungskrediten, präsent zu sein, hat, wie oben gezeigt, einige kreative Produktgestaltungen hervorgebracht. Dieser Ansatz von angepaßten Finanzdienstleistungen als Teil eines Armutsbekämpfungs- und Revitalisierungsprogramms wird aufgegriffen und im nächsten Kapitel für die deutschen Voraussetzungen ausgewertet.

3 Finanzdienstleistungsinstrumente zur Armutsbekämpfung in Deutschland

Die Voraussetzungen in Deutschland weichen erheblich von denen in den USA ab. Einige exemplarische Punkte machen dies deutlich:

(1) Armutsbekämpfung wird als rein öffentliche Aufgabe angesehen, für die der private Sektor keineVerantwortung übernimmt. Dafür stehen leistungsfähige öffentliche Träger bereit, die Aufgaben wie Stadtplanung und -sanierung, soziale Grundsicherung, Qualifizierung und Weiterbildung übernehmen. In den USA werden diese Aufgaben zunehmend an den privaten Sektor abgegeben. Insbesondere bei steigendem Problemdruck werden Gesetze erlassen, die die Übernahme solcher Aufgaben durch den privaten Sektor einfordern.

(2) Deutsche Finanzdienstleister unterliegen keinem Gesetzesdruck, der sie zu einem Anpassen von Produkten auf die Bedürfnisse in strukturschwachen Gebieten auffordert. Der öffentliche Auftrag der Sparkassen und das Regionalprinzip lassen diese in einem eingeschränkten Umfang die Förderung der lokalen Wirtschaft als Teil ihrer Geschäftspolitik wahrnehmen.[197] Eine darauf ausgerichtete Produktgestaltung ist allerdings nicht erkennbar.

197 Vgl. Kirchhoff, U./Müller-Godeffroy, H., Lokale Wirtschafts- und Innovationsförderung -

(3) Der soziale Sektor zeigt nur verhaltenes Interesse an einem sozialen Engagement der Wirtschaft, da befürchtet wir, daß dieses mit öffentlicher Mittelkürzung und Abnahme staatlicher Verantwortung verknüpft wird. In den USA sind diese Mittelkürzungen bereits in einem Umfang realisiert, der dem Sozialsektor nicht mehr die Wahl läßt, auf private Mittel nicht zurückzugreifen.[198]

Dennoch mehren sich auch in Deutschland Zeichen und Tendenzen, daß Finanzdienstleistungsinstitute sich nicht länger der Evaluierung ihres Handelns in bezug auf Armutsbekämpfungsansätze und sozialen Veränderungen erwehren können.

a) Beispiele für neue Denkansätze im Finanzdienstleistungsbereich

Recht auf ein Girokonto

In der Diskussion um ein „Recht auf ein Girokonto“[199] wurde im Winter 1994/95 der Öffentlichkeit deutlich gemacht, daß zwischen 0,5 und 1.5 Mio. Menschen in der Bundesrepublik keinen Zugang zu bargeldlosem Zahlungsverkehr haben und damit von Bereichen des wirtschaftlichen Lebens ausgeschlossen sind. Die Gesetzesentwürfe von Bündnis 90/Die Grünen, der SPD und der PDS sowie die positive Stellungnahme der CDU haben den Druck auf die Banken erhöht. Der Präsident des Deutschen Sparkassen und Giroverbandes, Dr. Horst Köhler, kündigte an, daß ein solches Recht anerkannt würde und man über die Einführung eines Girokontos auf Guthabenbasis nachdenke.[200] Im Mai 1995 wurde ein Positionspapier zur Kunden-/Verbraucherorientierung verabschiedet, in dem sich die Sparkassenorganisation dafür einsetzt, daß die gesamte Kreditwirtschaft freiwillig ein Girokonto für jedermann anbietet und sich selbst in die Vorreiterrolle stellt.[201]

Ansatzpunkte, Instrumente und Fallbeispiele aus Sicht der Sparkassen und Landesbanken, Deutscher Sparkassenverlag, 1991.

198 Es deutet allerdings einiges darauf hin, daß auch der Sozialsektor in Deutschland zunehmend flexibler im Umgang mit privaten Mitteln ist. Dies wird z.B. in vermehrten Sponsoring-Projekten deutlich (vgl. Lang, R./Haunert, F., Sponsoringkonzepte im Sozialbereich - Eine kritische Untersuchung mit Handlungsleitfaden, SPI Service Gesellschaft, PraxisTransfer-Ausgabe 4, Berlin 1993).

199 Eine Darstellung der Kampagne findet sich im Informationsdienst der Bundesarbeitsgemeinschaft Schuldnerberatung e.V. ,Heft 1, 1995, 24-30. Wesentlicher Beitrag zu der öffentlich geführten Diskussion war das IFF-Gutachten, in dem ein Rechtsanspruch auf ein Girokonto aus dem Grundgesetz abgeleitet wurde (vgl. Kapitel B V).

200 "Kooperation im Verbund reicht noch nicht - Neuorientierung im Verbraucherschutz - Girokonto auf Guthabenbasis für alle ist ein ernst zu nehmendes Thema", Interview mit dem Präsidenten des Deutschen Sparkassen- und Giroverbandes Horst Köhler, Süddeutsche Zeitung vom 19.01.95, 21.

201 "Kunden und Verbraucherorientierung", Deutsche Sparkassenzeitung vom 16.05.95, 4.

Verabschiedung eines Verbraucherinsolvenzverfahrens

Durch die Verabschiedung der InsO im Jahre 1994 können Banken und Sparkassen unter bestimmten Voraussetzungen ihre Forderungen gegen überschuldete Kunden ab 1999 nicht mehr in dem Umfang geltend machen, wie dies nach der bislang geltenden Rechtslage möglich ist. Gläubiger überschuldeter Verbraucher können dazu verpflichtet werden, den Schuldnern einen Teil seiner Verpflichtungen zu erlassen. Damit soll dem Schuldner eine Perspektive auf ein schuldenfreies Leben eröffnet und damit die Grundlage für einen wirtschaftlichen Neuanfang geschaffen werden. Die Träger subjektiver, privater Rechte werden in die Pflicht genommen, ihrer sozialen Verantwortung Rechnung zu tragen.[202]

Insbesondere die unter Privatisierungsdruck geratenen deutschen Sparkassen[203] sind zunehmend motiviert, ihren öffentlich-rechtlichen Auftrag deutlich zu machen. So stand der Sparkassentag 1995 in Hannover unter der Leitlinie "Verantwortung übernehmen in Gesellschaft und Region".[204] Ob dies auch zu konkreten Produktanpassungen an die Bedürfnisse von benachteiligten Verbrauchern und Regionen führt, bleibt allerdings skeptisch zu bewerten.

Förderung von kleinen und mittleren Unternehmen

Die Finanzierungsprobleme von kleinen Unternehmen sind in den letzten Jahren ständiges Thema in der Öffentlichkeit. Banken nutzen zunehmend Kapitalanlagemöglichkeiten der globalen Kreditnachfrage[205] und kommen ihrer inländischen Allokationsaufgabe wegen der höheren Transaktionskosten und niedrigeren Zinsen nicht nach. Bei einer weiteren Internationalisierung der Kapitalmärkte wird sich dieser Prozeß weiter verschärfen. Die Europäische Kommission hat die Förderung von kleinen und mittleren Unternehmen (KMU) als primäres Ziel eingesetzt und sich dabei auch der Finanzierungsproblematik angenommen. Es kann als wahrscheinlich angesehen werden, daß auf nationaler oder europäischer Ebene vom Gesetzgeber reagiert wird und dabei der Druck auf Banken zunimmt, KMU auch in strukturschwachen Gebieten zu finanzieren. Dies wird zur Zeit insbesondere auf europäischer Ebene deutlich, wo die Europäische Kommission mit dem Ziel, kleine und mittlere Unternehmen zu fördern, eine "unflexible Haltung von Banken"

---

202 Vgl. auch die Ausführungen unter B IV.

203 Maußhardt, P., Furcht vor dem Signal, Die Zeit vom 15.05.95

204 "Realismus in Hannover", 1, "Kunden- und Verbraucherorientierung", 4, "Selbstbewußt aber nicht selbstgefällig", 5 in der Deutschen Sparkassenzeitung vom 16.05.95

205 Schmieding, H., Hoher Kapitalbedarf läßt wenig Speilraum für sinkende Zinsen, Handelsblatt vom 20.04.1995, B

ausgemacht hat und hochstehende Persönlichkeiten des Banksektors zum Gespräch geladen hatte.[206]

Die Unternehmensinsolvenzen in Deutschland haben in den letzen Jahren stetig zugenommen, und es wird von weiter steigenden Zahlen ausgegangen.[207]

Abb. 43: Konkursentwicklung in Deutschland

Jahr	Insolvenzen Alte Bundesländer	Insolvenzen Neue Bundesländer	Forderungen ABL (Mrd. DM)	Forderungen NBL (Mrd. DM)
1988	15.887	--	10,0	--
1989	14.607	--	8,0	--
1990	13.243	--	6,8	--
1991	12.903	401	4,4	8,0
1992	14.094	1.185	4,2	10,9
1993	17.482	2.761	5,5	23,5
1994	19.900	5.700	6,0	27,0

Quelle: Die Welt vom 13.12.94 (Zahlen für 1994 auf der Grundlage der ersten 9 Monate hochgerechnet)

In der öffentlichen Meinung werden Banken häufig als mitschuldig an Unternehmenszusammenbrüchen dargestellt. Vor allem ihre restriktive Kredithaltung nach der Schneider-Pleite hat zu starker öffentlicher Kritik geführt.[208]

Vermehrt kommt auch aus Bankenkreisen die Erkenntnis, daß häufig Sanierungen bei geeigneten Finanzierungskonzepten möglich wären, sich aber häufig für den Weg der Schadensbegrenzung, d.h. Kürzung oder Kündigung der Linien entscheiden.[209]

206 Vgl.Europäische Gemeinschaften, Wirtschafts- und Sozialausschuß, Stellungnahme zu der Mitteilung der Kommission zu den Finanzproblemen kleiner und mittelständischer Unternehmen, 06.07.1994, CES(94) 850, 4 und "Plädoyer für eine effizientere Partnerschaft zwischen Finanzwelt und den KMU", Schlußbericht der Gesprächsrunde hochstehender Persönlichkeiten des Banksektors am 19.05.1994, Euro Commerce, Brüssel.

207 Vgl. "Pleite-Welle auf Rekordhöhe", Die Welt vom 13.12.94, 13; ifo-Institut, Finanzierungsprobleme kleiner und mittlerer Unternehmen der gewerblichen Wirtschaft in den neuen Bundesländern, 96 ("Sprengsatz"), 1994; "Mittelstand im Osten in Gefahr" nach Einschätzung der Sparkassen in der Süddeutsche Zeitung vom 25.04.95, 24; "Pleitewelle und Aufbau Ost", Süddeutsche Zeitung vom 6.05.95, .31; gegenteilig äußert sich die Deutsceh Ausgleichsbank, Süddeutsche Zeitung vom 10.01.95, 17.

208 Vgl. "Fesseln für den Mittelstand", TopBusiness, 07/1994, 20-31. "Bonitätsanalyse - Die Ära nach Schneider", TopBusiness, 06/1994, 44-50.

Die Kosten von gescheiterten Unternehmensfinanzierungen sind dabei höher als die der Forderungsausfälle der Banken. So werden persönlich haftende UnternehmerInnen sowie deren Angehörige in die private Überschuldung geführt, die den Handlungswillen und die Handlungsfähigkeit eines besonders aktiven Teils der Erwerbstätigen lähmt; staatliche Subventionen gehen der eigentlichen Zweckbestimmung verloren; Beratungs- und Unterstützungsleistungen in der Gründungsphase erweisen sich als Fehlinvestitionen, die Einrichtungen für Betriebsstätten und Büros, Maschinen und bauliche Änderungen entwerten sich etc.. Gescheiterte Unternehmensfinanzierungen bewirken typischerweise mindestens einen, häufig mehrere überschuldete private Haushalte.

Die restriktive Kreditvergabe von Banken an kleine Unternehmen führt weiterhin dazu, daß diese auf zweitklassige Finanzierungsformen übergehen, z.B. in Form von grundpfandlich gesicherten Lebensversicherungskrediten, die sich in der Krise als besonders schädigend erweisen.[210]

Aus diesen Gründen wird der vor allem öffentliche Druck auf Banken, sich in der Unternehmensfinanzierung stärker zu engagieren, ansteigen. Die Imagekampagnen des Bundesverbandes deutscher Banken oder der Deutschen Bank im Frühjahr 1995 mit sozialen und gesellschaftlichen Statements sowie die typischen Sponsoringprojekte im Kulturbereich werden dagegen zunehmend als nicht ausreichende Antworten auf soziale Fragen wahrgenommen[211] und ein Engagement "dort wo es nötig ist" eingefordert.

Spezielle Armutsbekämpfungsprogramme

In dem vom Hamburger Senat vorgelegten Programm zur "Armutsbekämpfung in Hamburg" wird angekündigt, unter Einbeziehung von Finanzdienstleistern ein Social Investment oder "Social-Banking-Projekt" durchführen zu wollen.[212]

Fazit

Zusammenfassend kann gesagt werden, daß sich deutsche Finanzdienstleister nur noch kurzfristig ihrer Verantwortung für regionale Entwicklungen entziehen können. Langfri-

209 Marquardt, Gefährdete Kredite im Mittelstand: Erfolgsfaktoren der operativen Sanierung, Die Bank 10/1994, 560, 589.

210 Vgl. Reifner, U., Insolvenzprävention durch Finanzierungsanalyse und Kreditberatung Kleiner und Mittlerer Unternehmen, Veröffentlichung in Vorbereitung, IFF Hamburg 1995.

211 Vgl. "Ist der Ruf erst ruiniert", Hamburger Abendblatt vom 26./27.11.94, 17.

212 Freie Hansestadt Hamburg, Stadtentwicklungsbehörde, Rahmenkonzept des Senats vom 06.12.1994: Zusätzliche Maßnahmen gegen Armut als Bestandteil sozialer Stadtentwicklung - Armutsbekämpfung in Hamburg.

stig ist zu erwarten, daß sie aufgrund privater oder gesetzlicher Initiativen ihre geschäftseigenen Möglichkeiten zur Armutsbekämpfung nutzen werden.

Im folgenden sollen Anregungen, insbesondere für angepaßte Produktgestaltungen, gegeben werden.

b) Mindeststandards für Finanzdienstleistungen

Im folgenden werden Mindeststandards für Finanzdienstleistungsprodukte dargestellt, welche in Armutsbekämpfungskonzepte miteinbezogen werden könnten. Neben ihrer Eignung für Kunden in strukturschwachen Gebieten sollen die hier dargestellten Finanzdienstleistungsprodukte konsequent verbraucherfreundlich ausgerichtet sein. Nur unter dieser Bedingung wird eine Förderung für strukturschwache Gebiete sinnvoll sein und eine erhöhte Akzeptanz unter den Verbrauchern den Erfolg eines Produktes wahrscheinlich machen. Die Kriterien, die verbraucherfreundliche Finanzdienstleistungsprodukte auszeichnen, lassen sich in der Kurzform mit der Abkürzung **SALIS** ausdrükken.

Security - Sicherheit
Sicherheit steht dabei für die Zweckerreichung im Sparen und für die Angepaßtheit der Kreditverhältnisse an soziale Unsicherheitslagen. Die Produkte sollen eine hohe Sicherheit aufweisen (u.a. Minderung des Risikos des Scheiterns von Finanzierungen, Sicherheit vor Kapitalverlust).

Access - Zugang
Zugang beschreibt die technische und soziale Erreichbarkeit von Finanzdienstleistungen als Chancen für eigenverantwortliche Teilhabe am Wirtschaftsgeschehen. Die Produkte und verbundene Dienstleistungen sollen leicht zugänglich und in ihrer Handhabung für den Verbraucher komfortabel sein. Dies bedeutet insbesondere ein gutes Preis-Leistungsverhältnis, eine leicht verständliche Produktgestaltung und -beratung, keine komplizierten und abschreckenden Geschäftsbedingungen (AGBs) und die Erreichbarkeit des Anbieters und Kundendienstes.

Liquidity - Liquidität
Liquidität bezieht sich auf die Flexibilität der Produkte in bezug auf sich ändernde Lebensverhältnisse und Bedürfnisse der Verbraucher, wie z.B. die Gestaltungsrechte in langfristigen Beziehungen (Kündigung, Anpassung, Wechsel). Die Produkte sollen flexibel handhabbar sein, um in besonderen Situationen (vor allem in Notsituationen) die Liquidität des Kunden zu sichern. Hierzu im folgenden zwei Beispiele: Bei Bausparverträgen ist die Liquidität stark eingeschränkt, durch die Nachrangigkeit der Finan-

zierung, durch die Gebührenstruktur - insbesondere die Abschlußgebühren - und eine nur verlustreiche Ausstiegsmöglichkeit (meist Verlust der Abschlußgebühr). Bei der Kapitallebensversicherung ist der Ausstieg aus dem Produkt in der Regel durch geringe Rückkaufswerte für den Verbraucher verlustreich. Eine Beitragsfreistellung erreicht nicht die wirtschaftliche Verfügbarkeit des eingezahlten Geldes. Bei beiden Produkten widerspricht ein gewisser Sparzwang nicht dem Grundgedanken der verbraucherfreundlichen Liquidität, solange er zumindest in Notsituationen aufgehoben werden kann.

Interest - Zinsen

Mit dem Zinsbegriff ist die bisher dominierende Betrachtungsweise der Kosten- und Ertragsmotivation angesprochen, die nur eine unter vielen Komponenten des Interesses darstellt. Die Produkte sollen ertragreich, also mit einer angemessenen Rendite versehen sein. Dies kann im Social Investment auch eine sogenannte Sozial Rendite sein. Dabei werden durch gesellschaftliche Veränderungen für den Anleger Vorteile erreicht, die sich außerhalb von monetären Zinsen ausdrücken lassen.

Social Responsibility - soziale Verantwortung

Soziale Verantwortlichkeit spricht die Beziehung zwischen Finanzdienstleistern und ökologischer wie sozialer Umwelt für jedes einzelne Produkt an. Den Produkten soll eine sozial verantwortliche Zielsetzung zugrundeliegen, die die Gestaltungskraft des Geldes für die Gesellschaft positiv, zumindest aber nicht negativ, nutzt.

Diese Kriterien, wie sie in unterschiedlicher Gewichtung zu prüfen sind, werden teilweise durch das Prinzip der Transparenz und den Einfluß der Verbraucher auf dem Markt zu erreichen und zu gewährleisten sein. Die Erfahrungen mit den liberalisierten Märkten in England und den USA machen aber zugleich deutlich, wie wesentlich für das generelle Qualitätsniveau Mindeststandards in allen Bereichen, Aspekten und Dimensionen sind, für die letztlich das Rechtssystem zuständig sein muß. Gemeinsam akzeptierte Mindeststandards, die nicht die Phantasie der Produktentwicklung einschränken, sondern einen Mindesterfolg für die Verbraucher verlangen, ermöglichen Kontinuität, Identifikation der Bankmitarbeiter mit den Zielen, gegenseitiges Vertrauen und kritische Opposition von Verbrauchern, deren Handlungsfähigkeit nicht durch den freien sozialen Fall bedroht werden kann. Dies alles sind Elemente, die Grundlage des bisherigen wirtschaftlichen Erfolges in Kontinentaleuropa waren.

Bei der Beschreibung der Produktideen werden diese Kriterien nicht ausführlich behandelt, sondern nur durch die herbeigeführte Veränderungen beschrieben. Für eine konkrete Produktgestaltung würden allerdings alle Kriterien als Maßstab herangezogen werden müssen.

c) Beispiele für Produktideen in strukturschwachen Gebieten[213]

Risikoverringerte Finanzdienstleistungsprodukte durch eine Anpassung in Notsituationen

Bei allen Produkten mit langfristigen Laufzeiten wie Lebensversicherungen, Bausparverträge, langfristige Kredite etc. bestehen hohe Sanktionskosten für Vertragsabbrecher. Teilweise werden diese Produkte sogar mit Hilfe der ungünstigen Abbruchbedingungen des Versicherungsnehmers subventioniert. Dieses ist für den immer häufiger werdenden Fall einer unverschuldeten, durch eine ökonomische Notlage verursachten Abbruch eines Versicherungsnehmers wirtschaftlich nicht vertretbar.
Alternativ dazu wäre zu überlegen, solche Produkte mit einer Anpassungsklausel in unverschuldeten ökonomischen Krisenzeiten des Versicherungsnehmers zu versehen. Eine klare Definition von Notsituation würde dabei verhindern, daß der durchaus positive, vom Verbraucher sich selbst aufgelegte Sparzwang, zu Gunsten von konsumptiver Liquidität aufgehoben wird.

Zweckgebundene soziale Sparbücher

Hierbei geht es darum, das traditionelle Produkt Sparbuch oder andere Formen der Spareinlagen (z.B. Sparbrief) so umzugestalten, daß es sich zur sozialen Geldanlage und zur Finanzierung wirtschaftlicher Aktivität in strukturschwachen Gebieten eignet.

Spareinlagen sind trotz ihrer niedrigen Verzinsung die verbreitetste Geldanlage der privaten Haushalte. Durch eine Weiterentwicklung des Produktes Sparbuch soll dessen Attraktivität gesteigert werden, indem durch die Zweckbindung an Investitionen in strukturschwachen Gebieten eine Sozialrendite ausgeschüttet wird. Der Anleger bekommt eine positive Verwendung seines Geldes zugesichert. Dabei würde sich eine regionale Anbindung der Zweckbindung als ein weiteres Verkaufsargument verwenden lassen.

Eine Anbindung an die jeweilige Stadt bzw. den Stadtteil würde eine stärkere direkte Erlebbarkeit der Sozialrendite mit sich bringen. Der Nachteil einer regionalen Bindung wäre allerdings, die Begrenzung der Anlagemöglichkeiten.

---

213 Diese Produktideen sind zum Teil in einem Projekt des Institut für Finanzdienstleistungen zusammen mit der Volksfürsorge akademie und der Stadt Hamburg in 1993 und 1994 entwickelt worden (vgl. Reifner/Evers, Finanzdienstleistungen in strukturschwachen Gebieten, a.a.O., 1995, 41 ff.).

Durch die günstige Refinanzierung wäre eine Einlagenanlagepolitik möglich, die den Verhältnissen in strukturschwachen Gebieten angemessen ist. Trotz höherem Risikoaufschlag, höherem Verwaltungskostenanteil durch verstärkte Beratungsleistung und durchschnittlich geringen Kreditvolumen, trotz weniger starren Bonitätsanforderungen wäre es möglich einen Zinssatz zu höchstens durchschnittlichen Marktbedingungen anzubieten.

Gruppenhausratversicherungen

Grundsätzlich bieten Gruppenversicherungen die Möglichkeit, die Kosten für Versicherungsleistungen zu senken. Vor allem durch den Wegfall der Provision und durch verminderte Verwaltungskosten können Preise bis auf die Hälfte reduziert werden.

Für eine Gruppenversicherung in strukturschwachen Gebieten ist das Beispiel Hausratsversicherung besonders interessant, weil diese dort vor allem durch erhöhte Einbruchsgefahr besonders notwendig, gleichzeitig aber durch eine hohe Schadensquote besonders teuer einzukaufen ist. In einer Gruppenversicherung, organisiert z.B. über einen gemeinnützigen Verein, könnten hier vor allem zwei Effekte erreicht werden:

(1) Die Kundenbetreuung könnte über den Verein laufen. Dieser könnte auch die Schadensaufnahme und -abwicklung organisieren und für kleinere Schäden ein interner Schadensausgleich schaffen (z.B. durch interne Reperaturleistungen).

(2) Die Schadensquote würde sich zum einen dadurch senken, daß die Versicherten einen stärkeres Verantwortungsgefühl entwickeln, weil es sich um einen überschaubaren Pool von am Risiko Beteiligten handelt.

Sichere Wohneigentumsfinanzierungen durch Gruppenmodelle

Individual-Baufinanzierungen besitzen den Nachteil, daß sie nur einen begrenzten Kundenkreis haben, über ein durchschnittlich begrenztes Volumen ausgestellt werden, ein hohes Individualrisiko getragen werden muß (Vertragsabbruch bei Arbeitslosigkeit, Krankheit, Scheidung etc.), abgebrochene Verträge mit hohen Sanktionskosten belegt sind (z.B. Vorfälligkeitsentschädigung), Verträge nur bedingt fungibel sind und hohe Transaktionskosten pro Kreditvertrag entstehen.

Bei der Gruppenbaufinanzierung geht es darum, mehrere Individualfinanzierungen zu einer großen zusammenzulegen und das Risiko kalkulierbar (weil durchschnittlich) zu machen. Außerdem wird es möglich, größere Finanzierungsvolumina (z.B. für den

Kauf von ganzen Mietshäusern in Großstädten) mittels Bausparvertrag aufzubringen. Zusätzlich sind günstigere Angebote durch geringere Provisionen und eventuell externalisierte Verwaltung kalkulierbar. Neue Formen der Finanzberatung und von Verwaltungsgesellschaften zur Beratung solcher Gruppenfinanzierungen könnten dabei notwendig werden.

Das Risiko soll vor allem dadurch geschmälert werden, daß durch kontinuierlich im geringen Umfang höhere Zinsleistungen ein Risikopool innerhalb der Gruppenfinanzierung aufgebaut wird, der übergangsweise von ökonomischen Notlagen Getroffenen zur Entlastung genutzt werden kann. Dadurch kann auch der Gesamtvertrag vor einer Kündigung bewahrt werden. Falls allerdings auch mittelfristig sich die ökonomische Notlage der Einzelperson nicht verbessert, kann deren Anteil an der Baufinanzierung am freien Markt veräußert werden. Dadurch wird durch den Abbruch die ökonomische Situation der Einzelperson nicht noch zusätzlich durch Sanktionskosten belastet und gleichzeitig der Gesamtvertrag durch ein neues liquides Mitglied geschützt.

In solchen Modellen könnte der Zugang zu Eigentumswohnungen auch für einkommensschwächere Haushalte ermöglicht werden, in dem folgende Kostensenkungspotentiale erschlossen werden:

- Verringerung der Distributionskosten von Wohneigentum durch die Ausschaltung des Zwischeninvestors und der Wohnungsaufteilung mit dem sehr gewinnträchtigen Einzelverkauf über einen Makler;
- Nutzung von Eigenarbeit und Selbstorganisation;
- Aufbau von Nachfragemacht bei Finanzdienstleistern und Baufirmen durch Zusammenfassung vieler Einzelerwerber;
- Aktivierung von ethischem Investmentkapital mit Risikomittragung und nicht pekuniären Renditen.

Sichere Unternehmensfinanzierungen

Neben den Schwierigkeiten von insbesondere kleinen Unternehmen überhaupt Kredite zu bekommen[214] zu bekommen, liegt ein wesentlicher Unsicherheitspunkt solcher

---

214 Vgl. dazu Reifner, U./ Evers, J., Credit and New Entrepreneurs, Einleitungspapier für eine gleichnamige Konferenz in Rom vom 30.06.- 02.07.1995, organisiert von der OECD und IRED und Evers, J., Le financement des micro et petites entreprises en Europe du Nord: obstacles et initiatives, in der Zeitschrift Techniques Financières & Développement, Nr. 37, Dezember/ Januar 1995.

Finanzierungen in den variablen Zinssätzen.[215] Bei langfristigen Krediten kommt es zu erheblichen Schwankungen, z.B. von fast 6% innerhalb von zehn Jahren bei variablen Hypothekenzinssätzen (11,91% und 6,03% zwischen 1980 und 1990), die die monatlichen Belastungen für das Unternehmen kritisch erhöhen können. Die Möglichkeiten, auf Kreditprodukte mit fester Zinsgestaltung auszuweichen, führt zumindest in Hochzinsphasen zu langfristig überdurchschnittlich hohen Kapitalkosten und damit Konkurrenznachteilen.

Hierzu bieten sich zwei Produktinnovationen:

(1) Der Kreditgeber kann einen Kredit mit variablem Zinssatz, aber festen Rückzahlungsraten anbieten. In Hochzinsphasen würde sich dabei der Rückzahlungszeitraum verlängern, in Niedrigzinsphasen verkürzen. Über einen längeren Zeitraum würde dabei ein Zinssatz herauskommen, der einem durchschnittlichen Zinssatz sehr nahe kommt und damit für den Unternehmer gut kalkulierbar und finanzierbar ist.

(2) Der Kreditgeber bietet ein Kreditprodukt an, in dem der variable Zinssatz der Kapitalaufnahme gekoppelt ist an Zinsfutures mit unterschiedlichen Fristigkeiten. Fällt der variable Zinssatz, so wird dieser Zinszahlungsvorteil dadurch ausgeglichen, daß der Wert der Futures fällt. Steigt der Zinssatz, kann der Unternehmer diese Mehrkosten mit Ausschüttungen aus dem Futures begleichen.

d) Perspektiven für Deutschland

In den USA führt gesetzlich motivierte Armutsbekämpfung mit Hilfe von Finanzdienstleistungen zu neuen, vielversprechenden Ansätzen. Diese sind sicherlich nicht grundsätzlich und vollständig auf die deutsche Situation übertragbar, da die Voraussetzungen andere sind und eine Angleichung überwiegend auch nicht wünschenswert erscheint. Trotzdem erscheinen einige Techniken in der Versorgung strukturschwacher und benachteiligter Stadtteile mit Finanzdienstleistungen durchaus innovativ und deren Anpassung erstrebenswert. Insgesamt wird das Konzept einer Einbindung von angepaßten Finanzdienstleistungen in Revitalisierungsstrategien für sinnvoll gehalten. Insbesondere die Konkretisierung im "development banking", bei dem Finanzdienstleister als Intermediär zwischen Entwicklungspotentialen und Finanzierungs- und Risikoabsicherungsmöglichkeiten auftreten, könnte im Kontext von Armutsbekämpfungsprogrammen neue Handlungsdimensionen angewandt werden.

---

215 Vgl. hierzu Kapital B II.

Die Weiterentwicklung und Einbindung neuer Projektideen in Verbindung mit Mindeststandards in eine Revitalisierungsstrategie eines Stadtteils bis zum Praxistest kann nur in Kooperation mit einem Anbieter erfolgen. Dies wird zur Zeit in einem Projekt des IFF verfolgt.[216]

Development banking, Social Investment und zur Armutsbekämpfung angepaßte Finanzdienstleistungen sind Konzepte, die in Deutschland erst noch in den Praxistest kommen müssen, um ihre Grenzen und Möglichkeiten bewertbar zu machen. Dabei geht es um eine Erweiterung bestehender Instrumente zur Armutsbekämpfung und nicht um deren Substitution.

---

216 Das IFF entwickelt zusammen mit einem Hamburger Sanierungsträger z.Zt. ein umsetzungsfähiges Produktkonzept.

II Europäisierungstendenzen in der Finanzdienstleistungsberatung

1 Informationsnetzwerk der europäischen Verbraucherverbände

Eine der großen Hoffnungen des europäischen Einigungsprozesses war, daß die Verbraucher vom gemeinsamen Binnenmarkt in Form erhöhter Angebote, erhöhten Wettbewerbs und niedrigeren Preisen profitieren würden. Insbesondere der Finanzdienstleistungsbereich wurde als Antriebsquelle für diesen Prozeß gesehen. Artikel 100a des EWG-Vertrages sollte hierbei der Garant für einen hohen Verbraucherschutzstandard in Europa sein.[217]

Doch auf welche Weise kann europäischer Verbraucherschutz auch in der Praxis, in der täglichen Arbeit durchgesetzt werden? Die Vorreiterrolle haben hier zunächst Politiker und Experten innegehabt, welche über regelmäßige Treffen in Brüssel und europäische Konferenzen wichtige Grundsteine gelegt haben. Doch um einen wirksamen Verbraucherschutzstandard europaweit zu etablieren, bedarf es zusätzlich eines regelmäßigen Informations- und Erfahrungsaustausches von aktiv tätigen Verbraucherschutzorganisationen vor Ort, um von den positiven Erfahrungen anderer Länder zu lernen und zu profitieren und Negativentwicklungen vorzubeugen.

Seit 1989 ist über internationale Konferenzen zum Themenkomplex Finanzdienstleistungen, Überschuldung und Verbraucherschutz ein intensiver Austausch von Informationen und Erfahrungen zwischen europäischen Verbraucherschutzorganisationen begonnen worden.[218] Diese Konferenzen dienten und dienen als wichtige Impulse, um die Richtung neuer Entwicklungen und gemeinsamer Standards vorzugeben, sind aber nicht ausreichend, um eine kontinuierliche Kommunikation zwischen Organisationen vor Ort zu etablieren.

Es gibt jedoch eine Reihe von Schwierigkeiten, die einen regelmäßigen Erfahrungsaustausch erschweren und die es zu überwinden gilt: Die in Verbraucherschutz und Schuldnerberatung tätigen Spezialisten sprechen oftmals nur eine Sprache, haben weder genügend Zeit noch Geld, um an internationalen Konferenzen teilzunehmen, und verfügen in den seltensten Fällen über die entsprechende technische Ausrüstung, die eine schnelle und

217 Die nachfolgenden Ausführungen basieren auf dem Abschlußbericht des IFF für das Projekt: Aufbau einer internationalen Datenbank und eines Netzwerks im Auftrage der Europäischen Kommission (Reifner, U./Haane, B., FIS International Database, Final Report to the Consumer Policy Service of the European Commission, Hamburg, April 1995).

218 1989 fand in Hamburg die erste Finanzdienstleistungskonferenz zu Arbeitslosigkeit und Verschuldung statt. Folgekonferenzen wurden anschließend zum Thema Überschuldung und Lösungsansätze (Birmingham 1992) und Banken und soziale Verantwortung (Bergamo/Italien 1993) organisiert. Die vierte Finanzdienstleistungskonferenz ist für September 1996 in Straßburg zum Thema Währungsunion und regionale Verantwortung der Banken geplant.

kostengünstige internationale Kommunikation überhaupt erst ermöglicht. Zusätzlich können Ideologien vorherrschen, die eher hemmend auf Interesse und Motivation an Internationalisierung wirken, wie z.B. der Glaube, daß der eigene Verbraucherschutzstandard ohnehin der beste und man daher nicht auf Informationen und Erfahrungen aus anderen Ländern angewiesen sei.
Angesichts zunehmender Europäisierungstendenzen des Finanzdienstleistungssektors - überall in Europa werden die gleichen Formen von Konsumenten- und Hypothekenkrediten, Kreditkarten und Versicherungen angeboten, die dann entsprechend die gleichen Probleme wie Verschuldung und Überschuldung mit sich bringen - und "Grenzüberschreitungen" spezieller Finanzdienstleistungsprodukte[219] werden Verbraucherschutzorganisationen jedoch zunehmend keine Alternative zum europaweiten Informationsaustausch haben.

Aufbau eines Informationssystems der europäischen Verbraucherschutzverbände

Seit 1990 fördert die Generaldirektion (DG) XXIV - Verbraucherschutz die Internationalisierung des Finanzdienstleistungs-Beratungssystems MonA (Money Advice Systems), das vom Institut für Finanzdienstleistungen (IFF) für die deutschen Verbraucherverbände entwickelt worden ist.[220] Seit 1994 finanziert die DG XXIV den Aufbau des europäischen Finanzdienstleistungs-Informationssystems FIS, an dem führende Verbraucherschutzorganisationen aus Deutschland, Belgien, Frankreich, England, Irland, den Niederlanden, Österreich und Italien mitwirken.[221]

Beim Aufbau dieses Informationssystems war zu berücksichtigen, was Verbraucherschutzorganisationen vor Ort wirklich an Informationen benötigen und verwenden. Hier hat sich gezeigt, daß alle Organisationen in erster Linie ihr eigenes, von ihnen selbst entwikkeltes Material mit eigenen Akten und Klassifizierungsmethoden, allgemein zugängliche Gesetzestexte und ggf. einige Fachzeitschriften verwenden. Von einer zentralen Stelle, u.U. sogar aus einem anderen Land "zugewiesene" Informations- bzw. Datenbanksysteme, waren in der Vergangenheit wenig erfolgversprechend. Oft wurden EU-finanzierte

---

219 Man denke hier an den Vertrieb der bisher unbekannten Bausparsofortfinanzierungen in Frankreich durch eine deutsche Bank.

220 Das IFF-Haushaltsberatungsprogramm CADAS wird seit 1994 in Zusammenarbeit mit der größten Schuldnerberatungseinrichtung Birmingham Settlement in einer Pilotphase in England eingesetzt; das IFF-Kreditberatungsprogramm CALS ist seit 1993 bei den kommunalen Beratungsstellen der Wallonie/Belgien installiert.

221 Zu den Partnerinstituten gehören das Office of the Director of Consumer Affairs in Dublin/Irland, das Centre de Droit de la Consommation in Louvain-la-Neuve/Belgien, Adiconsum Rom/Italien, das Institut National de la Consommation in Paris/Frankreich, die Nederlandse Vereniging voor Volkskrediet in Amsterdam/Niederlande sowie das Leyden Institute for Law and Public Policy in Leiden/Niederlande, die Arbeiterkammer Wien/Österreich. Deutscher Partner ist die Arbeitsgemeinschaft der Verbraucherverbände, Bonn, in dessen Auftrag das IFF die deutsche Datenbank aufbaut und pflegt.

Datenbankprojekte nach Einstellung der Finanzierung aus Brüssel mangels Finanzierung, Interesse und Eigeninitiative eingestellt.

Elemente des europäischen Finanzdienstleistungs-Informationssystems

Mit der Finanzierung des FIS-Informationssystems verfolgt die Europäische Kommission das Ziel, juristische und ökonomische Informationen zum Finanzdienstleistungsbereich für europäische Verbraucherschutzorganisationen verfügbar, zugänglich und nutzbar zu machen. Um dieses Ziel zu gewährleisten, folgt das europäische Datenbank-Projekt folgenden Grundsätzen:

(1) Die europäische FIS-Datenbank ist ein spezielles Informationssystem für Finanzdienstleistungen. Es enthält Gesetzestexte und Gerichtsentscheidungen ebenso wie Daten zu ökonomischen Entwicklungen, Finanzdienstleistungsinstituten und Verbraucherproblemen aus dem jeweiligen Land.

(2) Jedes Partnerinstitut arbeitet mit der gleichen Datenbank-Software in der jeweiligen Landessprache.[222] Alle Länderdatenbanken werden dabei nach der gleichen Systematik aufgebaut, um Austauschbarkeit und Gleichartigkeit des Datenmaterials sicherzustellen.

(3) Alle Länderdatenbanken des europäischen FIS-Informationssystems werden von Finanzdienstleistungsexperten aufgebaut und betreut. Auf diese Weise ist sichergestellt, daß nur für den Finanzdienstleistungsbereich des jeweiligen Landes relevanten Informationen in die Datenbank gelangen.

(4) Alle Länderdatenbanken enthalten Informationen und Datenmaterial in der jeweiligen Landessprache. Übersetzungen wären zu aufwendig und zu teuer. Mit Hilfe eines in die Datenbank integrierten Wörterbuchs und Stichwortsystems können die Nutzer in allen ausländischen Länderdatenbanken suchen.

Aufbau eines europäischen Kommunikationsnetzwerkes

Neben dem Aufbau eines Informationssystems verfolgt das Projekt als zweites wichtiges Ziel den Aufbau eines europäischen Kommunikationsinstruments der Verbraucherschutzorganisationen. Aufgrund der technologischen Entwicklung beim internationalen elektronischen Datentransfer (e-mail) können zukünftig Kommunikation, Zusammenarbeit

222 Das FIS-Informationssystem existiert in deutsch, englisch und französisch; eine niederländische und italienische Version befinden sich im Aufbau.

und Informationsaustausch der europäischen Verbraucherverbände noch schneller, noch direkter und noch kostengünstiger gestaltet werden.

Probleme, wie z.B. die von Land zu Land unterschiedliche Handhabung variabler Kreditzinsen im Hypothekenkredit, könnten dann gemeinsam behandelt werden. Neue Probleme, daß bisher in einem Land unbekannte Produkte vertrieben werden, mit denen Verbraucherschutzorganisationen in einem anderen Land schon vertraut sind und hohe Erfahrungswerte haben, können schneller beurteilt, in der Öffentlichkeit bewertet und ggf. in gemeinsamen, europaweiten Aktionen publik gemacht werden. Auf diese Weise sähen sich zukünftig multinationale Banken und Versicherungen besser informierten und mächtigeren Verbraucherschutzorganisationen konfrontiert.

2 Europäisierung der Schuldnerberatung

von Ulf Groth, Förderverein Schuldenberatung im Lande Bremen e.V.

Am 1. Januar 1993 ist die Akte über den einheitlichen europäischen Binnenmarkt in Kraft getreten. Dieses markante Europadatum zeigt bislang wenig Auswirkungen auf die praktische Schuldnerberatungsarbeit. Noch gilt: "Es gerät ... erst allmählich in das Bewußtsein der Öffentlichkeit, daß gerade der einheitliche Kapitalmarkt erhebliche Konsequenzen für die soziale Arbeit haben wird. Die Ver- und Überschuldung von Privathaushalten, eines der zentralen sozialpolitischen Themen in der 2. Hälfte der 80er Jahre, wird von dieser Entwicklung erheblich tangiert, da sowohl Verschuldungsformen wie Schutzvorschriften zunehmend "europäisiert" werden."[223]

Bislang werden nur in sehr geringem Umfang grenzüberschreitende Kreditgeschäfte getätigt. Diese finden beispielsweise in grenznahen Regionen, etwa zu den Niederlanden oder zu Belgien, statt. Die Schranken des europäischen Versicherungsmarktes sind erst seit dem 1. Juli 1994 gefallen. Inzwischen haben sich bereits einige ausländische Versicherungsagenturen in Deutschland niedergelassen, und deutsche Versicherungen waren schon seit jeher im Ausland vertreten.

Blieben die konkreten Auswirkungen auf die Schuldnerberatungspraxis bisher gering, so darf nicht übersehen werden, daß der europäische Binnenmarkt eine dynamische Entwicklung entfalten wird, auf die sich die Schuldnerberatung heute schon einstellen sollte.

a) Veränderungen in der Anbieterstruktur

Wie wird sich künftig die Anbieterlandschaft in Europa verändern, und welche möglichen Auswirkungen resultieren hieraus für die Verbraucher? Der schon heute zu beobachtende enorme Konzentrationsprozeß im Finanzdienstleistungsbereich wird drastisch fortschreiten. "Lean banking" wird weiter das beherrschende Stichwort dieses Prozesses bleiben. Prognosen weisen darauf hin, daß in den nächsten Jahren etwa 30% der vorhandenen Bankfilialen geschlossen werden. Die Zahl der Bankinstitute, beispielsweise in Deutschland, dürfte durch Fusionen auf die Hälfte von derzeit noch 4.300 Unternehmen reduziert werden. Damit einhergehend findet ein enormer Stellenabbau im Finanzdienstleistungsbereich statt. Bankgeschäfte werden immer mehr technisiert; der Kunde stellt sich selbst an einen Apparat und bedient einige Tasten. Personale Beratung wird immer stärker

---

223 Bock, in: Reifner, U./Reis, C., Überschuldung und Hilfen für überschuldete Haushalte in Europa, Frankfurt a.M. 1992, III

abgebaut, zumindest für diejenigen, bei denen die Banken wenig profitable Bankgeschäfte vermuten.
Zudem sind Entwicklungen zu beobachten, daß sich Kreditinstitute aus unprofitablen, verarmten Regionen zurückziehen. Filialen werden geschlossen und arme Kunden von der Teilhabe am Geldverkehr faktisch ausgeschlossen. So gibt es in der großen englischen Industriestadt Birmingham beispielsweise Stadtteile, in denen keine Bankfiliale mehr zu finden ist, da die Sozialstruktur der Bewohner dies aus Bankensicht nicht mehr rentabel erscheinen läßt.

Im Bankenbereich gilt im europäischen Binnenmarkt seit der Umsetzung der Zweiten Bankrechtsrichtlinie die sog. Heimatlandkontrolle. Dies heißt, ein Bankunternehmen, das die Zulassung zum Bankgeschäft in einem nationalen Mitgliedstaat der EU hat, kann sich in jedem anderen Mitgliedsland der EU niederlassen. So ist für die Zukunft nicht auszuschließen, daß in den verschiedenen EU-Mitgliedstaaten in Zukunft Finanzdienstleistungsgeschäfte mit europäischen Unternehmen getätigt werden können. Hieraus kann sich eine ganz neue Dimension für die Schuldnerberatung ergeben. Es ist nicht auszuschließen, daß eines Tages Schuldner in den Beratungsstellen Rat und Hilfe suchen, die beispielsweise eine belgische Hypothek zur Finanzierung ihrer Eigentumswohnung, eine englische Versicherungspolice oder eine niederländische Rechnung eines Spediteurs dem deutschen Schuldnerberater vorlegen.
Umgekehrt können Schuldnerberater im europäischen Ausland mit den Auswirkungen deutscher Schuldenbeitreibungspraxis konfrontiert werden, beispielsweise durch Unternehmen, wie den Österreichischen Inkassodienst (ÖID) oder das Unternehmen Euro-Inkasso in den Niederlanden. Beides sind Tochterunternehmen des größten deutschen Inkassounternehmens, dem Deutschen Inkassodienst (DID) in Hamburg. Diese Beispiele verdeutlichen, daß es in der heutigen Zeit für die Schuldnerberatung in Europa unabdingbar geworden ist, zusammenzuarbeiten, mehr voneinander zu wissen, voneinander zu lernen und eine Infrastruktur aufzubauen, die einen raschen Informationstransfer ermöglicht.

b) Europäisches Informationsnetzwerk

Im Jahre 1994 wurde nach einer langen Vorbereitungsphase das Consumer DebtNet (CDN), ein Zusammenschluß europäischer Schuldnerberater, gegründet,[224] das im wesentlichen folgende Aufgaben und Ziele verfolgen will:

- Organisation eines regelmäßigen Informationsaustausches;
- Organisation von Fortbildungsveranstaltungen;

224 Groth, U., Schuldnerberatung im Zeichen der Sterne, in: Soziale Arbeit 9/10 1994

- Planung und Ausführung von kollektiven europäischen Aktionen;
- Einflußnahme auf die europäische Gesetzgebung und Richtlinienpolitik in Brüssel;
- Maßnahmen zur Verbesserung der methodischen Ansätze in der Schuldner- und Budgetberatung;
- Entwicklung einer verbesserten Präventivarbeit;
- Beschäftigung mit Forschungsergebnissen bzw. die (Mit)Initiierung von Forschungsvorhaben;
- Organisation von jährlichen Konferenzen.

Zusätzlich ist angedacht, auch Aufgaben der "Entwicklungshilfe" beim Aufbau einer Schuldnerberatung in Osteuropäischen Ländern zu übernehmen.

Grundsätzlich stehen Informationsaustausch und inhaltliche Fragen im Vordergrund sowie die Bereitschaft, voneinander zu lernen und eigene Erkenntnisse und Informationen in anderen Ländern zur Verfügung zu stellen.

In Deutschland hat bisher eher eine zurückhaltende Diskussion über die Ziele und Aufgabenstellungen des CDN stattgefunden. Aufgrund der äußerst heterogenen Trägerstruktur innerhalb der deutschen Schuldnerberatung, der nach wie vor vorhandenen Finanzierungsprobleme dieses Arbeitsbereiches und einer längst noch nicht abgeschlossenen Standardisierungsdiskussion ist es nicht verwunderlich, daß für viele der Basisberater "Europa noch sehr weit weg ist".

Es kann heute nicht mehr übersehen werden, daß die Anbieter von Waren und Finanzdienstleistungen schon seit langem europäisch vernetzt und z.T. schon weltweit in Verbänden zusammengeschlossen sind.[225] Damit hat die Anbieterseite eine klare Infrastruktur, um eine wirkungsvolle Lobbypolitik in Brüssel und anderswo betreiben zu können. Innerhalb der Sozialarbeit ist die Ansicht weit vertreten, daß man in Brüssel präsent sein müsse, um die Interessen für die verschiedensten Arbeitsbereiche der Sozialarbeit wirkungsvoll vertreten zu können. Daher haben die klassischen Bereiche der Sozialarbeit (etwa die Behindertenarbeit oder die Hilfe für alleinstehende Wohnungslose mit besonderen sozialen Schwierigkeiten) ihre Europaeinrichtungen mit Sitz in Brüssel bezogen.

Es ist sicher unstrittig, daß gerade die Schuldnerberatung durch die Besonderheit ihres Arbeitsgebietes in extrem vielfältiger Weise von den Auswirkungen der Anbieterseite betroffen ist und daß gerade für diesen Arbeitsbereich, als Pendant zur gut organisierten Anbieterseite, die europäische Vernetzung eine zwingende Notwendigkeit darstellen

225 So gibt es nicht nur einen europäischen Zusammenschluß der Inkassounternehmen, sondern Vertreter der Inkassobranche kommen auch zu Weltkongressen zusammen. Dun & Bradstreet (in Deutschland Schimmelpfeng) ist zudem bereits ein internationaler Inkasso-Weltkonzern.

müßte. Der immer wieder zu hörende Hinweis, daß die konkreten Auswirkungen des EU-Binnenmarktes heute in der Praxis noch gar nicht auszumachen seien, greift zu kurz, da für Aufbau und Implementierung europäischer Netzwerke oft längerwährende Planungsprozesse notwendig sind. Wer übermorgen wirkungsvoll organisiert sein will, muß heute die entsprechenden Schritte gehen und notwendige Planungen initiieren.

Aktivitäten der CDN-Arbeitsgruppe

Es gibt seit Sommer 1995 einen eigenen englischsprachigen europäischen Schuldnerberatungs-Informationsdienst, mit dem Titel "Money Matters", der ein wesentliches Informationsinstrument für die europäische Schuldnerberatung darstellen wird.
Es sind Kontakte vom CDN zur Europäischen Kommission in Brüssel aufgenommen worden mit dem Ergebnis, daß das CDN künftig für bestimmte Aktivitäten Fördermittel aus Brüssel erhält. Für März 1996 ist eine erste große europäische Konferenz in Schottland zum dem Thema "Zugang von Schuldnern zum Recht" geplant. Hiermit wird erstmalig eine ganz spezielle europäische Schuldnerberatungskonferenz organisiert, die auf die Fragestellungen und Bedürfnisse der Vertreter dieser Profession in Europa zugeschnitten ist.

Als konkretes Arbeitsvorhaben ist in Planung, spezielle Daten zu einem bestimmten Gläubigersegment in verschiedenen Ländern zu erheben und diese Daten zur zentralen Nutzung einer Datenbank zuzuführen. Der Aufbau solcher europäischer Arbeitshilfen dürfte in der Zukunft einen Großteil europäischer Zusammenschlüsse ausmachen.

Eine europäische Umschau zeigt, daß es inzwischen in verschiedenen Ländern nationale Dachorganisationen von Schuldnerberatungseinrichtungen gibt: z.B. in Finnland, in Schweden über das Konsumentverket, in den Niederlanden durch die Niederländische Vereinigung für Volkskredit (NVVK), dem Zusammenschluß der Munizipal-Banken, über die ein großer Teil der Schuldnerberatung abgewickelt wird, in Österreich mit der Arbeitsgemeinschaft Schuldnerberatung (ASB), in der Schweiz mit der Schweizerischen Arbeitsgemeinschaft Schuldnerberatung und Sanierungshilfe (SASS), in England mit den Money Advice Associations (MAA/MAS) und nicht zuletzt in der Bundesrepublik mit der Bundesarbeitsgemeinschaft Schuldnerberatung (BAG-SB).

Es ist in einem zusammenwachsenden Europa unabdingbar, daß diese Einrichtungen auf europäischer Ebene vernetzt sind, kooperieren und gegenseitig an ihren Arbeitsergebnissen und Vorstellungen partizipieren. Für die Zukunft muß es auch darum gehen, daß diese fachlichen Zusammenschlüsse europäische Fachpolitik für die Schuldnerberatung entwickeln, um für die Schuldnerberatung als Lobbyisten in Brüssel aufzutreten. Eine Reihe von

Schuldnerberatern in den verschiedenen europäischen Ländern sieht die dringende Notwendigkeit für diese Aufgabenstellung.

In Deutschland fallen all diese Aktivitäten sehr viel verhaltener aus. Angesichts der quantitativen Bedeutung der deutschen Schuldnerberatung im europäischen Kontext, mit einigen Hundert Schuldnerberatungsstellen im ganzen Land, ist es längst überfällig, diese Zurückhaltung aufzugeben und im europäischen Verbund der Schuldnerberatung zusammenzuarbeiten.

III Verbraucherinsolvenzverfahren in Frankreich und Österreich

1 Überschuldung in Frankreich und Ergebnisse des französischen Verbraucherkonkurses

von Gérard Duhaime, Universität Laval, Quebec, Kanada
(Übersetzung - Prof. Dr. Udo Reifner)

Die vorliegende Untersuchung ist eine Bilanz der Erfahrungen, die für die Zukunft angefertigt wurde. Das nationale Verbraucherinstitut (INC)[226] zieht vier Jahre nach der Verabschiedung des französischen Gesetzes zur Überschuldung der Verbraucher (Gesetz Neiertz) in einer beachtlichen Forschungsarbeit im Mai 1995 die ersten Schlüsse, die bestätigt werden durch eine Studie des Sparforschungsinstitutes (CREP), das zum selben Zeitpunkt seine Arbeit veröffentlicht hat.[227]

Französisches Entschuldungsverfahren

Zunächst erinnert die Studie an die Ursachen, die zu dem Gesetz geführt haben und an seine Ziele: die außerordentlich starke Explosion des Konsumentenkredites Ende der 80er Jahre und die Überschuldung, die damit einherging. Das Gesetz wollte damals so schnell wie möglich eine Lösung für die Situation der am meisten Betroffenen schaffen. Ein Verfahren sollte eingeführt werden, das vielfältige Verschuldungen regelt, und außerdem sollten Verhaltensweisen im Konsumentenkredit reguliert werden. In diesem Sinne wurde ein außergerichtliches Verfahren zur gütlichen Einigung geschaffen, bei dem in jedem Departement eine Kommission die Überschuldungsfälle analysieren und zwischen den betroffenen Parteien (Gläubigern und Schuldnern) einen einvernehmlichen Plan der Schuldenregulierung erarbeiten sollte. Darüber hinaus schaffte das Gesetz ein zivilrechtliches Verfahren vor den Gerichten der ersten Instanz, bei denen der Richter die rechtliche Möglichkeit hat, in gewissem Rahmen die dem Schuldner auferlegten Verfahren und Bestimmungen zu ändern.

---

226 Institut National de la Consommation, Evaluation de la Loi sur le surendettement des particuliers du 31 décembre 1989. Analyse de 502 plans amiables et judiciaires sur la période 1991 à 1994, Paris, Mai 1995, 125 p. + annexes. ISBN 2-904744-09-6.

227 "Une étude peinte les difficultés grandissantes des ménages surendettés. Les plans d'apurement des dettes ne sont pas respectés", in: Le Monde, 18 mai 1995, 15.

Der Schuldenregulierungsplan

In dem Bericht wird auch auf die Methoden eingegangen, nach denen die Kommission und die Richter den Plan ausarbeiten sollten. In dem Plan sollten die monatlichen Ratenzahlungen und die Gesamtschuld so angepaßt und entsprechend gesenkt werden, daß sie den verfügbaren monatlichen Mitteln entsprechen. Das verfügbare Einkommen ist dadurch definiert, daß vom Gesamteinkommen die lebensnotwendigen Ausgaben sowie übliche Belastungen abgezogen wurden. Es handelte sich somit darum, die monatliche Rückzahlungskapazität eines überschuldeten Haushalts zu berechnen und die Kreditschulden entsprechend anzupassen.

Die Kommissionen und entsprechend die Richter haben im Rahmen dieses Gesetzes die folgenden Möglichkeiten: Die Rückzahlungen einer oder mehrerer Schulden können gestundet werden, die Laufzeit kann gestreckt werden, und die Rückzahlung kann insgesamt auf einen späteren Zeitpunkt verschoben werden. Außerdem können die Zinsen sowie die Verzugskosten herabgesetzt und bei einem Hypothekenkredit auch das geschuldete Kapital auf den Wert der Hypothek reduziert werden.

Empirische Ergebnisse

In der Studie werden alle Überschuldungsfälle, die den Kommissionen oder den Richtern vorgelegt wurden, untersucht. In vier Jahren wurden ungefähr 360.000 Akten bei den Kommissionen eingereicht, von denen 70.000 in ein gerichtliches Verfahren einmündeten. Die durchschnittliche Zeitdauer zwischen der Aufnahme des ersten Kredites und der Eröffnung des Überschuldungsverfahrens betrug neun Jahre. 46% der Überschuldeten hatten ihre Zahlungen seit mehr als einem Monat eingestellt. Typisch war, daß die Haushalte mehrere Schulden hatten. Die durchnittliche Anzahl der Schulden lag zwischen vier und fünf. Die vielen Schulden hatten einen deutlichen Bezug zur Inanspruchnahme von Konsumentenkrediten, da 87% der Pläne zur Schuldenregulierung auf diesen Kredittyp u.a. Bezug nahmen, während 42% davon ausschließlich Konsumentenkredite regulierten. Damit, so unterstreicht das INC, werden die Gründe, die zu den Gesetzen von Neiertz 1989 geführt haben, deutlich unterstrichen.

Gesetz verfehlt den Zweck

Gleichwohl kommt das INC zu dem Schluß, daß das Gesetz letztlich nicht adäquat auf die Probleme der Überschuldeten antworten kann. Dabei kann man dem INC methodische Korrektheit bescheinigen. In einem eigenen Kapitel wird eine überzeugende und sorgfältige Methode für diese Art von Untersuchungen dargelegt. Sie beruht im wesentlichen auf einem sorgfältigen Studium der Statistiken von 502 Schuldenregulierungsplänen zwischen 1991 und 1994, deren Analyse vom CREP vorgenommen wurde, ergänzt durch Informationen, die man unmittelbar bei 21 überschuldeten Haushalten erhalten hatte. Die Studie enthält darüber hinaus im Anhang umfangreiche Statistiken sowie Textpassagen, die das Gesetz und seine Anwendung betreffen. In diesem Sinne ist die Studie ein Modell und zugleich ein Handbuch der Überschuldung.

Die Schlußfolgerungen sind deutlich. Nach der Analyse der Schuldenregulierungspläne kommen die Verfasser zu dem Schluß, daß in 74% der Fälle die Haushalte nach den Plänen nicht ausreichend Mittel für einen minimalen Lebensbedarf hatten, dies jedoch durch die Kommissionen und die Richter so festgesetzt war. In dreiviertel der Fälle waren somit die zu zahlenden Monatsraten höher, als es das Existenzminimum erlaubte. Wenn man alle Schuldenregulierungspläne zusammen nimmt (also diejenigen, die außergerichtlich blieben und diejenigen, die vor die Gerichte kamen), dann ermäßigt sich die Anzahl der "unmöglich zu befolgenden" Plänen auf 54%, eine Zahl, wie die Verfasser/innen meinen "ein bißchen weniger katastrophal", aber immerhin noch ein sehr relevanter Anteil. Diese unmöglichen Schuldenregulierungspläne haben Folgen. Die Hälfte von ihnen führen dazu, daß es wiederum zu Zahlungsstörungen kommt. Selbst bei Schuldenregulierungsplänen, die realistischer sind, gibt es bei 30% der Fälle Folgeprobleme. Wenn man alle Pläne, die nicht realistischen mit den realistischen zusammen nimmt, so ergibt sich, daß bei 30% ein Folgeproblem auftritt und bei 27% zwei oder mehr Zahlungsprobleme in der Folgezeit auftreten. Zum selben Ergebnis kommt auch die Studie des CREP nach einer gründlichen Untersuchung von 790 überschuldeten Haushalten, für die ein Schuldenregulierungsplan aufgestellt wurde.

Verschiebung der Probleme auf später

Das INC zieht alarmierende Schlüsse aus der Studie. Trotz der Ziele des Gesetzes wird die Schuldenregulierung im wesentlichen auf den Schultern der Betroffenen gelöst, wobei im besten Fall noch die Problematik auf einen späteren Zeitpunkt verschoben wird. Die Kommissionen haben keine ausreichende Macht gegenüber Gläubigern, und die Richter, die die Instanz für den Fall sind, daß die Pläne scheitern, können die Schulden nicht ausreichend anpassen. Die Hoffnung, wonach die Gläubiger innerhalb des Verfahrens Opfer bringen würden, um den Gang zum Gericht zu vermeiden, hat sich zerschlagen. Was viele Beobachter bereits befürchtet haben, sehen die Autorinnen durch die Studie bestätigt, was beunruhigende Perspektiven für die Zukunft beinhaltet. Wenn die Überschuldeten nach einer durchschnittlichen Wartezeit von ungefähr fünf Monaten eingewilligt haben, sich einem so langwährenden Plan zu unterwerfen (10 Jahre im Durchschnitt), schwierig genug für alle, unrealistisch für sehr viele und bei denen selten eine Revision verlangt wird, so bleibt letztlich der Eindruck, daß dieses Verfahren ihnen lediglich die Möglichkeit gegeben hat, einmal mehr "Luft zu holen", nicht dadurch, daß sie aufgehört hätten zu zahlen oder weniger zahlten, sondern daß sie in diesem Zeitraum von den Gläubigern und den Gerichtsvollziehern verschont blieben. Dies haben sie alles in der Hoffnung getan, sich dadurch aus ihrer Verschuldungssituation befreien zu können. Wenigstens dieses kann man positiv aus der Anwendung des Verbraucherkonkursgesetzes in Frankreich im Lichte dieser Untersuchung entnehmen.

2 Der österreichische Privatkonkurs - eine kurative Lösung mit präventiver Wirkung

von Gottfried Mayer/Beate Pirker, Österreich[228]

Die zunehmende Überschuldung privater Haushalte in den entwickelten Industriestaaten ist eine nicht zu leugnende Tatsache. Sie hat bereits in einer Reihe von Staaten wie Japan, Amerika, Frankreich und anderen zu gesetzlichen Regelungen geführt, deren Vorbildcharakter für die weitere Entwicklung nicht zu verkennen ist und in der großen, von der Europäischen Kommission in Auftrag gegebenen Studie auch zum Ausdruck kommt.[229]

Auch Österreich macht von dieser Entwicklung keine Ausnahme. Nicht nur war in Österreich eine ökonomisch und sozial vergleichbare Entwicklung zu verzeichnen, auch die diese Entwicklung untersuchende Forschung setzte zu einem für die Lösung des Problems günstigen Zeitpunkt ein. Fast parallel zu den Vorarbeiten für die im Herbst 1989 in Hamburg abgehaltene große internationale Konferenz zum Thema "Arbeitslosigkeit und Verschuldung"[230] setzten auch in Österreich die Forschungsarbeiten zu diesem Problembereich ein, allen voran die große, von Ulrich Schönbauer im Rahmen des Instituts für Gesellschaftspolitik der Arbeiterkammer Wien betreute Untersuchung, die 1990 abgeschlossen wurde.[231] Es ist wohl diesen Arbeiten zu dan-

228 Gottfried Mayer ist Leiter des Konsumentenschutz im Bundesministerium für Gesundheit und Konsumentenschutz, Beate Pirker ist juristische Mitarbeiterin ebenda. Der vorliegende Beitrag stellte die Grundlage des Berichts dar, den die Autoren beim Kolloquium "Überschuldung in der Europäischen Gemeinschaft" am 3. November 1994 in Charleroi gegeben haben.

229 Zu den Lösungsansätzen in Japan, Amerika und Frankreich siehe Fink, Insolvenzverfahren als Ausweg aus dem "modernen Schuldturm" In: Mayer (Hrsg.), Konsumentenpolitisches Jahrbuch 1990/91 (Wien 1992), 147 ff., insbesondere 161; die von der EG in Auftrag gegebene Studie ist eine Gemeinschaftsarbeit von Huls/Reifner/Bourgoignie/ Reich, veröffentlicht als Huls, N., Overindebtedness of consumers in the EC-member states: facts and search for solutions, Diegem/Netherlands 1994, 69 ff. und 141 ff.

230 Die vom Institut für Finanzdienstleistungen und Verbraucherschutz in Hamburg unter der Führung von Udo Reifner organisierte Konferenz ist dokumentiert in dem Sammelband Reifner/Reis, Überschuldung und Hilfen für überschuldete Haushalte in Europa (Frankfurt 1992) sowie in Reifner/Ford, Banking for people (Berlin, New York 1992); dort auch der Bericht über die österreichische Situation von Schönbauer/Wimmer/Repl/Graf/Mayer u.a., debts and depression a surway of Austrian debtors and the unemployed, 353 ff.

231 Beispielsweise Böhm/Dimmel-Hohenwarter, Salzburger Haushalte in den roten Zahlen (Salzburg 1987) sowie Mooslechner, Verschuldung privater Haushalte in gesamtwirtschaftlicher Perspektive und Graf, Die Höhe der Verzugszinsen als Problem des Konsumentenschutzes im Kreditvertragsrecht, beide in: Bundesministerium für Umwelt, Jugend und Familie (Hrsg.), Konsumentenpolitisches Jahrbuch 1988/89 (Wien, 1990), 25 ff. und 71 ff. und Morawetz, Schulden machen - Schulden beitreiben. Zur Entwicklung der Privatverschuldung in Österreich (Wien 1990); Schönbauer u.a., Privatverschuldung in Österreich (3 Bände, Wien 1990).

ken, daß die Frage der privaten Überschuldung zum Gegenstand der öffentlichen Diskussion wurde und schließlich auch im November 1990 Eingang in das Regierungsübereinkommen der beiden Koalitionsparteien fand.[232]

Die Verhandlungen zur Erarbeitung eines Gesetzes über ein Insolvenzverfahren für Verbraucher begannen in Österreich im Herbst 1991. Gleichzeitig wurden übrigens im Auftrag der Europäischen Kommission Grundlagen für einen Richtlinienentwurf (Consumer financial services marketing directive) erarbeitet. Weder dieser Umstand noch die Ergebnisse der großen Studie ("Overindebtedness of Consumers" von Huls) war den österreichischen Verhandlungspartnern sowie dem federführenden Bundesministerium für Justiz bekannt.[233] Um so bemerkenswerter ist die Tatsache, daß der österreichische "Privatkonkurs" letztendlich in vielen Bereichen dem Lösungsansatz der EU-Studie vergleichbar ist. Die äußerst schwierigen Verhandlungen dauerten alles in allem fast zwei Jahre, so daß im Dezember 1993 der entsprechende parlamentarische Beschluß zustandekam. Im Hinblick auf die äußerst schwierige Materie und die Tatsache, daß sich die österreichischen Verhandler im wesentlichen nur auf französische und amerikanische Vorbilder stützten konnten, ist dies zweifellos ein respektables Ergebnis. Die Konkursordnungsnovelle 1993 trat mit 1.01.1995 in Kraft.

In Vorbereitung auf das neue Verfahren wurden aus dem österreichischen Bundeshaushalt die Bezirksgerichte bundesweit mit 84 zusätzlichen Planstellen versehen (jährliche Mehrkosten in Höhe von umgerechnet rund 5 Mio. DM) und Bauinvestitionen in Höhe von umgerechnet 7 Mio. DM vorgenommen. Das Budget der österreichischen Schuldnerberatungsstellen wurde zum überwiegenden Teil aus dem Etat des Sozialministeriums von umgerechnet jährlich 5 Mio. auf knapp das Doppelte aufgestockt. Laut Arbeiterkammer Wien wird die Anzahl überschuldeter Haushalte mit 120.000 beziffert.[234]

Das bis zur Konkursnovelle 1993 geltende Insolvenzrecht war vorrangig auf Unternehmer zugeschnitten. Durch die Novelle zur Konkursordnung wurde ein speziell für natürliche Personen zugeschnittenes Konkursverfahren eingeführt. Diese Regelungen betreffen vielfach sowohl Unternehmer bzw. hinsichtlich des Zahlungsplan- und Abschöpfungsverfahrens ehemalige Unternehmer als auch Nichtunternehmer. Im folgenden wird jedoch speziell auf das Verfahren für Nichtunternehmer eingegangen.

232 Das Arbeitsübereinkommen der SPÖ und ÖVP über Bildung einer gemeinsamen Bundesregierung hält in Kapitel 7 fest, daß "die Probleme der Kleininsolvenzen zu lösen sind".

233 Blaschek/Mayer, Veränderungen am österreichischen Finanzmarkt, 127.

234 Vgl. Haane B., Verbraucherschutz in Europa - 7. Teil-: Inkrafttreten des österreichischen Privatinsolvenzverfahrens ab dem 1.01.1995, in: BankWatch-Infodienst 10/1994.

a) Außergerichtlicher Ausgleich

Vor Einleitung eines Konkursverfahrens hat der Schuldner, soferne er kein Unternehmen betreibt und kein zur Deckung der Kosten des Konkursverfahrens hinreichendes Vermögen hat, einen außergerichtlichen Ausgleichsversuch mit den Gläubigern zu unternehmen. Da dieser angemessen, tauglich und nachweislich erfolgen muß, wird der Schuldner zweckmäßigerweise die Unterstützung einer Schuldnerberatungsstelle in Anspruch nehmen.

Ein außergerichtlicher Ausgleich bedarf der Zustimmung aller Gläubiger. Es handelt sich dabei um eine Vielzahl - meist voneinander unabhängiger - privatrechtlicher Verträge.[235] Die Ausgleichsverhandlungen bzw. die Erfüllung des Ausgleiches unterliegen keinen verfahrensrechtlichen Bestimmungen. Die Aufnahme der Verhandlungen hat keinerlei Wirkungen auf die Forderungen der Gläubiger - wie z.B. auf die Fälligkeit oder den Zinsenlauf - oder auf die Verfügungsmacht des Schuldners. Inhalt dieser einvernehmlichen Regelung ist ein teilweiser Schuldnachlaß, unter der Bedingung, daß der Schuldner die vereinbarte Abschlagszahlung fristgerecht bezahlt. Verhandlungsbasis für den Ausgleich ist das allenfalls vorhandene Vermögen des Schuldners und seine künftige Einkommenslage, somit jener Betrag, mit dem die Gläubiger bei Durchführung eines Konkurs- und Abschöpfungsverfahrens rechnen können (vgl. dazu Punkt d). Vorteil des außergerichtlichen Ausgleichs ist für die Gläubiger und den Schuldner, daß keine (Gerichts-) Verfahrenskosten anfallen und somit alle Zahlungen des Schuldners zur Gänze den Gläubigern zukommen.

b) "Schuldenregulierungsverfahren"

Scheitert der außergerichtliche Ausgleichsversuch, kann der Schuldner die Einleitung eines gerichtlichen Konkursverfahrens beantragen. (Anmerkung: Der Antrag kann selbstverständlich auch von jedem Gläubiger gestellt werden; diesfalls ist jedoch kein vorheriger außergerichtlicher Ausgleichsversuch erforderlich.)

Voraussetzung für die Einleitung des Konkursverfahrens ist jedenfalls die Zahlungsunfähigkeit des Schuldners sowie der Umstand, daß der Schuldner einer Gläubigermehrheit - somit mindestens zwei Gläubigern - gegenübersteht.

Fehlt es an einem zur Deckung des Konkursverfahrens voraussichtlich hinreichenden Vermögen, ist aus diesem Grund - abweichend von der geltenden Rechtslage - der Konkursantrag nicht abzuweisen, wenn eine Bereinigung der Insolvenzsituation im

---

[235] Mohr, Privatkonkurs (1994, 3).

Verfahren zu erwarten ist. Der Schuldner muß hierzu ein Vermögensverzeichnis sowie einen Zahlungsplan vorlegen (vgl. Punkt c). Weiters hat er die Einleitung eines Abschöpfungsverfahrens zu beantragen und zu bescheinigen, daß er den Zahlungsplan erfüllen kann bzw. im Falle eines Abschöpfungsverfahrens eine Restschuldbefreiung zu erwarten ist (vgl. Punkt d).

Durch die Konkurseröffnung wird das gesamte pfändbare Vermögen des Schuldners zur Konkursmasse. Da die Konkursmasse zur gemeinschaftlichen Befriedigung der Konkursgläubiger verwendet werden soll, hat die Konkurseröffnung eine Exekutionssperre zur Folge. Weiters tritt ein Zinsenstop hinsichtlich der Konkursforderungen ein.

Pfandrechte werden durch die Konkurseröffnung in der Regel nicht berührt; allerdings erlöschen Pfandrechte an Gegenständen und Liegenschaften, die in den letzten 60 Tagen vor Konkurseröffnung im Rahmen eines Exekutionsverfahrens erworben wurden.

Für Pfandrechte an Einkommensbezügen gilt besonderes: Gerichtliche Pfandrechte am Arbeitseinkommen ("Gehaltsexekutionen") erlöschen mit Konkurseröffnung; vertraglich abgetretene bzw. verpfändete Forderungen auf Einkünfte aus einem Arbeitsverhältnis - z.B. Pfandrechte aus Kreditverträgen - erlöschen zwei Jahre nach der Konkurseröffnung. Durch diese Regelung wird sichergestellt, daß der Schuldner sogleich bzw. in absehbarer Zeit nach Konkurseröffnung über den pfändungsfreien Teil seines Arbeitseinkommens verfügen kann und dieses zur Befriedigung aller Gläubiger heranziehen kann.

Zwangsausgleich

Primäres Ziel des Konkursverfahrens ist der Abschluß eines Zwangsausgleiches. Diesen wird der Schuldner dann anstreben, wenn er Vermögen hat, dessen Verwertung er verhindern möchte (z.B. ein Eigenheim). Der Schuldner hat den Konkursgläubigern eine Quote von mindestens 20% der Forderungen, zahlbar innerhalb eines Zeitraums von zwei Jahren, bzw. eine Mindestquote von 30% der Forderungen, zahlbar in maximal fünf Jahren, anzubieten. Der Zwangsausgleichsvorschlag muß überdies angemessen sein und die Konkursgläubiger gleich behandeln. Über den Zwangsausgleichsantrag wird in einer Tagsatzung abgestimmt. Er gilt als angenommen, wenn die Mehrheit der anwesenden Konkursgläubiger (Kopfmehrheit) dem Antrag zustimmen, wobei die Forderungen der zustimmenden Konkursgläubiger zumindest dreiviertel der Gesamtsumme der Forderungen der anwesenden stimmberechtigten Konkursgläubiger beträgt (Summenmehrheit).

Wird der Zwangsausgleich von den Gläubigern angenommen und vom Gericht bestätigt, so hat dies zur Folge, daß der Schuldner nach Bezahlung der vereinbarten Abschlagssumme (Quote) von den restlichen Schulden befreit ist. Eine Verwertung des Vermögens unterbleibt.

Verwertung des gesamten Vermögens

Scheitert der Zwangsausgleich an der Zustimmung der Gläubiger bzw. strebt ihn der Schuldner von vornherein nicht an, wird das gesamte zur Konkursmasse gehörende Vermögen des Schuldners verwertet. Der Erlös wird auf die Gläubiger verteilt. Zuerst werden bevorrechtete Gläubiger voll befriedigt (z.B. Pfandgläubiger). Aus der verbleibenden Konkursmasse werden die Masseforderungen bezahlt (z.B. Verfahrenskosten). Der Rest der Konkursmasse wird auf die Gläubiger im Verhältnis ihrer Forderungen verteilt. Durch die Vermögensverwertung wird der Schuldner allerdings nicht von den verbleibenden Schulden befreit. Dazu bedarf es eines erfolgreichen Zahlungsplans oder eines Abschöpfungsverfahrens.

c) Zahlungsplan

Die Initiative für die Durchführung eines Zahlungsplanverfahrens kann nur vom Schuldner ausgehen. Über den Zahlungsplan wird erst nach Verwertung des Vermögens abgestimmt.

Diesen wird der Schuldner - anstelle des Zwangsausgleiches - dann von vornherein anstreben, wenn er kein Vermögen hat, die Mindestquote für den Zwangsausgleich nicht anbieten kann oder wenn er sich ein vorhandenes Vermögen nicht erhalten will. Weiter hat der Zahlungsplan für den Schuldner dann Bedeutung, wenn der Zwangsausgleich mangels Zustimmung der Gläubiger gescheitert ist.

Der Zahlungsplan ist ein Unterfall des Zwangsausgleichs, setzt aber die vorherige Verwertung des Vermögens voraus. Er unterscheidet sich vom Zwangsausgleich durch eine längere Zahlungsfrist und dadurch, daß keine zahlenmäßige Mindestquote vorgesehen ist. Der Schuldner muß jedoch den Gläubigern eine Quote anzubieten, die seinen Einkommenverhältnissen in den folgenden fünf Jahren entspricht. Die Zahlungsfrist darf maximal sieben Jahre betragen. Auch der Zahlungsplan bedarf der Zustimmung der Gläubigermehrheiten (Kopf- und Summenmehrheit) und der Bestätigung des Gerichtes. Die Wirkungen des Zahlungsplanes entsprechen jenen des Zwangsausgleiches: Der Schuldner wird teilweise von den Schulden befreit.

Das Zahlungsplanverfahren hat für die Gläubiger und den Schuldner folgenden Vorteil: Die Gläubiger können nach der Verwertung und der Verteilung des Vermögens nur noch damit rechnen, daß ihre offenen Forderungen realistischerweise lediglich aus dem künftigen Einkommen des Schuldners befriedigt werden können. Bei Durchführung des Abschöpfungsverfahrens ist für die Gläubiger jedenfalls ungewiß, welchen Betrag der Schuldner tatsächlich erwirtschaften wird. Für den Schuldner wiederum ist das Abschöpfungsverfahren mit hohen Anforderungen über eine lange Zeit verbunden. Demgegenüber bietet der Schuldner im Zahlungsplan den Gläubigern eine fixe Quote an und verpflichtet sich, diese innerhalb eines vorgegebenen Zeitraumes zu bezahlen.

Der Zahlungsplan bietet Gläubigern und Schuldnern die Möglichkeit, von den im Gesetz normierten strengen Bedingungen des Abschöpfungsverfahrens abzugehen. Die Gläubiger haben die Wahl zwischen der Annahme des Zahlungsplanes, der ihnen einen fixen Betrag zuerkennt oder der Abschöpfung des künftigen Einkommens des Schuldners, bei der das Ausmaß ihrer Befriedigung ungewiß ist.[236]

Exkurs

Verschlechtert sich nach Annahme des Zahlungsplans die Einkommens- und Vermögenslage des Schuldners ohne sein Verschulden, so kann der Schuldner den Gläubigern einen neuen Zahlungsplan zur Abstimmung vorlegen. Der Schuldner hat eine neue Quote anzubieten, die seiner geänderten Einkommenslage entspricht. Die Laufzeit des neuen Zahlungsplans ist allerdings verkürzt: Der Schuldner kann sich auf die Laufzeit des neuen Zahlungsplans die halbe abgelaufene Frist des früheren Zahlungsplans anrechnen lassen. Wird der neue Zahlungsplan von den Gläubigern nicht angenommen, entscheidet das Gericht über die Einleitung des Abschöpfungsverfahrens. Im Falle der Einleitung wird die Laufzeit des Zahlungsplans zur Hälfte angerechnet.

Vorteil des Zahlungsplans gegenüber dem Zwangsausgleich ist somit dessen Flexibilität. Während ein Verzug mit der Erfüllung beim Zwangsausgleich zu einem (quotenmäßigen) Wiederaufleben der Forderungen führt, ist beim Zahlungsplan dessen Änderung möglich.[237])

---

236 Regierungsvorlage der Konkursordnungs-Novelle 1993, Vorbemerkungen zu §§ 193 ff.; vgl. 1218, BlgNR 18. GP.

237 Mohr, K.O.-o.k. - Möglichkeiten für Nichtunternehmer zur Bereinigung der Insolvenzsituation, in: Konsumentenpolitisches Jahrbuch 1992/93, 151.

d) Abschöpfungsverfahren

Wird auch der Zahlungsplan von den Gläubigern nicht angenommen, so kann (nur) auf Antrag des Schuldners ein Abschöpfungsverfahren eingeleitet werden.

Im Abschöpfungsverfahren verpflichtet sich der Schuldner, für die Dauer von sieben Jahren einer angemessenen Erwerbstätigkeit nachzugehen oder, wenn er ohne Beschäftigung ist, sich um eine solche zu bemühen. Den pfändbaren Teil seines Arbeitseinkommens hat er während dieses Zeitraumes an einen vom Gericht zu bestellenden Treuhänder abzutreten. Der Schuldner ist somit bereit, sich während des Erfüllungszeitraumes mit dem pfändungsfreien Teil seines Einkommens zu begnügen und sich um die maximale Befriedigung der Gläubiger zu bemühen.

Darüber hinaus hat er Vermögen, das er während des Abschöpfungsverfahren durch eine Erbschaft oder eine unentgeltliche Zuwendung erwirkt, den Gläubiger herauszugeben.

Ziel des Abschöpfungsverfahrens ist die Erlangung der sogenannten Restschuldbefreiung. Dies bedeutet, daß der Schuldner von sämtlichen noch offenen Verbindlichkeiten gegenüber den Gläubigern inklusive den seit Konkurseröffnung laufenden Zinsen befreit wird. Ausgenommen davon sind jedoch Verbindlichkeiten, die aus einer vorsätzlich begangenen (strafrechtlich und zivilrechtlich) unerlaubten Handlung oder einer vorsätzlichen strafgesetzwidrigen Unterlassung stammen.
Der Schuldner hat Anspruch auf die Restschuldbefreiung, wenn

- die Konkursgläubiger nach Ablauf des Abschöpfungsverfahrens mindestens 10% ihrer Forderungen erhalten haben oder
- drei Jahre der Laufzeit des Abschöpfungsverfahrens verstrichen sind und die Konkursgläubiger zumindest 50% der Forderungen erhalten haben.

Ist die Laufzeit des Abschöpfungsverfahrens abgelaufen und hat der Schuldner die Mindestquote von 10 % der Forderungen nicht erbracht, so kann das Gericht in Härtefällen dennoch eine Restschuldbefreiung aus Gründen der Billigkeit erteilen. Die Billigkeitsgründe sind im Gesetz demonstrativ aufgezählt. Je nach den Umständen des Einzelfalles hat das Gericht folgende Möglichkeiten:

(1) Eine Restschzuldbefreiung kann unmittelbar nach Ablauf des Abschöpfungsverfahrens ohne weitere Voraussetzungen erteilt werden.

(2) Das Gericht kann festlegen, ob und inwieweit der Schuldner einzelne oder alle Verbindlichkeiten noch erfüllen muß, damit er von den nicht erfüllten Ver-

bindlichkeiten befreit ist. Der Erfüllungszeitraum darf drei Jahre nicht übersteigen.

(3) Das Gericht kann eine Verlängerung des Abschöpfungsverfahrens um höchstes drei Jahre verfügen.

Die Entscheidung hinsichtlich der Restschuldbefreiung obliegt ausschließlich dem Gericht; dies unabhägig davon, ob ein Rechtsanspruch des Schuldners besteht oder eine Billigkeitsentscheidung getroffen wird. Die Zustimmung der Gläubiger ist somit nicht erforderlich.

Einleitungshindernisse

Die Möglichkeit einer Restschuldbefreiung steht allerdings lediglich redlichen Schuldnern offen. Vor Einleitung des Abschöpfungsverfahrens haben die Konkursgläubiger die Möglichkeit, Einleitungshindernisse aufzuzeigen. Liegen diese vor, hat das Gericht den Antrag des Schuldners abzuweisen.

Folgende Einleitungshindernisse sind vorgesehen:

(1) Der Schuldner wurde strafrechtlich wegen bestimmter (Krida-)Delikte rechtskräftig verurteilt: betrügerische Krida, Begünstigung eines Gläubigers, Vollstreckungsvereitelung, Ablegung eines falschen Vermögensverzeichnisses.

(2) Der Schuldner hat während des Konkursverfahrens vorsätzlich oder grob fahrlässig Auskunfts- oder Mitwirkungspflichten verletzt.

(3) Der Schuldner hat innerhalb von drei Jahren vor dem Konkurseröffnungsantrag vorsätzlich oder grob fahrlässig unverhältnismäßig Verbindlichkeiten begründet oder Vermögen verschleudert.

(4) Der Schuldner hat vorsätzlich oder grob fahrlässig schriftlich unrichtige oder unvollständige Angaben über seine wirtschaftlichen Verhältnisse gemacht, um die einer Konkursforderung zugrundeliegende Leistung zu erhalten.

(5) Vor weniger als 20 Jahren vor dem Antrag auf Konkurseröffnung wurde bereits ein früheres Abschöpfungsverfahren eingeleitet. Durch die Einführung dieser Sperrfrist stellt der Gesetzgeber sicher, daß ein Schuldner die Chance einer Restschuldbefreiung realistischerweise nur einmal erhält.

Diese Einleitungshindernisse machen deutlich, daß die Privilegierung der Restschuldbefreiung bei betrügerischem Verhalten oder allzu leichtfertigem "Schuldenmachen" nicht zur Anwendung kommt. Damit kann dem seitens der Wirtschaft vielfach vorgebrachten Argument, die Neuregelung ermögliche betrügerischen oder zahlungsunwilligen Personen einen Schulderlaß, wirksam entgegengetreten werden.

Obliegenheiten des Schuldners

Während des siebenjährigen Abschöpfungsverfahrens treffen den Schuldner umfangreiche Mitwirkungspflichten, deren Verletzung zu einer Einstellung des Verfahrens führen kann. Folge davon ist, daß eine Restschuldbefreiung unterbleibt. Auch diesbezüglich haben die Gläubiger ein Antragsrecht.

Der Schuldner hat insbesondere

- eine angemessene Erwerbstätigkeit auszuüben oder, wenn er ohne Beschäftigung ist, sich um eine solche zu bemühen und keine zumutbare Tätigkeit abzulehnen. Die Kriterien für die Zumutbarkeit einer Arbeit sind strenger gefaßt als jene des Arbeitslosenversicherungsgesetzes; so hat der Schuldner z.B. auch eine berufsfremde Arbeit, notfalls auch eine Aushilfs- oder Gelegenheitsarbeit anzunehmen;
- jede unentgeltliche Zuwendung (z.B. Schenkung) oder eine Erbschaft den Gläubigern auszufolgen;
- kein Vermögen bzw. keine Einkommensbezüge zu verheimlichen oder deren Erwerb zu unterlassen;
- keine neuen vertraglichen Schulden einzugehen, die er bei Fälligkeit nicht zahlen kann. Dies bedeutet, daß der Schuldner neue Schulden nur eingehen darf, soferne er diese von seinem pfändungsfreien Einkommen zurückzahlen kann.

Diese Mitwirkungspflichten zeigen auf, daß nur jene Schuldner eine Chance auf Restschuldbefreiung haben, die bereit sind, sich sieben Jahre um die bestmögliche Befriedigung der Gläubiger zu bemühen, in dem sie selbst vom Existenzminimum leben und jeden darüber hinausgehenden Erwerb an die Gläubiger abführen. Verheimlicht ein Schuldner etwa Einkommen - z.B. aus einer Schwarzarbeit - so führt dies auf Antrag jedes Gläubigers zur Einstellung des Abschöpfungsverfahrens.

Restschuldbefreiung aus Gründen der Billigkeit

Der Schuldner hat keinen Anspruch auf Restschuldbefreiung, soferne die Gläubiger nicht 10% ihrer Forderungen erhalten haben. Das Gericht kann aber aus Gründen der Billigkeit dennoch in berücksichtigungswürdigen Fällen eine Restschuldbefreiung erteilen. Die Gründe, die bei dieser Billigkeitsentscheidung zu berücksichtigen sind, werden im Gesetz demonstrativ aufgezählt und machen deutlich, daß Lösungen in Härtefällen ermöglicht werden sollen. Es ist zu berücksichtigen,

- inwieweit der Konkursgläubiger vom Schuldner vor Konkurseröffnung oder von einem Mitschuldner oder Bürgen bereits einen Teil seiner Forderung erhalten hat;
- inwieweit die Zahlungen die Höhe des Kapitals ohne Zinsen und Kosten erreichen;
- ob die der Konkursforderung zugrundeliegende Leistung keinen Vermögensvorteil für den Schuldner brachte. Zu denken ist hier daran, daß die Verschuldung aus einer Bürgschaft herrührt. Die erläuternden Bemerkungen zur Regierungsvorlage Konkursordnungs-Novelle nennen hier das Beispiel, daß ein Ehepartner für Unternehmensschulden des anderen als Bürge oder Mitschuldner haftet;[238]
- ob der Konkursgläubiger bei Einräumung des Kredits oder Abschluß des Abzahlungsgeschäftes wußte oder wissen mußte, daß der Schuldner die Forderung bei Fälligkeit nicht zahlen kann. Die erläuternden Bemerkungen erachten es als grob fahrlässige Kreditvergabe, wenn die Höhe des Kredites in grobem Widerspruch zu den laufenden Einkünften des Schuldners steht oder wenn sich der Gläubiger nicht über bestehende Kredite erkundigte, obwohl dies möglich gewesen wäre.[239] In diesem Zusammenhang wird wohl auch der Umstand eine Rolle spielen, ob ein Gläubiger die ihm zur Verfügung stehende Auskunft einer zentralen Kreditevidenz eingeholt hat. Dies ungeachtet dessen, daß die Kreditevidenz auf freiwilliger Basis geführt wird.

Gerade die Regelungen betreffend die Umstände bei Kreditaufnahme zeigen deutlich, wie sehr der Gesetzgeber auf eine faire Interessenabwägung zwischen Gläubigern und Schuldnern abstellt: Macht der Schuldner unrichtige oder unvollständige Angaben über seine wirtschaftlichen Verhältnisse, liegt ein Einleitungshindernis vor, das eine Restschuldbefreiung unmöglich macht. Gewährt der Gläubiger trotz Kenntnis der Einkommenssituation unverhältnismäßig hohen Kredit, so trägt er unter Umständen das Risiko der Zahlungsunfähigkeit (Restschuldbefreiung ohne Erreichen der Mindestquote).

e) Der Privatkonkurs im Widerstreit der Meinungen

Ungeachtet der Bemühungen, hier zu einer maßvollen Regelung zu kommen, war die geplante Konkursordnungsnovelle von allem Anfang an Gegenstand heftiger Auseinandersetzungen.[240] Insbesondere gegen das vorgesehene Abschöpfungsverfahren mit

[238] 1218 BlgNR 18. GP, zu § 213.

[239] 1218 BlgNR 18. GP, zu § 213.

[240] Fries, Die KO-Novelle 1993 und das Hobellied, ecolex 1992, 840; Konecny, Verfahrensrechtliche Probleme der genannten KO-Novelle, 1993, ecolex 1992, 836; Mohr, Kleininsolvenzen - Schuldenregulierungsverfahren für Nichtkaufleute, in: Bezauer Tage 1992, Schriftenreihe des BMJ Washüttl, Wie der Bankier die KO-Novelle sieht, ecolex 1992, 833; Wenzel, Die Restschuldbefreiung in der deutschen und österreichischen Insolvenzrechtsreform, KTS 1993, 187; Wilhelm, Der Privatkonkurs wird möglich, ecolex 1992, 685.

Restschuldbefreiung wurden sehr bald nach Beginn der Verhandlungen massive Bedenken geäußert. Von Wirtschaftsseite wurde der Vorwurf erhoben, zahlungsunwillige Schuldner würden zu Lasten der Kreditgeber oder, in einer anderen Diktion, zu Lasten der "anständigen" Kreditnehmer bevorzugt. Die Restschuldbefreiung wurde gar als "gesetzliche Enteignung" der Gläubiger bezeichnet, die in einem Rechtsstaat nicht hingenommen werden könne.[241] Auch die Abschöpfungsperiode wurde insbesondere von den Banken als zu kurz empfunden und eine Frist von mindestens 10 Jahren gefordert, ebenso eine höhere Mindestquote von mindestens 20% der Forderungen verlangt.[242] Und nicht zuletzt warnten die Banken davor, daß durch das mit dem Verfahren erhöhte Kreditrisiko die Zahl der Kredite dramatisch zurückgehen und eine Kreditaufnahme für Personen mit geringem Einkommen unmöglich werde - eine Argumentation, die ganz den Denkmustern der 60er und 70er Jahre entsprach.

Auch von seiten der Schuldner und der sie vertretenden Institutionen kam Kritik. Das Verfahren sei zu lang und überfordere den Schuldner psychologisch, wurde argumentiert und die Einführung einer Mindestquote sei völlig fehl am Platz, da sie insbesondere in Bürgschaftsfällen nach fehlgeschlagenen Versuchen, ein Unternehmen aufzubauen, vor allem den mithaftenden Familienmitgliedern, insbesondere den Ehegattinnen, angesichts der hohen Kreditbeträge keine realistische Chance des Zugangs zum Verfahren gebe. Von Frauenorganisationen wurde spät aber doch auch darauf hingewiesen, daß für den Fall daß die Ehegattin bei der Kreditaufnahme ihres Mannes als Bürgin fungierte, sie für den Fall, daß der Mann Restschuldbefreiung im Rahmen des Verfahrens erlangt, nicht von der Restschuld befreit wird.[243]

Es bedarf keines besonderen Hinweises, daß ein abschließendes Urteil zum jetzigen Zeitpunkt, keinesfalls möglich ist und wohl erst in zwei bis drei Jahren abgegeben werden kann. So viel aber läßt sich immerhin sagen: Daß das Gesetz und seine Rechtswohltaten nur dem redlichen, grundsätzlich zahlungswilligen Schuldner zugute kommen soll, steht außer Frage. Die Behauptung, daß die Restschuldbefreiung bei einer gesetzlichen Enteignung der Gläubiger gleichkomme, entspringt einer Sichtweise die - bewußt oder unbewußt - von den faktischen wirtschaftlichen Auswirkungen der Verschuldung absieht. Gehört es doch zu den geradezu typischen Verhaltensweisen von Schuldnern, angesichts der Aussichtslosigkeit, seine Schulden zurückzuzah-

241 In diesem Sinne äußerte sich beispielsweise der Generaldirektor der größten österreichischen Bank, aber auch der Leiter des Kreditschutzverbandes anläßlich der Pressekonferenz des Kreditschutzverbandes von 1870 zum Thema "Privatschuldenregulierung" am 12.4.1994.

242 Washüttl, ecolex 1992, 833.

243 Die Frauenvorsitzende des Österreichischen Gewerkschaftsbundes äußerte sich anläßlich einer Pressekonferenz zum Thema "Armut abwenden, Arbeitslosigkeit abbauen, Auswege aufzeigen", am 4.03.1994 dahingehend.

len, in die Schwarzarbeit und ins soziale Abseits zu flüchten. Wird aber mangels Motivation kein exekutionsfähiges Einkommen mehr erwirtschaftet, bleibt dem Gläubiger in aller Regel nichts übrig, als mittelfristig auf die Forderung zu verzichten. Somit wird die gesetzliche Regelung bei realistischer und wirtschaftlicher Betrachtung künftig in aller Regel zu keiner Schlechterstellung der Gläubiger gegenüber der bestehenden Situation führen.

Auch die Warnung, daß durch das in Zukunft erhöhte Kreditrisiko die Zahl der Kredite dramatisch zurückgehen werde, hat sich nur zum Teil bewahrheitet. Zwar scheint die Zahl der Kredite in einem nennenswerten Umfang zurückgegangen zu sein, nicht aber das Volumen; mit anderen Worten: Kleinstkredite, die vielleicht in der Vergangenheit etwas großzügiger gehandhabt wurden, werden nunmehr restriktiver vergeben.[244] Ob das ein Nachteil ist, bleibe dahingestellt. Was schließlich die von verschiedenen Seiten kritisierte Dauer der Abschöpfungsperiode und die Mindestquote anbelangt, dürfte das Gesetz einen vernünftigen Mittelweg gewählt haben, der vor allem darauf abstellt, daß die erforderliche Motivation des Schuldners nur bei Absehbarkeit der Abschöpfungsfrist gegeben ist.

Daß das Erreichen der Mindestquote für Bürgen, zumeist Ehegattinnen, ein Hindernis zum Eintritt in das Verfahren darstellt, ist nicht wirklich zutreffend. Was bleibt, ist bestenfalls die Abhängigkeit von der Entscheidung des Gerichts, ob in diesen Fällen einer der im Gesetz angeführten Billigkeitsgründe zutrifft. Gerade die Billigkeitsgründe aber sind weitgehend auf die Situation der bürgenden Ehegattin zugeschnitten. Gerade im Bereich der Restschuldbefreiung aus Gründen der Billigkeit ist zu hoffen, daß die Gerichte von der ihnen eingeräumten Möglichkeit, Härtefälle einer Lösung zuzuführen, Gebrauch machen werden. Das Gesetz sichert nämlich - ohne sich in perfektionistischen Detailregelungen zu verlieren - ein pragmatisches Vorgehen, das die Entscheidungsfindung der Gerichte einerseits ausreichend determiniert und diesen andererseits den gerade in dieser sensiblen Materie erforderlichen Entscheidungsspielraum einräumt.

Daß schließlich das Gesetz nicht auf die Entschuldung des Haushalts, sondern auf die Entschuldung der einzelnen Privatperson abstellt und dementsprechend die gemeinsam aufgenommenen und gemeinsam zum Teil zurückgezahlten Kredite zwei nach Personen getrennte Verfahren erfordert, hat wohl vor allem damit zu tun, daß das österreichische Privatkonkursrecht auf die physische Person, also nicht nur auf den

244 Die größte österreichische Bank hat im Frühjahr 1994 bekanntgegeben, daß seit Inkrafttreten der neuen Kreditvergaberichtlinie, die im Hinblick auf die Konkursordnungs-Novelle 1993 eingeführt wurde, bei ihr 15% weniger Kreditfälle, aber nur 3% weniger Kreditvolumen zu verzeichnen ist.

Verbraucher, sondern auch auf den Einzelunternehmer abstellt. Ein Abstellen auf die Entschuldung des Haushalts hätte diese Lösung wohl eher erschwert. Es soll aber nicht verschwiegen werden, daß hier ein gewisser Schwachpunkt vorhanden ist.

Alles in allem zeigen die kritischen Beiträge zum österreichischen Privatkonkurs, wie sehr dieses Gesetzesvorhaben die Öffentlichkeit bewegt hat, aber auch wie vorsichtig und abwägend der Gesetzgeber hier vorgegangen ist. Der Kompromißcharakter dieses Gesetzes im positiven wie im negativen ist nicht zu übersehen.

f) Bewertung des „Privatkonkurses" und erste Erfahrungen

Zweifellos war es das Anliegen des Gesetzgebers, mit diesem Gesetz jenen redlichen Schuldnern einen Neubeginn im Rahmen der Gesellschaft zu ermöglichen, die bisher aufgrund fehlender rechtlicher Möglichkeiten ins soziale Abseits gedrängt waren. Insofern ist seine Wirkung zweifellos eine kurative. Gleichzeitig aber ist spürbar, daß es dem Gesetzgeber mit diesem Gesetz nicht darauf ankam, möglichst viele Fälle zu lösen oder gar möglichst viele Fälle einer gerichtlichen Regelung zuzuführen. Im Gegenteil, im Kern ist das Gesetz darauf angelegt, präventiv zu wirken. Indem dem Schuldner ein Schuldenregulierungsverfahren zur Verfügung steht, das in seinem letzten Abschnitt, dem Abschöpfungsverfahren, der Entscheidung der Gläubiger entzogen ist, werden diese darauf bedacht sein, schon zuvor im gerichtlichen Verfahren vernünftige, wirtschaftlich vertretbare Vergleiche zu erzielen. Mehr noch, sie werden bestrebt sein, derartige Vergleiche noch früher, nämlich in dem im übrigen durch das Gesetz gar nicht speziell geregelten außergerichtlichen Bereich zu realisieren. Das auch der Schuldner angesichts der Härte und der Dauer des Abschöpfungsverfahrens sich ganz ähnlich verhalten wird, sei hier nur der Vollständigkeit halber angemerkt. Ganz entscheidend aber ist, daß das Gesetz etwas bewirkt, was im Gesetz kaum angesprochen ist: Eine zurückhaltendere, verantwortungsvollere Gestion bei der Kreditvergabe - ein Effekt, der übrigens schon bald nach der parlamentarischen Beschlußfassung, also fast zwei Jahre vor seinem Inkrafttreten, auch tatsächlich zu beobachten war. Die kreditgebende Wirtschaft hat das im übrigen selbst sehr klar erkannt und schon früh als Argument gegen das Gesetz zu verwenden versucht, indem sie vor einem Rückgang der Zahl der Kredite warnte.

Erste praktische Erfahrungen

Nach Ablauf des ersten Halbjahres seit Inkrafttreten des „Privatkonkurses" zeigt sich eines sehr deutlich: Der - vor allem seitens der Wirtschaft - prognostizierte „Boom" bei „Privatkonkursen" ist ausgeblieben. Im ersten Quartal 1995 waren österreichweit nur 102 Privatkonkurse anhängig. Das ist deutlich weniger, als ursprünglich erwartet worden war: Vor Inkrafttreten des neuen Schuldenregulierungsverfahrens war von 5.000 und mehr Privatkonkursen die Rede gewesen.[245] Dazu kamen im zweiten Quartal noch zusätzlich 190 Verfahren. Erkennbar ist somit eine ansteigende Tendenz hinsichtlich der Verfahrenszahl, die den Kreditschutzverband von 1870 (KSV)[246] zur Prognose veranlaßt, daß insgesamt im Kalenderjahr 1995 mit einer Zahl von ca. 2.000 Verfahren zu rechnen ist. Dies, obwohl die als Folge der Einführung des „Privatkonkurses" eingetretene restriktivere Kreditvergabe von Konsumentenkrediten seitens der Banken mit berücksichtigt wurde.

Die Erfahrung der Schuldnerberatungsstelle Wien zur praktischen Abwicklung der „Privatkonkurse" ergibt folgendes Bild: Pünktlich nach Inkrafttreten des „Privatkonkurses" erfolgte ein massiver Ansturm auf die Beratungsstelle. Gegenüber dem Vorjahr waren doppelt so viele Anmeldungen zu Beratungsgesprächen registriert. Im Mai d.J. pendelte sich der Ansturm auf das Niveau des Vorjahres ein.

Waren es zu Jahresbeginn vor allem Geschäftsleute, somit ehemalige Unternehmer mit persönlichen Haftungen, die sich über einen „Privatkonkurs" entschulden wollten, so ist die Tendenz der Inanspruchnahme des neuen Verfahrens durch „echte" Private steigend. Nach Angaben des KSV beläuft sich der Anteil der Geschäftsleute an den „Privatkonkursen" zur Jahreshälfte auf ca. 60%. Das ist darin begründet, daß ehemalige Unternehmer in der Regel auch Schulden bei den Sozialversicherungsträgern haben, und diese generell einem außergerichtlichen Ausgleich die Zustimmung verweigern. Den Unternehmern bleibt daher in der Regel nur der Weg in das Konkursverfahren.[247]

Bedeutung der Schuldnerberatungsstellen

Zur Bedeutung und Rolle der Schuldnerberatungen hinsichtlich des außergerichtlichen „Verfahrens" ist nach dem ersten Halbjahr folgendes anzumerken. Ein außergerichtlicher Ausgleich seitens eines Schuldners kann in den meisten Fällen wohl nur mit Unterstützung einer Schuldnerberatungsstelle erzielt werden. Dies auch im Hinblick darauf, daß neben der praktischen Abwicklung auch eine rechtliche Beratung unabdingbar ist, um die Vorwirkungen der Konkursordnung richtig einzuschätzen. Zu denken ist hier insbesondere an das Verbot der Gläubigerbegünstigung, an die Regelungen hinsichtlich der Anfechtung von Rechtshandlungen bzw. an die Rechtsposition der Bürgen. Weiters ist eine wesentliche Aufgabe der Schuldnerberatungsstellen, eine realistische Einschätzung bezülich der Realisierbarkeit eines Privatkonkurses" vorzu-

245 Gem. Information der Arbeiterkammer Wien vom 24.04.95.
246 Die Presse vom 17.07.95.
247 Gem. Information der Arbeiterkammer Wien vom 24.04.95.

nehmen. Dies ist deshalb von immenser Bedeutung, weil das Scheitern eines Abschöpfungsverfahrens für die Dauer von 20 Jahren ein Einleitungshindernis für die neuerliche Durchführung eines Abschöpfungsverfahrens darstellt (§201 (1) Z6 KO). Es sollten daher nur jene Schuldner ein Abschöpfungsverfahren anstreben, die realistischerweise dieses auch „durchhalten" können. Hier ist die Kompetenz und die Erfahrung der Schuldnerberater besonders gefordert.

Zur Einschätzung, welche Personen realistischerweise in den „Privatkonkurs" gehen können, wird folgende Unterscheidung nach Interessenten vorgenommen:[248]
Ausgehend von der Feststellung, daß der „Privatkonkurs" nur bei Anwendung des Abschöpfungsverfahrens wirksam in die Praxis umgesetzt werden kann, scheidet die Gruppe der Arbeitslosen nahezu zur Gänze aus dem „Privatkonkurs" aus. Gute Chancen in das Abschöpfungsverfahren zu kommen, haben jene Personen, die unselbständig erwerbstätig sind. Hier ist daher auch häufig en außergerichtlicher Ausgleich möglich.

Ehemals Selbständige - insbesondere, wenn sie als junge und unerfahrende Unternehmer „gestrandet" sind - sind vielfach in der Lage, konstante Einkommensverhältnisse herzustellen. Ist dies gelungen, scheint der „Privatkonkurs" realisierbar.

Fazit

Auch wenn es auf den ersten Blick weit hergeholt erscheint, kann man abschließend den oben beschriebenen Wirkungszusammenhang durchaus mit dem des Produkthaftungsgesetzes vergleichen. Auch dort wurde von Wirtschaftsseite vor Inkrafttreten des Gesetzes immer wieder eine Prozeßflut vorausgesagt, die dann nicht eintrat. Der Grund dafür war, daß allein die aufgrund des Produkthaftungsgesetzes für den Kunden bessere Möglichkeit einer Klagsführung dazu führte, daß die Unternehmen in Sicherheit investierten. Ganz ähnlich scheint es auch im vorliegenden Fall zu sein. Die indirekte präventive Wirkung des Gesetzes könnte langfristig bedeutender werden als die direkte, kurative. Oder paradox ausgedrückt: Das Gesetz ist darauf angelegt, so wenig als möglich angewendet zu werden. Was ließe sich in einer Zeit der allerorts vorgenommenen Deregulierungsmaßnahmen besseres von einem Gesetz sagen als dies?

---

248 Maly, A., in: Informationen der Arbeitsgemeinschaft Schuldnerberatungen (ASG), Heft 1/95.

ANHANG 1

Hände weg von der Citibank-BahnCard!

10 Argumente, sich keine Citibank-Kreditkarte von der Deutschen Bahn AG aufdrängen zu lassen

Die Verbraucher-Zentralen haben schon 1994 vor dem Citibank-Bundesbahn-Coup die Öffentlichkeit gewarnt. Die Gespräche mit der Deutschen Bahn AG haben unsere Befürchtungen bestätigt und in der Sache nichts gebracht. Daher stellen wir der werbewirksam aufgemachten "besseren BahnCard" 10 gute Gründe gegenüber, warum man dem ungleichen Paar zeigen sollte, daß man mit den Verbrauchern nicht jede Werbekampagne ohne Vorsorge für Risiken und Gefahren und ohne Verantwortung für die Verschuldung in der Gesellschaft machen kann. Helfen Sie mit, daß es ein Flop wird. Dann lernen unsere Banken und Sparkassen von Verbrauchern.

Die BahnCard (50% Nachlaß) stimuliert die Benutzung des Zuges und ist im Interesse unserer Verkehrsdichte und des Umweltschutzes nur zu begrüßen. Hiermit hat eine Kreditkarte auch als reine Zahlungskarte ("Electron"!) mit Geheimzahl und hohen Gebühren nichts zu tun. Um einen Bahnfahrschein zu kaufen, brauche ich keine mit der BahnCard verbundene Kreditkartenfunktion, weil ich dort mit Bargeld, Scheck, ec-Karte und den Kontokreditkarten der Banken (Eurocard sowie einige Visa-Systeme, Diners und American Express) bezahlen kann. Warum also macht dies die Deutsche Bahn AG und Citibank, und dann auch noch scheinbar umsonst, während Citibank sonst für dieselbe Karte von ihren Kunden bisher 60,-- DM Jahresbeitrag verlangt und die Deutsche Bahn AG von Citibank noch Provision bekommen wird?

1. Die Kosten wird letztlich der Kunde bezahlen.

- Citibank (früher KKB) ist eine gefürchtete Verschuldungsbank, der gerichtlich häufiger Wucher, Kettenkredite und undurchschaubare Konstruktionen vorgeworfen wurden. Citibank erhofft sich drei Millionen neue Kunden und vor allen Dingen den Durchbruch eines ganz neuen Kreditsystems, den Kreditkartenkredit, mit dem es schon in den USA und anderen Ländern die traditionellen Ratenkredite verdrängt und sich die Marktführerschaft erkämpft hat.

- Citibank erhofft sich ferner den Einstieg in die gehobene Kundschaft und damit billige Refinanzierung durch Anlagen.

- Citibank versteckt die Kosten in Umtauschgebühren und Kreditzinsen.

Wer, wie die Verbraucher-Zentralen, mit großer Beunruhigung die Schuldenlawine in der Bundesrepublik Deutschland beobachtet und aus den Berichten der Amerikanischen Zentralbank weiß, wie verheerend unkontrollierbar Kreditkartenkredite die

Kreditaufnahme und das Zinsniveau chaotisieren können, muß fordern, daß keine undurchschaubare Verquickung von Bahndienst-leistungen, vereinfachten Zahlungen und Kreditaufnahme erfolgt.

2. Mit der Deutsche Bahn-Citibank-Hochzeit wird ein neues Verschuldungssystem hoffähig gemacht: das System der separaten Kreditkartenkredite. Während bisher das Bankgirokonto der Dreh- und Angelpunkt der Finanzen des privaten Haushaltes war, auf dem man Lohn und Gehalt, Ausgaben, Anlagemöglichkeiten sowie Einzugsermächtigungen und Daueraufträge bedienen konnte und mit dessen Auszügen man in regelmäßigen Abständen einen Spiegel seiner eigenen Finanzen bekam, beginnt mit der "besseren" Citibank-Visa-BahnCard die verheerende Trennung der Kredite von Lohn und Gehalt.

- Die Kreditaufnahme wird unbewußt. Wer sein Kärtchen zückt und damit zahlt, mag noch die Illusion haben, daß er erst nach vier Wochen voll bezahlt. In Wirklichkeit zerplatzt die Illusion am Monatsende und der ungewollte Kredit ist aufgenommen.

- Kreditkartenkredite führen grundsätzlich zu einer der teuersten Kreditformen, die es überhaupt gibt. Zur Zeit berechnet Citibank für solche Kredite mehr als 16% p.a., während diese auf dem Girokonto bei der Sparkasse 11% kosten und man beim Autokauf sogar Konditionen bis zu 0,9% p.a. bekommt.

- Die Gefahr der Kreditkartenreiterei wie in Amerika und England wird unabweislich, wo verschuldete Verbraucher, ihre Kredite auf der einen Karte mit Krediten von der anderen Karte finanzieren, dadurch Zinseszinsen und Schulden auftürmen und schließlich die Übersicht verlieren. So wie es Anonyme Alkoholiker gibt, so gibt es in den USA bereits auch die Anonymen Kreditkartenhalter, für die der Gebrauch der Kreditkarten zur Sucht geworden ist. Die Citibank-Kreditkarte ist für eine solche Sucht prädestiniert.

- Die Verquickung ist bewußt gewählt. Was Citibank von den Händlern an Prozenten vom Umsatz einnehmen, reicht nicht aus. Daher finanzieren diejenigen, die die teueren Kredite (z.Zt. über 10% p.a.) benutzen (etwa die Hälfte der Kreditkarteninhaber in den USA) die besserverdienende Hälfte von Kreditkarteninhabern, die genau den vierwöchigen zinslosen Kredit und die Annehmlichkeiten der Kreditkarte in Anspruch nehmen. Das Citibank-Visasystem ist daher prinzipiell ein soziales Umverteilungssystem von arm auf reich.

3. Ist die Karte wirklich umsonst?

Nur die Jahresgebühr entfällt am Anfang. Daß dies so bleibt, ist eher unwahrscheinlich, wenn Sie erst einmal Kunde sind und wegen der Kredite nicht wechseln können. Ferner: nicht ausgeschlossen ist, daß Sie für Ihr Kreditkartenkonto bei der Citibank Kontogebühren sowie Portokosten für die Zusendung Ihrer Kontoauszüge zahlen werden. Diese Kosten sind bisher in der Jahresgebühr enthalten, die in Zukunft entfällt. Die meisten Einnahmen werden von den Kreditkartenkrediten ausgehen. Im übrigen wird noch gut zugelangt: wer mit der Citicard im Ausland einkauft, zahlt auf jede 100,-- DM Einkauf noch 2,-- DM Währungsumtauschgebühr, ein stolzer Preis, während im Bankenmarkt 1,-- DM üblich ist.

4. Mit dem separaten Kartenverschuldungssystem hat man bei gleichem Kredit durchschnittlich mehr Außenstände als beim Überziehungskredit. Ein Beispiel: Sie erhalten am 15. des Monats Ihr Gehalt von vielleicht 4.000,-- DM. Am 30. des Monats werden alle möglichen Zahlungen fällig, das Konto sinkt auf 1.000,-- DM Guthaben. Dieses Guthaben geben Sie einschließlich Spar- und Versicherungsbeiträgen bis zum 15. wieder voll aus. Wenn Sie Ihre ex-Karte oder die Eurocard benutzt und auf Ihrem Konto einen Überziehungskredit von 4.000,-- DM stehen haben, dann sinkt immer zwischen dem 15. und dem 30. des Monats Ihr verzinslicher Kredit um die 3.000,-- DM auf 1.000,-- DM. Statt 14% auf 4.000,-- DM zahlen Sie dann nur die 14% Überziehungszinsen auf 1.000,-- DM. Das spart pro Jahr 210 DM. Haben Sie stattdessen ein Visakartenkonto bei der Citibank, so liegt Ihr Geld nutzlos auf Ihrem Girokonto vom 15. bis zum 30., während Sie die hohen Zinsen auf Ihrem Kreditkartenkonto haben. Sie können auch nicht am 15. Ihr Gehalt auf das Kreditkartenkonto überweisen und es am 30. zurückbuchen, weil man mit der Kreditkarte nur Bargeld einzahlen, aber bei Bargeldauszahlung enorme Gebühren (3% der Summe, mindestens 10,-- DM) bezahlen müßte. Welche Kosten Citibank für die Auszahlung in Rechnung stellt, bestimmt sie selber durch Aushang (Ziffer 9). Außerdem sind die Barauszahlungen auf 500,-- DM pro Tag im Inland, 1.000,-- DM im Ausland (außer bei Guthaben) begrenzt.

5. Die Kreditkartenbenutzung stellt Sie auch schutzlos gegenüber den Verkäufern. Während bei Krediten, die Händler im Zusammenwirken mit Banken geben, das Verbraucher-kreditgesetz dem Kunden das Recht einräumt, bei mangelhafter Warenlieferung oder Konkurs des Händlers vor Lieferung, auch die Rückzahlung des Kredites zu verweigern, bestimmt Ziffer 7 Abs. 2 der Citibank-Visacard-Bedingungen, daß "Reklamationen und Beanstandungen aus dem Verhältnis zwischen Karteninhaber und Vertragsunternehmen ... nicht die Zahlungspflicht

des Hauptkarteninhabers berühren". Man zahlt also auch, wenn man nichts bekommen hat.

6. Die Citi-Visakarte ist auch kein ungefährliches Spielzeug. Zwar ist für den Mißbrauch Dritter die Haftung des Karteninhabers ausgeschlossen, doch gerade die Kombination mit dr BahnCard läßt das Risiko erheblich steigen. Der Ärger steigt, weil jeder Mißbrauch zunächst den Verdacht auf den Karteninhaber lenkt.

- Wer Interesse an Kreditkartenmißbrauch hat, wird in Zukunft die BahnCard gleich mitstehlen müssen. Der Zug ist dabei ein geeignetes Diebstahlfeld, weil jeder Mitreisende sofort sieht, daß der Andere nicht nur eine BahnCard, sondern eine Kreditkarte mit sich führt. Nicht nur im Schlafwagen oder beim kurzen Austritt auf die Toilette gibt es somit genügend Möglichkeiten, die Kreditkarte zu stehlen. Geschädigt ist der Kunde, der seine BahnCard verliert und hier bei der Bahn kostenpflichtig eine Ersatzkarte sich beschaffen muß - ganz abgesehen von dem gesamten Ärger, den der Verlust der Karte mit sich bringt (Verlustmeldung, Beantragung neuer Karte, Abwehren von Ansprüchen durch unberechtigtes Abheben, evtl. strafrechtliche Ermittlungen gegen sich wegen vermutetem Betrug usw.).

- Hilft das Foto der Citibank gegen den Kartenmißbrauch?
Nach statistischen Erhebungen erfolgen 70% der Mißbräuche von Kreditkarten im Zusammenspiel zwischen einer Akzeptanzstelle und demjenigen, der die Karte gestohlen hat. Das Schuhgeschäft, das sich über die Karte einen schönen Umsatz verschafft und sich einen Teil des Geldes vom Dieb auch noch abtreten läßt, hat gar kein Interesse, die Person auf dem Foto zu identifizieren. Citibank hat keine Handhabe, wenn der Kartenakzeptant behauptet, der Einreicher habe der Person auf dem Foto ähnlich gesehen, weil weder der Einreicher bekannt noch die Karte noch da ist.

- Es gibt aber heute schon ein Vielzahl von Möglichkeiten, in denen überhaupt keine Identifikation mehr stattfindet. So kann man mit der Kreditkarte telefonieren, bei manchen Geschäften zieht man die Kreditkarte selber durch den Magnetschlitz, und immer mehr Bestellfirmen lassen es ausreichen, daß man telefonisch die Kreditkartennummer durchgibt. In all diesen Fällen kann der Dieb getrost auch Fotokarten benutzen. Der Anreiz, in Zukunft die BahnCard zu stehlen, wird also gewaltig steigen. Das organisierte Verbrechertum entwikelt bereits Strategien, die Kreditkarten intensiver zu nutzen.

7. Brauche ich überhaupt eine Kreditkarte?

- In Deutschland ist die Kreditkarte weitgehend überflüssig. Wer nicht mit Bargeld bezahlen möchte, hat heute schon in außerordentlich vielen Geschäften die Möglichkeit, mit der ec-Karte direkt zu bezahlen. Wo das noch nicht möglich ist, kann auf jeden Fall ein Scheck ausgeschrieben werden. Wer stattdessen seine Kreditkarte benutzt, sollte wissen, daß ca. 3-4% des Umsatzes vom Händler an die Kreditkartenfirma zu zahlen ist. Das zahlt der Kunde im Preis mit. Probieren Sie es aus, indem Sie bei einem kleinen Händler die Karte hervornehmen und fragen, wieviel er Ihnen vom Preis nachläßt, wenn Sie bar bezahlen.

- Zur Bargeldabhebung ist die Karte untauglich. Die Gebühren sind exorbitant hoch. Wenn Sie z.B. im Ausland 1.000,-- DM brauchen, so zahlen Sie die Barabhebungsgebühr von 30,-- DM zuzüglich 20,-- DM Umtauschgebühr. Da sind Sie mit dem Barumtausch oder Traveller-Schecks (10,-- DM) und selbst mit der ec-Karte noch besser bedient.

- Wirklich sinnvoll ist eine Kreditkarte vor allen Dingen in Ländern mit hoher Akzeptanz wie den USA oder Frankreich und England, wenn Sie sie bei Bargeldmangel zur Bezahlung bei Dienstleistungsbetrieben und Geschäften benutzen. Billig ist das aber gerade bei der Citibank nicht, weil 2% eine weit überzogene Umtauschgebühr ist.

8. Aber ich erhalte doch schöne Versicherungen gratis dazu sowie ein wunderbares Sparkonto mit 3%?!

- Schauen Sie sich die Versicherungsleistungen gut an. Ihre Chance, hierdurch jemals einen Pfennig zu bekommen, d.h. in eine solche Risikosituation zu geraten, ist nahe gegen Null. Ein Vertreter von Visa hat gegenüber dem Bundeskartellamt ausgeführt, daß die Versicherungen die Kartenherausgeber so wenig kosten, daß es praktisch teurer wäre, eine Karte ohne Versicherung zu verkaufen. Eine Versicherung, die nichts kostet, hat aber keine Ausgaben und ist damit auch Augenwischerei.

- Soll man sein Guthaben bei Citibank auf dem Kreditkartenkonto verzinsen lassen? Citibank bietet zur Zeit 3% bis 10.000,-- DM an, 3,5% bis 25.000,--. Das ist nichts besonderes und kann heute auf Sparbüchern und vor allem bei einer Summe von mehr als 10.000,-- DM auf dem Festgeldkonto Ihrer Bank ohne weiteres verdient werden. Wenn Sie also große Beträge anzulegen haben, werden Sie auf das Kreditkartenangebot kaum hereinfallen. Haben Sie dagegen kleine

Beträge, so sollten Sie sie auf Ihrem Girokonto zusammenhalten und dazu nutzen, Ihre Kontoüberziehung in Grenzen zu halten. Wer auf dem Kreditkartenkonto spart, ist selber schuld. Außerdem verlieren Sie bei Guthaben noch die Zahlungsfrist von vier Wochen, weil sofort abgebucht wird.

9. Und noch etwas: Citibank behält sich vor, Ihnen "aus wichtigem Grund" Ihre BahnCard wegzunehmen (Ziffer 21).

10. Citibank wirbt mit Zusatzkarten. Sie sollten wissen, daß auch die Zusatzkarten Ihre Karten sind und jedes Familienmitglied, das sie benutzt, Ihre Schulden mit erhöht, weil man dafür gemeinsam haftet. (Ziff. 12)

Wir verlangen nicht nur von den Banken, sondern auch vom Gesetzgeber,

- daß niemand, der mit dem Zug fahren will, eine Citibankverbindung aufgedrängt bekommt, daß also die alte BahnCard als Alternative erhalten bleibt,
- daß Kreditkartenkredite wie andere Kredite auch bei jeder Kreditaufnahme den Effektivzins und sämtliche Kosten einschließlich des Ratenplanes dem Verbraucher zu geben haben,
- daß Banken, die die vierte oder fünfte Kreditkarte einem Kunden aushändigen, als Gläubiger nicht genauso bestellt werden wie diejenigen, die ihr Girokonto verwalten und ihm Übersicht über Ausgaben und Einnahmen sowie Kosten geben,
- daß Funktionen, die nichts miteinander zu tun haben, auch aus kartellrechtlichen Gründen nicht verbunden werden dürfen, damit jedes Produkt für sich vom Verbraucher bewertet werden kann (ein schlechtes Citibank-Produkt und ein gutes Bahnprodukt machen noch kein gutes Citibank-Bahn-Produkt),
- daß Scheinleistungen aus der Werbung verbannt bleiben und daß die Werbung ehrlicher wird, indem sie die Gefahren, Risiken und Kosten ebenso herausstellt wie die Vorteile und Möglichkeiten von Kreditkarten.

Im übrigen sollte sich jeder Verbraucher überlegen, ob es ratsam ist, daß eine Bank über alle seine Bahnfahrten Bescheid weiß, Sie dann noch zu Citibank in die USA transferiert und von Ihrer Hausbank Auskünfte einholen kann. (Unter C.).

Wenn Sie mehr über Citibank wissen wollen, hier ein Bericht vor allem über die Kreditkartenpraxis und die Schuldbetreibung von der Ralf Nader Study Group: Citibank, Viking Company Book, Grossman Verlag, New York, 1973.

Institut für Finanzdienstleistungen und Verbraucherschutz e.V.

ANHANG 2

KOMMISSION DER EUROPÄISCHEN GEMEINSCHAFTEN

Brüssel, den 11.05.1995
KOM(95) 117 endg.

Bericht über die Anwendung der Richtlinie 87/102/EWG zur Angleichung der Rechts- und Verwaltungsvorschriften der Mitgliedstaaten über den Verbraucherkredit

(Auszug)

(von der Kommission vorgelegt)

BERICHT ÜBER DIE RICHTLINIE 87/102

I. Einleitung und Zusammenfassung

1. Am 22. Dezember 1986 hat der Rat eine Richtlinie "zur Angleichung der Rechts- und Verwaltungsvorschriften der Mitgliedstaaten über den Verbraucherkredit"[1] verabschiedet. Diese Richtlinie ist seit 1. Januar 1990 in Kraft.

2. Nach Artikel 17 dieser Richtlinie legt die Kommission dem Rat und dem Parlament fünf Jahre nach ihrem Inkrafttreten einen Bericht über die Anwendung der Richtlinie vor. Dies ist der Zweck des vorliegenden Dokuments.

3. Die Richtlinie 87/102 wurde durch die Richtlinie 90/88[2] insbesondere hinsichtlich der mathematischen Formel zur Berechnung des effektiven Jahreszinses geändert. Wie in dieser zweiten Richtlinie vorgesehen, wird die Kommission im Juli 1995 einen weiteren Bericht und ein Rechtsinstrument zu der mathematischen Formel vorlegen.

4. Der Verbraucherkreditmarkt befindet sich in ständiger Weiterentwicklung und seine Beteiligten und Verfahren haben sich in den 80er Jahren erheblich verändert. Um es vereinfachend auf eine griffige Formel zu bringen, könnte man sagen, daß die Kreditkarte das Teilzahlungsgeschäft abgelöst hat.

5. Die ersten Gemeinschaftsarbeiten zum Verbraucherkredit gehen auf das Jahr 1975 zurück. Der Vorschlag der Kommission stammt aus 1979. Die endgültige Verabschiedung erfolgte 1986. Über die Anwendung der einzelnen Artikel hinaus muß somit nachgeprüft werden, ob die Richtlinie 1995 noch den damals angestrebten Zweck erfüllt.

6. Seit der Veröffentlichung der Richtlinie hat die Kommission eine Reihe von Untersuchungen über die Umsetzung in nationale Rechtsvorschriften und über das Funktionieren dieses Binnenmarktes durchgeführt. Der vorliegende Bericht stützt sich auf diese Untersuchungen[3].

---

[1] Richtlinie des Rates 87/102 EWG vom 22. Dezember 1986, ABl.Nr. L 42 vom 12.2.87, S. 48.

[2] Richtlinie des Rates vom 22. Februar 1990 zur Änderung der Richtlinie 87/102/EWG zur Angleichung der Rechts- und Verwaltungsvorschriften der Mitgliedstaaten über den Verbraucherkredit, ABl. Nr. L 61 vom 10.03.90, S. 14.

[3] Die Durchführung der Richtlinie EWG/87/102 (in der Fassung der Richtlinie EWG/90/88) über den Verbraucherkredit in den Mitgliedstaaten, Vertrag B5-1030/91/001783 (Oktober 1991); The costs of consumer credit in the EC (Die Kosten des Verbraucherkredits in der EG), Vertrag B5-1040/92/00629 (August 1993); Overindebtedness of consumers in the EC member states: facts and search for solutions (Überschuldung der Verbraucher in den Mitgliedstaaten der EG - Sachverhalt und Lösungen), Vertrag B5-1040/91/011384 (September 1992); Etude sur la mise

Im Sommer 1994 wurde darüber hinaus ein Fragebogen mit 48 Fragen an die Mitgliedstaaten, aber auch an die europäischen Verbände der Darlehensgeber, Geschäftsleute und Verbraucher gesandt. Auch andere Stellungnahmen wurden eingeholt, insbesondere aus Hochschulkreisen. Bei der Kommission gingen rd. 50 Antworten ein[4].

7. Der sehr offen konzipierte Fragebogen behandelte verschiedene Aspekte des Verbraucherkreditmarkts. Zu zahlreichen Einzelfragen nimmt der vorliegende Bericht nicht abschließend Stellung, sondern liefert nur Informationen als Diskussionsgrundlage.

8. Der Verbraucherkredit ist mehr denn je eine entscheidende Komponente im Wirtschaftsleben, die eine zeitliche Verschiebung zwischen dem Konsum und seiner Finanzierung gestattet. Eine solche Entwicklung bedarf des Nachdenkens und der Diskussion. Die hier gegebene Zusammenfassung geht nur auf die Punkte des Berichts ein, zu denen die Kommission bereits eine Meinungsbildung vorgenommen hat.

9. Da die Richtlinie in das Abkommen über den Europäischen Wirtschaftsraum (EWR) integriert worden ist, erfaßt dieser Bericht die 15 Staaten der Union plus Norwegen und Island.

Zur Richtlinie 87/102

11. Der wichtigste Schluß aus der Umsetzung der Richtlinie ist die starke Inanspruchnahme der Mindestklausel (Artikel 15) durch die Mitgliedstaaten. Die meisten Länder sind bei der Umsetzung davon ausgegangen, daß der in der Richtlinie vorgesehene Schutz auf die eine oder andere Weise noch verbessert werden mußte. Sie sind daher unter Einhaltung der entsprechenden Vertragsvorschriften über die Richtlinie hinausgegangen. Der Bericht enthält eine Beschreibung dieser Maßnahmen nach Ländern.

---

en oeuvre de la clause minimale prévue dans le droit communautaire en faveur des consommateurs (Untersuchung über die Anwendung der im Gemeinschaftsrecht vorgesehenen Mindestklausel zugunsten der Verbraucher), Vertrag A0/2600/93/006846 (August 1994); Evaluation de la Loi Neiertz sur le traitement du surendettement des ménages (Auswirkungen des Gesetzes Neiertz auf die Überschuldung der Haushalte), Vertrag B5-1000/94/001661 (November 1994) und allgemeine Untersuchungen über die Umsetzung und Durchführung aller verbraucherpolitischen Richtlinien einschließlich Richtlinie 87/102 in den Mitgliedstaaten.

4 Allerdings waren zum 1. Januar die offiziellen Antworten von drei Mitgliedstaaten noch nicht bei der Kommission eingegangen.

12. Diese Feststellung ist insofern paradox, als das ursprüngliche Ziel die Harmonisierung der Verbraucherschutzvorschriften war, aber das von der Richtlinie vorgesehene harmonisierte Mindestniveau hat es den Mitgliedstaaten gestattet, die Richtlinienbestimmungen zu vervollständigen, um den Schutz ihrer Verbraucher zu verstärken. Unter Harmonisierungsgesichtspunkten war die Richtlinie also nur begrenzt wirksam. Sie hat aber als Triebfeder gewirkt und ist zur Ausgangsbasis für wirksamere Verbraucherschutzvorschriften geworden.

13. Die Richtlinie wurde 1986 vor Inkrafttreten der Einheitlichen Akte verabschiedet, derzufolge keine Einstimmigkeit mehr erforderlich ist, bzw. vor der Ratifizierung des Vertrages über die Europäische Union, nach dessen Artikel 3(s) die Gemeinschaft zu einem hohen Verbraucherschutzniveau beizutragen hat Artikel 100a heißt es ferner, daß die Kommission in ihren Vorschlägen von einem hohen Verbraucherschutzniveau ausgeht.

14. Zur Erklärung dieses Sachverhalts bieten sich mehrere Möglichkeiten an. Die Richtlinie war Ende der 70er Jahre vorgeschlagen worden, also zu einer Zeit, in der andere Kreditformen als der Teilzahlungskredit sich erst zu entwickeln begannen. Umgesetzt wurde die Richtlinie Ende der 80er Jahre, wo dann der Personalkredit den Markt beherrschte. Verabschiedet wurde die Richtlinie 1986, vor dem Inkrafttreten der einheitlichen Akte. Seinerzeit war für solche Richtlinien Einstimmigkeit notwendig.

15. Die Richtlinie soll alle Kreditformen umfassen. Es muß aber festgestellt werden, daß sie besser auf die traditionellen Formen abgestimmt ist als auf die neueren Techniken. Auch haben die meisten Mitgliedstaaten bei der Umsetzung der Richtlinie nicht unbedingt den Besonderheiten der Kreditkarten Rechnung getragen. Die Kommission schlägt daher eine Änderung der Richtlinie 87/102 vor, um sie an die Weiterentwicklung der Finanztechniken anzupassen und sie auf das mittlere Niveau der Mitgliedstaaten anzuheben.

16. Irland hat die Richtlinie noch nicht umgesetzt aber ein Entwurf liegt dem Dètail vor. Die Konformität des spanischen Gesetzes 7/1995 vom 23/3/95, das die Richtlinien 87/102 und 90/88 umsetzt, ist von der Kommissionen noch nicht geprüft worden.

17. Bei der Umsetzung in die nationale Rechtsordnung sind die Mitgliedstaaten nicht auf Schwierigkeiten gestoßen, da sie durchweg die Mindestklausel angewandt haben.

18. Artikel 2 der Richtlinie enthält eine lange Liste mit Ausnahmen. Kein Land hat die Liste als ganzes übernommen. Es wird daher vorgeschlagen, diese Liste zu kürzen,

um daraus die Ausnahmen auszuklammern, die von den meisten Mitgliedstaaten nicht übernommen worden sind.

19. Besonders problematisch sind die Kredite zur Renovierung und Verschönerung eines Gebäudes sowie die Kredite für Grundstücke und Gebäude mit und ohne Hypothek. Die Kredite ohne Hypothek entsprechen in etwa den Verbraucherkrediten. Anders liegt der Fall bei den Hypothekarkrediten.

20. Die Kommission stellt sich die Frage nach der Einbeziehung von nicht durch Hypothek gesicherten Darlehen für Bauarbeiten in die Richtlinie 87/102 und nach der Zweckmäßigkeit einer Richtlinie zum Hypothekarkredit. Der Erwerb von Grundbesitz ist die wichtigste Rechtshandlung im Leben eines Durchschnittsverbrauchers. Mit der einheitlichen Währung und der Ausschaltung der Wechselrisiken werden die grenzüberschreitenden Geschäfte in diesem Bereich sicher zunehmen.

21. Die meisten Rechtssysteme definieren den Verbraucherbegriff weitergefaßt (Artikel 2). Einige Länder wenden ihre diesbezüglichen Rechtsvorschriften auch auf kleinere Unternehmen an. Ohne so weit zu gehen, fragt sich die Kommission, ob der Anwendungsbereich nicht auch auf die Kredite ausgeweitet werden soll, die ein Verbraucher zur Anfangsfinanzierung einer beruflichen Tätigkeit aufnimmt.

22. Zur Werbung (Artikel 3) enthält die Richtlinie nur eine Auflage, nämlich die Angabe des effektiven Jahreszinses. Zahlreiche Länder reglementieren den Inhalt der Werbung. Ein besonderes Problem ist dabei die Werbung für junge Verbraucher als Zielgruppe. Angesichts der Schlußfolgerungen eines von der belgischen Präsidentschaft zu diesem Thema veranstalteten Kolloquiums stellt die Kommission Überlegungen zur Nützlichkeit der Ausarbeitung eines berufsethischen Kodex bei der Werbung für jugendliche Kreditnehmer an.

23. Artikel 4 schreibt die Angaben fest, die im Kreditvertrag anzuführen sind. Allerdings ist die Kommission der Auffassung, daß die Qualität des Vertragsverhältnisses verbesserungsbedürftig ist. Hierzu wird vorgeschlagen, dem Verbraucher ein Informationsgebot und dem Kreditgewerbe eine Beratungspflicht zur Auflage zu machen.

24. Die Richtlinie enthält ein Limit (20 000 ECU), dessen Revision in Artikel 13 vorgesehen ist. Der Revisionsmechanismus ergäbe 26 000 ECU. Die Kommission denkt an einen Vorschlag diesen Mechanismus nicht anzuwenden, sondern das 20 000-ECU-Limit zu streichen. Auch wird vorgeschlagen zu prüfen, ob die Ausnahme bezüglich der Kreditverträge mit 4 Tilgungsraten weiterhin für die Staaten von Interesse ist, die diese Ausnahme in ihre nationalen Rechtsvorschriften aufgenommen

haben. (Alle Verweise im Text auf nationale Währungen sind zum Kurs vom Januar 1995 in ECU umgerechnet).

25. Artikel 6 befaßt sich mit dem Personalkredit als Überziehungskredit auf einem laufenden Konto. Dieser Artikel könnte einer Überprüfung unterzogen werden, um diese gängige Praxis der Verbraucherkreditgewährung insbesondere in Verbindung mit Zahlungskarten besser zu erfassen.

26. Zahlungen in Form von Wechseln (Artikel 10) sollen generell untersagt werden.

27. Artikel 12 bietet den Mitgliedstaaten drei Alternativen bei den Überwachungssystemen (Genehmigung, Kontrolle oder Beschwerde). Alle Mitgliedstaaten haben das erste oder zweite System praktiziert. Einige Länder haben auch die Regelung von Streitfällen hinzugefügt. Die Kommission untersucht, ob es notwendig ist, den Artikel zu ändern und in jedem Land Stellen einzurichten, die berechtigt sind, Beschwerden im Zusammenhang mit Verbraucherkrediten entgegenzunehmen.

28. Die Kommission fragt auch danach, wie einige Länder die Anwendung der nationalen Umsetzungsbestimmungen der Richtlinie überwachen. In den Antworten auf die Fragebögen ist vielfach zu lesen: "Dem Ministerium liegen keine Angaben darüber vor, wie diese Bestimmungen in der Praxis angewandt werden". Wenn aber das für die Umsetzung der Richtlinie verantwortliche Ministerium nicht weiß, wie die nationalen Rechtsvorschriften funktionieren, wie soll dann die Kommission die konkrete Umsetzung der Richtlinie nachprüfen?

Funktionieren des Marktes

29. Viele Mitgliedstaaten haben in der einen oder anderen Form Bedenkzeiten eingeführt, während derer der Verbraucher bestimmte Kreditarten widerrufen kann. Die Kommission plant deren generelle Einführung für bestimmte Verbraucherkreditverträge.

30. Einem Verbraucher, der mit der Rückzahlung seiner Schulden in Rückstand gerät, stellen sich zahlreiche Probleme. Die Kommission fragt sich, ob nicht ein Verhaltenskodex zur Verhinderung von Mißbräuchen zweckmäßig ist. Außerdem sind verspätete Rückzahlungen vielfach mit extrem hohen Verzugsstrafen verbunden. Die Kommission wird prüfen, wie sich eine bessere Ausgewogenheit zwischen den Parteien bei Nichterfüllung des Vertrags herbeiführen läßt.

31. Unzulänglichkeiten in den Marktabläufen führen unter bestimmten Voraussetzungen zu extrem hohen Kreditzinsen. In einigen Ländern werden die Höchstsätze beim Verbraucherkredit reglementiert. Falls eine Reglementierung des Wuchers notwendig ist, müßte sie wahrscheinlich im Rahmen der Währungseinheit gemeinschaftseinheitlich erfolgen.

32. Die Kreditvermittlung wird theoretisch durch die nationalen Rechtsvorschriften geregelt. Offenbar treten aber noch praktische Probleme auf. Die Kommission wird eine Untersuchung über die vom Verbraucher in den Beziehungen mit den Kreditvermittlern festgestellten Probleme durchführen lassen.

33. Der Schutz des persönlichen Lebensbereichs ist eine wichtige Forderung im Verbraucherkreditwesen. Wenn die Rahmenrichtlinie zum personenbezogenen Datenschutz von Rat und vom Parlament verabschiedet worden ist, wird es den Mitgliedstaaten obliegen, sie auf den Bereich des Verbraucherkredits anzuwenden - insbesondere auf Credit-Scoring und die Kreditregistrierstellen - ist dann Sache der Mitgliedstaaten.

34. Die Richtlinie 87/102 behandelt nicht die Sicherheitsleistungen, die der Kreditgeber mitunter verlangt. Entsprechende Vorschriften bestehen in mehreren Ländern. Die Kommission könnte sich vorstellen,einige der von der Richtlinie vorgesehenen Informationsauflagen auf die Sicherheitsleistungen auszudehnen.

35. Die Überschuldung ist ein in der gesamten Union verbreitetes Problem. Die Kommission wird hierzu verschiedene Maßnahmen prüfen, die auf Gemeinschaftsebene unter Wahrung des Subsidiaritätsprinzips denkbar sind. Geprüft werden hier Lösungsmöglichkeiten bei der Prävention und den Hilfs- und Beratungssystemen sowie die nationalen Bestimmungen, die dem Verschuldeten die Rückkehr zu einer normalen Situation ermöglichen können.

Konklusion

36. Die Kommission wird Ende 1995 ihren neuen Aktionsplan zur Verbraucherpolitik vorstellen. Der vorliegende Bericht stellt einige Probleme des Funktionierens des Binnenmarkts für den Verbraucherkredit heraus sowie Lösungen, die hierfür eventuell gefunden werden können. Damit ist die Diskussion eröffnet und alle interessierten Kreise können daran teilnehmen. Die Kommission wird, auf der Grundlage des Ergebnisses dieser Diskussion und unter Berücksichtigung der Grundsätze der Subsidiarität und der Proportionalität, in ihrem neuen Aktionsplan die Vorschläge bekanntmachen, die sie zu berücksichtigen gedenkt.

ANHANG 3

Abkürzungsverzeichnis:
Banken und Sparkassen im Rahmen der Umschuldungsaktion des IFF

Interne Abkürzung	Vollständige Bankenbezeichnung	Original Abkürzung der Banken
AHB	Allgemeine Hypotheken Bank AG, Frankfurt	AHB
Allbank	Allbank	
Allianz	Allianzversicherung	
Apoth. + ÄrtzeBk.	Deutsche Apotheker-und Ärztebank eG, Bank für Heilberufe, Düsseldorf	
Bank f. Sparanlg.	Bank f. Sparanlagen	
BauBoden	Deutsche Bau- und Bodenbank AG, Frankfurt	DBB
BaWüBa	Badenwürttembergische Bank AG, Stuttgart	BW Bank
Bay Handelsbank	Bayrische Handelsbank AG, München	BHB
BayHyp	Bayrische Hypotheken- und Wechselbank AG, München	HYPO BANK
BayV	Bayrische Vereinsbank AG, München	Vereinsbank
BayVers	Bayrische Versicherung	
Berl. Leben	Berlinische Lebensversicherung	
Berl.Bank	Berliner Bank AG	
Berlin Hyp	Hypothekenbank in Berlin AG	
BFG	BfG Bank AG, Frankfurt	BfG
BHW	Allgemeine Bausparkasse AG, Hameln	BHW
BHW Bank	BHW Bank AG,Hameln	
Br.-Hann.Hypo	Braunschweig-Hannoversche Hypothekenbank AG, Hannover	bhh
BSK Aachner	Aachener Bausparkasse AG	
BSK Leonberger	Leonberger Bausparkasse AG	
BSK Schwäb.Hall	Bausparkasse Schwäbisch Hall AG -Bausparkasse der Volksbanken und Raiffeisenbanken-	
BSK Würo	Bausparkasse Gemeinschaft der Freunde Wüstenrot, gemeinnützige GmbH, Ludwigsburg	
BSV Bank		
Citibank	Citibank AG, Frankfurt	
Colonia	Colonia Bausparkasse AG, Dortmund	
Comba	Commerzbank AG, Frankfurt	
ComCre	Commerz-Creditbank, Saarbrücken	
DB	Deutsche Bank AG, Frankfurt	
DBV	Deutsche Beamten Versicherung	DBV
DCAG	Deutsche Centralbodenkredit-AG, Köln	Centralboden
DDirekt	Deutsche Direktbank AG, Frankfurt	
Debeka Bspk	DebekaBausparkasse AG,Koblenz	
DePfa	Deutsche Pfandbrief- und Hypothekenbank AG, Wiesbaden	DePfa- Bank
DeuHyp	Deutsche Hypothekenbank AG, Frankfurt	DEUTSCHE HYPO
Deutscher Lloyd		
DG Bank	Deutsche Genossenschaftsbank, Frankfurt	
DGHyp	Deutsche Genossenschafts-Hypothekenbank AG, Hamburg	
DHyp FFM	Deutsche Hypothekenbank AG, Frankfurt	
DHyp Hannover	Deutsche Hypothekenbank AG, Hannover	Deutsche Hypo
Dresdner	Dresdner Bank AG, Frankfurt	
DSL Bank	Deutsche Siedlungs- und Landesrentenbank Bonn/Berlin	DSL Bank
Dt. Girozentrale	Deutsche Girozentrale -Deutsche Kommunalbank-, Frankfurt+Berlin	
Essen Hyp	Hypothekenbank in Essen AG	

Interne Abkürzung	Vollständige Bankenbezeichnung	Original Abkürzung der Banken
FFM Boden	Frankfurter Bodenkreditbank AG	
FFMHyp	Frankfurter Hypothekenbank AG	
GenoBa München	Genossenschaftsbank München eG Raiffeisenbank	
HHBa	Hamburger Bank von 1861 Volksbank eG, Hamburg	
HHHyp	Hypothekenbank in Hamburg AG	HAMBURGHYP
Iduna	Iduna Bausparkasse AG, Hamburg	IDUNA
KSK Ahrweiler	Kreissparkasse Ahrweiler, Bad Neuenahr-Ahrweiler	
KSK Augsburg	Kreissparkasse Augsburg	
KSK Aurich	Kreissparkasse Aurich-Ostfriesische Sparkasse	
KSK Backnang	Kreissparkasse Backnang	
KSK Segeberg	Kreissparkasse Segeberg	
KSK Bersenbrück	Kreissparkasse Bersenbrück	
KSK Biberach	Kreissparkasse Biberach	
KSK Bitburg	Kreissparkasse Bitburg-Prüm	
KSK Böblingen	Kreissparkasse Böblingen	
KSK Borken	Kreissparkasse Borken, Ahaus	
KSK Dachau	Kreis- und Stadtsparkasse Dachau-Indersdorf	
KSK Diepholz	Kreissparkasse Diepholz	
KSK Erlangen	Stadt- und Kreissparkasse Erlangen	
KSK Esslingen	Kreissparkasse Esslingen-Nürtingen	
KSK Freudensta.	Kreissparkasse Freudenstadt	
KSK Geislingen	Kreissparkasse Geislingen	
KSK Göppingen	Kreissparkasse Göppingen	
KSK Hannover	Kreissparkasse Hannover	
KSK Harburg	Kreissparkasse Harburg, Hamburg	
KSK Heppenheim	Bezirkssparkasse Heppenheim	
KSK Lauenburg	Kreissparkasse Herzogtum Lauenburg, Ratzeburg	
KSK Ludwigsburg	Kreissparkasse Ludwigsburg	
KSK Nordhorn	Kreissparkasse Nordhorn	
KSK Nürtingen	Kreissparkasse Nürtingen	
KSK Osnabrück	Kreissparkasse Osnabrück	
KSK Ostholstein	Kreissparkasse Ostholstein, Eutin	
KSK Pinneberg	Kreissparkasse Pinneberg	
KSK Ravensburg	Kreissparkasse Ravensburg	
KSK Reutlingen	Kreissparkasse Reutlingen	
KSK Schorndorf	Kreissparkasse Schorndorf	
KSK Schwäb. Hall	Kreissparkasse Schwäbisch Hall-Crailsheim	
KSK Siegburg	Kreissparkasse in Siegburg	
KSK Siegmaringe	Kreissparkasse Sigmaringen	
KSK Stade	Kreissparkasse Stade	
KSK Tübingen	Kreissparkasse Tübingen	
KSK Tutlingen	Kreissparkasse Tuttlingen	
KSK Waiblingen	Kreissparkasse Waiblingen	
KSK Wendlingen	Kreissparkasse Wendlingen	
Landesgirokasse	Landesgirokasse öffentliche Bank-und Landessparkasse, Stuttgart	LG
LB Bremen	Bremer Landesbank Kreditanstalt Oldenburg Girozentrale, Bremen	
LB BW	Landeskreditbank Baden-Würtemberg, Karlsruhe	L-Bank
LB HELABA	Helaba Frankfurt, Landesbank Hessen-Thüringen, Girozentrale, Frankfurt	Helaba Frankfurt
LB HH	Hamburgische Landesbank, Girozentrale	

Interne Abkürzung	Vollständige Bankenbezeichnung	Original Abkürzung der Banken
LB Oldenburg	Oldenburgische Landesbank AG	
LB SH	Landesbank Schleswig-Holstein, Girozentrale, Kiel	
LB Südwest	Südwestdeutsche Landesbank, Stuttgart	Südwest LB
LBBay	Bayerische Landesbank Girozentrale, München	
LBS BW	Landesbausparkasse Württemberg, Stuttgart	LBS
LBS Hessen	Landesbausparkasse Hessen-Thüringen, Frankfurt	LBS
LBS HH	Öffentliche Bausparkasse Hamburg	LBS
LBS Nieders.	LBS Norddeutsche Landesbausparkasse, Hannover	LBS
LBS Rhein-Pfalz	Landesbank Rheinland-Pfalz, Mainz	LBS
LBS SH	Landesbausparkasse Schleswig-Holstein, Kiel	LBS
LBWest	Westdeutsche Landesbank Girozentrale, Düsseldorf	
LüHyp	Lübecker Hypothekenbank AG	
MüHyp	Münchener Hypothekenbank eG	
Münsterl. Bank	Münsterländische Bank Thie & Co., Löningen	
Nordhypo	Norddeutsche Hypotheken- und Wechselbank AG Hamburg	
NordLB	Norddeutsche Landesbank Girozentrale, Hannover	NORD/LB
Noris Bank	Noris Verbraucherbank GmbH, Nürnberg	
NüHyp	Nürnberger Hypothekenbank AG	
R+V	R+V Versicherungen	
Raiba Bergatren	Raiffeisenbank eG, Bergatreute	
Raiba Gschwend	Raiffeisenbank eG, Gschwend	
Raiba Haag-Maitenb.	Raiffeisenbank eG Haag-Maitenbeth	
Raiba Heddesheim	Raiffeisenbank eG Heddesheim	
Raiba Itzehoe	Raiffeisenbank eG Itzehoe	
Raiba Jever	Raiffeisen-Volksbank Jever eG	
Raiba Mainhardt	RaiffeisenbankeG Mainhardter Wald	
Raiba Maulburg	Raiffeisenbank eG Maulburg	
Raiba Mengen	Raiffeisenbank eG Mengen-Scheer	
Raiba Nittendor	Raiffeisenbank eG Nittendorf	
Raiba Taldorf	Raiffeisenbank Taldorf eG, Ravensburg	
Raiba Wald	Raiffeisenbank eG Wald, Schwaben	
Raiba Wittlensweile	Raiffeisenbank Wittlensweile eG, Freudenstadt	
Raiba-VB Jever	Raiffeisen-Volksbank eG, Jever	
RBH	Rheinboden Hypothekenbank AG, Köln	
RheinHyp	Rheinische Hypothekenbank AG, Frankfurt	RHEINHYP
Ri.Kredit.Stade	Ritterschaftl. Kreditanstalt Stade	
RW Boden	Rheinisch-Westfälische Bodenkreditbank	
Securital Vers	Securita Lebensversicherung	
SHL		
SOK Halver	Sparkasse Halver	
Sp Versicherung	Saprkassenversicherung	
Sparda	Sparda-Bank eG	
SparKredit	Spar- und Kreditbank in der evangelischen Kirche in Bayern eG., Nürnberg	
SPK Altländer	Altländer Sparkasse-Zweckverbandssparkasse, Jork	
SPK Aschaffenb.	Sparkasse Aschaffenburg-Alzenau	
SPKB Graben-Neue.	Bezirkssparkasse Graben-Neudorf	
SPKBHeppenheim	Bezirkssparkasse Heppenheim	
SPK B Rastatt	Sparkasse Rastatt-Gernsbach	
SPK B Schwetzing	Bezirkssparkasse Schwetzing	
SPK B Weinheim	Bezirkssparkasse Weinheim	

Interne Abkürzung	Vollständige Bankenbezeichnung	Original Abkürzung der Banken
SPK B Wolfach	Bezirkssparkasse Wolfach	
SPK Bd. Hersfeld	Sparkasse Bad Hersfeld	
SPK Berliner	Sparkasse der Stadt Berlin	
SPK Bielefeld	Sparkasse Bielefeld	
SPK Bremen	DieSparkasse in Bremen	
SPK Celle	Sparkasse Celle	
SPK Elmshorn	Sparkasse Elmshorn	
SPK Elztal	Sparkasse Mosbach, Elztal	
SPK Engen	Bezirks-Sparkasse Engen	
SPK Erlangen	Stadt-und Stadtsparkasse Erlangen	
SPK Essen	Sparkasse Essen	
SPK FFM	Taunus-Sparkasse , Frankfurt	
SPK Freiburg	Sparkasse Freiburg	
SPK Geseke	Sparkasse Geseke	
SPK Gießen	Sparkasse Gießen	
SPK Gifhorn	Sparkasse Gifhorn	
SPK Göttingen	Sparkasse Göttingen	
SPK Gottmadinge	Sparkasse Gottmadingen	
SPK Graben-Neud	Bezirkssparkasse Graben-Neudorf	
SPK Hannover	Stadtsparkasse Hannover	
SPK Haspa	Hamburger Sparkasse	Haspa
SPK Heidelberg	Bezirkssparkasse Heidelberg	
SPK Hessen-Thür	Sparkasse Hessen-Thüringen	
SPK Hochrhein	Sparkasse Hochrhein, Waldshut-Tiengen	
SPK Hochsauerland	Sparkasse Hochsauerland, Brilon	
SPK Jork	Altländer Sparkasse , Jork	
SPK Karlsruhe	Sparkasse Karlsruhe	
SPK Kiel	Sparkasse Kiel	
SPK Kitzingen	Kreis-Stadtsparkasse Kitzingen	
SPK Lahr-Ettenh	Sparkasse Lahr-Ettenheim	
SPK Leer-Wener	Sparkasse Leer-Weener	
SPK Lörrach	Sparkasse Lörrach-Rheinfelden	
SPK Lübeck	Sparkasse zu Lübeck	
SPK Lüneburg	Sparkasse Lüneburg	
SPK Markgräferl	Sparkasse Markgräflerland, Mühlheim	
SPK Memmingen	Sparkasse Memmingen	
SPK Mölln	Möllner Sparkasse	
SPK Mühlheim	Sparkasse Markgräflerland, Mühlheim	
SPK n. Breisgau		
SPK Nassau	Nassauische Sparkasse, Wiesbaden	Naspa
SPK Nienburg	Kreis- und Stadtsparkasse Nienburg, Weser	
SPK Norden	Kreis- und Stadtsparkasse Norden	
SPK Nordfriesland	Sparkasse Nordfriesland, Husum	
SPK Oberlinden		
SPK Offenbach	Städtische Sparkasse Offenbach/Main	
SPK Oldenburg	Landessparkasse Oldenburg	
SPK Ostholstein	Kreissparkasse Ostholstein, Eutin	
SPK Paderborn	Sparkasse Paderborn	
SPK Pforzheim	Stadt- und Kreis- Sparkasse Pforzheim	
SPK Ravensburg	Kreissparkasse Ravensburg	
SPK Rostock	Sparkasse Rostock	

Interne Abkürzung	Vollständige Bankenbezeichnung	Original Abkürzung der Banken
SPK Speyer	Kreis- und Stadtsparkasse Speyer	
SPK Staufen	Sparkasse Staufen, Breisgau	
SPK Stormarn	Sparkasse Stormarn, Bad Oldesloe	
SPK Stuttgart		
SPK Südwest		
SPK Taunus	Taunus Sparkasse, Bad Homburg	
SPK Verbands	Verbandsparkasse	
SPK Villingen	Sparkasse Villingen-Schwenningen	
SPK Wesel	Verbands-Sparkasse Wesel	
SPK Wetterau	Sparkasse Wetterau, Friedberg	
SPK Wismar	Sparkasse Wismar	
SSPK	Stadtsparkasse München	
SSPK Aachen	Stadtsparkasse Aachen	
SSPK Augsburg	Stadtsparkasse Augsburg	
SSPK Dortmund	Stadtsparkasse Dortmund	
SSPK Düsseldorf	Stadtsparkasse Düsseldorf	
SSPK Gladbeck	Stadtsparkasse Gladbeck	
SSPK Hannover	Stadtsparkasse Hannover	
SSPK Köln	Stadtsparkasse Köln	
SSPK Ludwigsh.	Stadtsparkasse Ludwigshafen a. Rhein	
SSPK Mannheim	Stadtsparkasse Mannheim	
SSPK Mühlheim/R	Stadtsparkasse Mühlheim/Ruhr	
SSPK Neumünster	Stadtsparkasse Neumünster	
SSPK Oberhausen	Stadtsparkasse Oberhausen	
SSPK Remscheid	Stadtsparkasse Remscheid	
SSPK Solingen	Stadtsparkasse Solingen	
StuttBank	Stuttgarter Bank AG	
SüdDeuBoCredit	Süddeutsche Bodencreditbank AG, München	
Universa LV	Universa Lebensversicherungs AG	
VB Bad Salz.	Volksbank Bad Salzuflen eG	
VB Bakum	Volksbank Bakum eG	
VB Biberbach	Volksbank Biberbach eG	
VB Braunschweig	Volksbank Braunschweig eG	
VB Elmshorn	Volksbank Elmshorn eG	
VB Emmending	Volksbank Emmending eG	
VB Ettlingen	Volksbank Ettlingen	
VB Flein-Talhei	Volksbank Flein Talheim eG	
VB Freiburg	Volksbank Freiburg eG	
VB Frickenhaus.	Volksbank der Rhön eG, Mellrichstadt	
VB Goch	Volksbank Goch-Kevelaer eG	
VB Göppingen	Volksbank Göppingen eG	
VB Groß Gerau	Groß Gerauer Volksbank eG	
VB Heilbronn	Volksbank Heilbronn eG	
VB Herrenberg	Volksbank Herrenberg eG	
VB Heubach	Volksbank Schwäbisch Gmünd, Heubach	
VB Hockenheim	Volksbank Hockenheim eG	
VB Kirchheim	Volksbank Kirchheim-Teck eG	
VB Kreuznacher	Kreuznacher VolkabankveG, Bad Kreuznach	
VB Leonberg eG	Volksbank Leonberg eG	
VB Lüneburg	Volksbank Lüneburg eG	
VB Marbach	Volksbank Marbach eG	
VB Meckesheim	Volksbank Meckesheim eG	

Interne Abkürzung	Vollständige Bankenbezeichnung	Original Abkürzung der Banken
VB Mosbach	Volksbank Mosbach e.G.	
VB Neu-Isenburg	Volksbank Neu-Isenburg eG	
VB Pfullendorf	Volksbank Pfullendorf eG	
VB Plochingen	Volksbank Plochingen eG	
VB Rot	Volksbank Gerabronn Zas Rot am See	
VB Rottweil	Volksbank Rottweil eG	
VB Salzuflen	Volksbank Bad Salzuflen eG	
VB Schmiedene		
VB Schorndorf	Volksbank Schorndorf eG	
VB Segeberg	Segeberger Volksbank	
VB Sindelf	Volksbank Sindelfingen eG	
VB Sinsheim	Volksbank Sinsheim eG	
VB Trossingen	Volksbank Trossingen eG	
VB Vilshofen	Volksbank Vilshofen eG	
VB Wangen	Volksbank Wangen eG	
VB Wilhelmshaven	Volksbank Wilhelmshaven eG	
VB Winnenden	Volksbank Winnenden eG	
Ver. u. Westbank	Vereins- und Westbank AG, Hamburg	
Vereinsbank	Vereins- und Westbank AG, Hamburg	
Vita Lebensver.	Vita Lebensversicherung	
Volkswohlbund	Versicherungen	
VPV	Versicherungen	
WestHyp	Westfälische Hypothekenbank AG, Dortmund	
WGZ-Bank	Westdeutsche Genossenschafts Zentralbank eG, Düsseldorf	
Würo Bank	Wüstenrotbank AG, Ludwigsburg	
WürtHyp	Württembergische Hypothekenbank AB, Stuttgart	Württemberger Hypo

ANHANG 4

Insolvenzordnung (InsO) vom 5. Oktober 1994

(BGBl. I S. 2866, 2902 ff. - Auszug)

Achter Teil
Restschuldbefreiung

§286
Grundsatz

Ist der Schuldner eine natürliche Person, so wird er nach Maßgabe der §§287 bis 303 von den im Insolvenzverfahren nicht erfüllten Verbindlichkeiten gegenüber den Insolvenzgläubigern befreit.

§287
Antrag des Schuldners

(1) Die Restschuldbefreiung setzt einen Antrag des Schuldners voraus. Der Antrag ist spätestens im Berichtstermin entweder schriftlich beim Insolvenzgericht einzureichen oder zu Protokoll der Geschäftsstelle zu erklären. Er kann mit dem Antrag auf Eröffnung des Insolvenzverfahrens verbunden werden.

(2) Dem Antrag ist die Erklärung beizufügen, daß der Schuldner seine pfändbaren Forderungen auf Bezüge aus einem Dienstverhältnis oder an deren Stelle tretende laufende Bezüge für die Zeit von sieben Jahren nach der Aufhebung des Insolvenzverfahrens an einen vom Gericht zu bestimmenden Treuhänder abtritt. Hatte der Schuldner diese Forderungen bereits vorher an einen Dritten abgetreten oder verpfändet, so ist in der Erklärung darauf hinzuweisen.

(3) Vereinbarungen, die eine Abtretung der Forderungen des Schuldners auf Bezüge aus einem Dienstverhältnis oder an deren Stelle tretende laufende Bezüge ausschließen, von einer Bedingung abhängig machen oder sonst einschränken, sind insoweit unwirksam, als sie die Abtretungserklärung nach Absatz 2 Satz 1 vereiteln oder beeinträchtigen würden.

§288
Vorschlagsrecht

Der Schuldner und die Gläubiger können dem Insolvenzgericht als Treuhänder eine für den jeweiligen Einzelfall geeignete natürliche Person vorschlagen.

§289
Entscheidung des Insolvenzgerichts

(1) Die Insolvenzgläubiger und der Insolvenzverwalter sind im Schlußtermin zu dem Antrag des Schuldners zu hören. Das Insolvenzgericht entscheidet über den Antrag des Schuldners durch Beschluß.

(2) Gegen den Beschluß steht dem Schuldner und jedem Insolvenzgläubiger, der im Schlußtermin die Versagung der Restschuldbefreiung beantragt hat, die sofortige Beschwerde zu. Das Insolvenzverfahren wird erst nach Rechtskraft des Beschlusses aufgehoben. Der rechtskräftige Beschluß ist zusammen mit dem Beschluß über die Aufhebung des Insolvenzverfahrens öffentlich bekanntzumachen.

(3) Im Falle der Einstellung des Insolvenzverfahrens kann Restschuldbefreiung nur erteilt werden, wenn nach Anzeige der Masseunzulänglichkeit die Insolvenzmasse nach §209 verteilt worden ist und die Einstellung nach §211 erfolgt. Absatz 2 gilt mit der Maßgabe, daß an die Stelle der Aufhebung des Verfahrens die Einstellung tritt.

§290
Versagung der Restschuldbefreiung

(1) In dem Beschluß ist die Restschuldbefreiung zu versagen, wenn dies im Schlußtermin von einem Insolvenzgläubiger beantragt worden ist und wenn

1. der Schuldner wegen einer Straftat nach den §§283 bis 283c des Strafgesetzbuchs rechtskräftig verurteilt worden ist,

2. der Schuldner in den letzten drei Jahren vor dem Antrag auf Eröffnung des Insolvenz-verfahrens oder nach diesem Antrag vorsätzlich oder grob fahrlässig schriftlich unrichtige oder unvollständige Angaben über seine wirtschaftlichen Verhältnisse gemacht hat, um einen Kredit zu erhalten, Leistungen aus öffentlichen Mitteln zu beziehen oder Leistungen an öffentliche Kassen zu vermeiden,

3. in den letzten zehn Jahren vor dem Antrag auf Eröffnung des Insolvenzverfahrens oder nach diesem Antrag dem Schuldner Restschuldbefreiung erteilt oder nach §296 oder §297 versagt worden ist,

4. der Schuldner im letzten Jahr vor dem Antrag auf Eröffnung des Insolvenzverfahrens oder nach diesem Antrag vorsätzlich oder grob fahrlässig die Befriedigung der Insolvenzgläubiger dadurch beeinträchtigt hat, daß er

unangemessene Verbindlichkeiten begründet oder Vermögen verschwendet oder ohne Aussicht auf eine Besserung seiner wirtschaftlichen Lage die Eröffnung des Insolvenzverfahrens verzögert hat,

5. der Schuldner während des Insolvenzverfahrens Auskunfts- oder Mitwirkungspflichten nach diesem Gesetz vorsätzlich oder grob fahrlässig verletzt hat, oder

6. der Schuldner in den nach §305 Abs. 1 Nr. 3 vorzulegenden Verzeichnissen seines Vermögens und seines Einkommens, seiner Gläubiger und der gegen ihn gerichteten Forderungen vorsätzlich oder grob fahrlässig unrichtige oder unvollständige Angaben gemacht hat.

(2) Der Antrag des Gläubiger ist nur zulässig, wenn ein Versagungsgrund glaubhaft gemacht wird.

§291
Ankündigung der Restschuldbefreiung

(1) Sind die Voraussetzungen des §290 nicht gegeben, so stellt das Gericht in dem Beschluß fest, daß der Schuldner Restschuldbefreiung erlangt, wenn er den Obliegenheiten nach §295 nachkommt und die Voraussetzungen für eine Versagung nach §§297 oder 298 nicht vorliegen.

(2) Im gleichen Beschluß bestimmt das Gericht den Treuhänder, auf den die pfändbaren Bezüge des Schuldners nach Maßgabe der Abtretungserklärung (§287 Abs. 2) übergehen.

§292
Rechtsstellung des Treuhänders

(1) Der Treuhänder hat den zur Zahlung der Bezüge Verpflichteten über die Abtretung zu unterrichten. Er hat die Beträge, die er durch die Abtretung erlangt, und sonstige Leistungen des Schuldners oder Dritter von seinem Vermögen getrennt zu halten und einmal jährlich auf Grund des Schlußverzeichnisses an die Insolvenzgläubiger zu verteilen. Von den Beträgen, die er durch die Abtretung erlangt, hat er an den Schuldner nach Ablauf von vier Jahren seit der Aufhebung des Insolvenzverfahrens zehn vom Hundert, nach Ablauf von fünf Jahren seit der Aufhebung des Insolvenzverfahrens fünfzehn vom Hundert und nach Ablauf von sechs Jahren seit der Aufhebung des Insolvenzverfahrens zwanzig vom Hundert abzuführen.

(2) Die Gläubigerversammlung kann dem Treuhänder zusätzlich die Aufgabe übertragen, die Erfüllung der Obliegenheiten des Schuldners zu überwachen. In diesem Fall hat der Treuhänder die Gläubiger unverzüglich zu benachrichtigen, wenn er einen Verstoß gegen diese Obliegenheiten feststellt. Der Treuhänder ist nur zur Überwachung verpflichtet, soweit die ihm dafür zustehende zusätzliche Vergütung gedeckt ist oder vorgeschossen wird.

(3) Der Treuhänder hat bei der Beendigung seines Amtes dem Insolvenzgericht Rechnung zu legen. Die §§58 und 59 gelten entsprechend. §59 jedoch mit der Maßgabe, daß die Entlassung von jedem Insolvenzgläubiger beantragt werden kann und daß die sofortige Beschwerde jedem Insolvenzgläubiger zusteht.

§293
Vergütung des Treuhänders

(1) Der Treuhänder hat Anspruch auf Vergütung für seine Tätigkeit und auf Erstattung angemessener Auslagen. Dabei ist dem Zeitaufwand des Treuhänders und dem Umfang seiner Tätigkeit Rechnung zu tragen.

(2) Die §§64 und 65 gelten entsprechend.

§294
Gleichbehandlung der Gläubiger

(1) Zwangsvollstreckungen für einzelne Insolvenzgläubiger in das Vermögen des Schuldners sind während der Laufzeit der Abtretungserklärung nicht zulässig.

(2) Jedes Abkommen des Schuldners oder anderer Personen mit einzelnen Insolvenzgläubigern, durch das diesen ein Sondervorteil verschafft wird, ist nichtig.

(3) Gegen die Forderung auf die Bezüge, die von der Abtretungserklärung erfaßt werden, kann der Verpflichtete eine Forderung gegen den Schuldner nur aufrechnen, soweit er bei einer Fortdauer des Insolvenzverfahrens nach §114 Abs. 2 zur Aufrechnung berechtigt wäre.

§295
Obliegenheiten des Schuldners

(1) Dem Schuldner obliegt es, während der Laufzeit der Abtretungserklärung

1. eine angemessene Erwerbstätigkeit auszuüben und, wenn er ohne Beschäftigung ist, sich um eine solche zu bemühen und keine zumutbare Tätigkeit abzulehnen;

2. Vermögen, das er von Todes wegen oder mit Rücksicht auf ein künftiges Erbrecht erwirbt, zur Hälfte des Wertes an den Treuhänder herauszugeben;
3. jeden Wechsel des Wohnsitzes oder der Beschäftigungsstelle unverzüglich dem Insolvenzgericht und dem Treuhänder anzuzeigen, keine von der Abtretungserklärung erfaßten Bezüge und kein von Nummer 2 erfaßtes Vermögen zu verheimlichen und dem Gericht und dem Treuhänder auf Verlangen Auskunft über seine Erwerbstätigkeit oder seine Bemühungen um eine solche sowie über seine Bezüge und sein Vermögen zu erteilen;

4. Zahlungen zur Befriedigung der Insolvenzgläubiger nur an den Treuhänder zu leisten und keinem Insolvenzgläubiger einen Sondervorteil zu verschaffen.

(2) Soweit der Schuldner eine selbständige Tätigkeit ausübt, obliegt es ihm, die Insolvenzgläubiger durch Zahlungen an den Treuhänder so zu stellen, wie wenn er ein angemessenes Dienstverhältnis eingegangen wäre.

§296

Verstoß gegen Obliegenheiten

(1) Das Insolvenzgericht versagt die Restschuldbefreiung auf Antrag eines Insolvenzgläubigers, wenn der Schuldner während der Laufzeit der Abtretungserklärung eine seiner Obliegenheiten verletzt und dadurch die Befriedigung der Insolvenzgläubiger beeinträchtigt; dies gilt nicht, wenn den Schuldner kein Verschulden trifft. Der Antrag kann nur binnen eines Jahres nach dem Zeitpunkt gestellt werden, in dem die Obliegenheitsverletzung dem Gläubiger bekanntgeworden ist. Er ist nur zulässig, wenn die Voraussetzungen der Sätze 1 und 2 glaubhaft gemacht werden.

(2) Vor der Entscheidung über den Antrag sind der Treuhänder, der Schuldner und die Insolvenzgläubiger zu hören. Der Schuldner hat über die Erfüllung seiner Obliegenheiten Auskunft zu erteilen und, wenn es der Gläubiger beantragt, die Richtigkeit dieser Auskunft an Eides Statt zu versichern. Gibt er die Auskunft oder die eidesstattliche Versicherung ohne hinreichende Entschuldigung nicht innerhalb der ihm gesetzten Frist ab oder erscheint er trotz ordnungsgemäßer Ladung ohne hinreichende Entschuldigung nicht zu einem Termin, den das Gericht für die Erteilung der Auskunft oder die eidesstattliche Versicherung anberaumt hat, so ist die Restschuldbefreiung zu versagen.

(3) Gegen die Entscheidung steht dem Antragsteller und dem Schuldner die sofortige Beschwerde zu. Die Versagung der Restschuldbefreiung ist öffentlich bekanntzumachen.

§297
Insolvenzstraftaten

(1) Das Insolvenzgericht versagt die Restschuldbefreiung auf Antrag eines Insolvenzgläubigers, wenn der Schuldner in dem Zeitraum zwischen Schlußtermin und Aufhebung des Insolvenzverfahrens oder während der Laufzeit der Abtretungserklärung wegen einer Straftat nach den §§283 bis 283 c des Strafgesetzbuchs rechtskräftig verurteilt wird.

(2) §296 Abs. 1 Satz 2 und 3, Abs. 3 gilt entsprechend.

§298
Deckung der Mindestvergütung des Treuhänders

(1) Das Insolvenzgericht versagt die Restschuldbefreiung auf Antrag des Treuhänders, wenn die an diesen abgeführten Beträge für das vorangegangene Jahr seiner Tätigkeit die Mindestvergütung nicht decken und der Schuldner den fehlenden Betrag nicht einzahlt, obwohl ihn der Treuhänder schriftlich zur Zahlung binnen einer Frist von mindestens zwei Wochen aufgefordert und ihn dabei auf die Möglichkeit der Versagung der Restschuldbefreiung hingewiesen hat.

(2) Vor der Entscheidung ist der Schuldner zu hören. Die Versagung unterbleibt, wenn der Schuldner binnen zwei Wochen nach Aufforderung durch das Gericht den fehlenden Betrag einzahlt.

(3) §296 Abs. 3 gilt entsprechend.

§299
Vorzeitige Beendigung

Wird die Restschuldbefreiung nach §§296, 297 oder 298 versagt, so enden die Laufzeit der Abtretungserklärung, das Amt des Treuhänders und die Beschränkung der Rechte der Gläubiger mit der Rechtskraft der Entscheidung.

§300
Entscheidung über die Restschuldbefreiung

(1) Ist die Laufzeit der Abtretungserklärung ohne eine vorzeitige Beendigung verstrichen, so entscheidet das Insolvenzgericht nach Anhörung der Insolvenzgläubiger, des Treuhänders und des Schuldners durch Beschluß über die Erteilung der Restschuldbefreiung.

(2) Das Insolvenzgericht versagt die Restschuldbefreiung auf Antrag eines Insolvenzgläubigers, wenn die Voraussetzungen des §296 Abs. 1 oder 2 Satz 3 oder des §297 vorliegen, oder auf Antrag des Treuhänders, wenn die Voraussetzungen des §298 vorliegen.

(3) Der Beschluß ist öffentlich bekanntzumachen, wird die Restschuldbefreiung erteilt, so ist die Bekanntmachung unbeschadet des §9, auszugsweise im Bundesanzeiger zu veröffentlichen. Gegen den Beschluß steht dem Schuldner und jedem Insolvenzgläubiger, der bei der Anhörung nach Absatz 1 die Versagung der Restschuldbefreiung beantragt hat, die sofortige Beschwerde zu.

§301
Wirkung der Restschuldbefreiung

(1) Wird die Restschuldbefreiung erteilt, so wirkt sie gegen alle Insolvenzgläubiger. Dies gilt auch für Gläubiger, die ihre Forderungen nicht angemeldet haben.

(2) Die Rechte der Insolvenzgläubiger gegen Mitschuldner und Bürgen des Schuldners sowie die Rechte dieser Gläubiger aus einer zu ihrer Sicherung eingetragenen Vormerkung oder aus einem Recht, das im Insolvenzverfahren zur abgesonderten Befriedigung berechtigt, werden durch die Restschuldbefreiung nicht berührt. Der Schuldner wird jedoch gegenüber dem Mitschuldner, dem Bürgen oder anderen Rückgriffsberechtigten in gleicher Weise befreit wie gegenüber den Insolvenzgläubigern.

(3) Wird ein Gläubiger befriedigt, obwohl er aufgrund der Restschuldbefreiung keine Befriedigung zu beanspruchen hat, so begründet dies keine Pflicht zur Rückgewähr des Erlangten.

§302
Ausgenommene Forderungen

Von der Erteilung der Restschuldbefreiung werden nicht berührt:

1. Verbindlichkeiten des Schuldners aus einer vorsätzlich begangenen unerlaubten Handlung;

2. Geldstrafen und die diesen in §38 Abs. 1 Nr. 3 gleichgestellten Verbindlichkeiten des Schuldners.

§303
Widerruf der Restschuldbefreiung

(1) Auf Antrag eines Insolvenzgläubigers widerruft das Insolvenzgericht die Erteilung der Restschuldbefreiung, wenn sich nachträglich herausstellt, daß der Schuldner eine seiner Obliegenheiten vorsätzlich verletzt und dadurch die Befriedigung der Insolvenzgläubiger erheblich beeinträchtigt hat.

(2) Der Antrag des Gläubigers ist nur zulässig, wenn er innerhalb eines Jahres nach der Rechtskraft der Entscheidung über die Restschuldbefreiung gestellt wird und wenn glaubhaft gemacht wird, daß die Voraussetzungen des Absatzes 1 vorliegen und daß der Gläubiger bis zur Rechtskraft der Entscheidung keine Kenntnis von ihnen hatte.

(3) Vor der Entscheidung sind der Schuldner und der Treuhänder zu hören. Gegen die Entscheidung steht dem Antragsteller und dem Schuldner die sofortige Beschwerde zu. Die Entscheidung, durch welche die Restschuldbefreiung widerrufen wird, ist öffentlich bekanntzumachen.

Neunter Teil
Verbraucherinsolvenzverfahren und sonstige Kleinverfahren

Erster Abschnitt
Anwendungsbereich

§304
Grundsatz

(1) Ist der Schuldner eine natürliche Person, die keine oder nur eine geringfügige selbständige wirtschaftliche Tätigkeit ausübt, so gelten für das Verfahren die allgemeinen Vorschriften, soweit in diesem Teil nichts anderes bestimmt ist.

(2) Eine selbständige wirtschaftliche Tätigkeit ist insbesondere dann geringfügig im Sinne des Absatzes 1, wenn sie nach Art oder Umfang einen in kaufmännischer Weise eingerichteten Geschäftsbetrieb nicht erfordert.

Zweiter Abschnitt
Schuldenbereinigungsplan

§305
Eröffnungsantrag des Schuldners

(1) Mit dem Antrag auf Eröffnung des Insolvenzverfahrens (§311) oder unverzüglich nach diesem Antrag hat der Schuldner vorzulegen:

1. eine Bescheinigung, die von einer geeigneten Person oder Stelle ausgestellt ist und aus der sich ergibt, daß eine außergerichtliche Einigung mit den Gläubigern über die Schuldenbereinigung auf der Grundlage eines Plans innerhalb der letzten sechs Monate vor dem Eröffnungsantrag erfolglos versucht worden ist; die Länder können bestimmen, welche Personen oder Stellen als geeignet anzusehen sind;

2. den Antrag auf Erteilung von Restschuldbefreiung (§236) oder die Erklärung, daß Restschuldbefreiung nicht beantragt werden soll;

3. ein Verzeichnis des vorhandenen Vermögens und des Einkommens (Vermögensverzeichnis), ein Verzeichnis der Gläubiger und ein Verzeichnis der gegen ihn gerichteten Forderungen; den Verzeichnissen ist die Erklärung beizufügen, daß die in diesen enthaltenen Angaben richtig und vollständig sind;

4. einen Schuldenbereinigungsplan; dieser kann alle Regelungen enthalten; die unter Berücksichtigung der Gläubigerinteressen sowie der Vermögens-, Einkommens- und Familienverhältnisse des Schuldners geeignet sind, zu einer angemessenen Schuldenbereinigung zu führen; in den Plan ist aufzunehmen, ob und inwieweit Bürgschaften, Pfandrechte und andere Sicherheiten der Gläubiger vom Plan berührt werden sollen.

(2) In dem Verzeichnis der Forderungen nach Absatz 1 Nr. 3 kann auch auf beigefügte Forderungsaufstellungen der Gläubiger Bezug genommen werden. Auf Aufforderung des Schuldners sind die Gläubiger verpflichtet, auf ihre Kosten dem Schuldner zur Vorbereitung des Forderungsverzeichnisses eine schriftliche Aufstellung ihrer gegen diesen gerichteten Forderungen zu erteilen; insbesondere haben sie ihm die Höhe ihrer Forderungen und deren Aufgliederung in Hauptforderung, Zinsen und Kosten anzugeben. Die Aufforderung des Schuldners muß einen Hinweis auf einen bereits bei Gericht eingereichten oder in naher Zukunft beabsichtigten Antrag auf Eröffnung eines Insolvenzverfahrens enthalten.

(3) Hat der Schuldner die in Absatz 1 genannten Erklärungen und Unterlagen nicht vollständig abgegeben, so fordert ihn das Insolvenzgericht auf, das Fehlende unverzüglich zu ergänzen. Kommt der Schuldner dieser Aufforderung nicht binnen eines Monats nach, so gilt sein Antrag auf Eröffnung des Insolvenzverfahrens als zurückgenommen.

§306
Ruhen des Verfahrens

(1) Das Verfahren über den Antrag auf Eröffnung des Insolvenzverfahrens ruht bis zur Entscheidung über den Schuldenbereinigungsplan. Dieser Zeitraum soll drei Monate nicht überschreiten.

(2) Absatz 1 steht der Anordnung von Sicherungsmaßnahmen nicht entgegen.

(3) Beantragt ein Gläubiger die Eröffnung des Verfahrens, so hat das Insolvenzgericht vor der Entscheidung über die Eröffnung dem Schuldner Gelegenheit zu geben, ebenfalls einen Antrag zu stellen. Stellt der Schuldner einen Antrag, so gilt Absatz 1 auch für den Antrag des Gläubigers.

§307
Zustellung an die Gläubiger

(1) Das Insolvenzgericht stellt den vom Schuldner genannten Gläubigern das Vermögensverzeichnis, das Gläubigerverzeichnis, das Forderungsverzeichnis sowie den Schuldenbereinigungsplan zu und fordert die Gläubiger zugleich auf, binnen einer Notfrist von einem Monat zu den Verzeichnissen und zu dem Schuldenbereinigungsplan Stellung zu nehmen. Zugleich ist jedem Gläubiger mit ausdrücklichem Hinweis auf die Rechtsfolgen des §308 Abs. 3 Satz 2 Gelegenheit zu geben, binnen der Frist nach Satz 1 die Angaben über seine Forderungen in dem Forderungsverzeichnis zu überprüfen und erforderlichenfalls zu ergänzen. Auf die Zustellung nach Satz 1 ist §8 Abs. 1 Satz 2, 3, Abs. 2 und 3 nicht anzuwenden.

(2) Geht binnen der Frist nach Absatz 1 Satz 1 bei Gericht die Stellungnahme eines Gläubigers nicht ein, so gilt dies als Einverständnis mit dem Schuldenbereinigungsplan. Darauf ist in der Aufforderung hinzuweisen.

(3) Nach Ablauf der Frist nach Absatz 1 Satz 1 ist dem Schuldner Gelegenheit zu geben, den Schuldenbereinigungsplan binnen einer vom Gericht zu bestimmenden Frist zu ändern oder zu ergänzen, wenn dies aufgrund der Stellungnahme eines Gläubigers erforderlich oder zur Förderung einer einverständlichen Schuldenbereinigung sinnvoll erscheint. Die Änderungen oder Ergänzungen sind den Gläubigern zuzustellen, soweit dies erforderlich ist. Absatz 1 Satz 1, 3 und Absatz 2 gelten entsprechend.

§308
Annahme des Schuldenbereinigungsplans

(1) Hat kein Gläubiger Einwendungen gegen den Schuldenbereinigungsplan erhoben oder wird die Zustimmung nach §309 ersetzt, so gilt der Schuldenbereinigungsplan als angenommen; das Insolvenzgericht stellt dies durch Beschluß fest. Der Schuldenbereinigungsplan hat die Wirkung eines Vergleichs im Sinne von §794 Abs. 1 Nr. 1 der Zivilprozeßordnung. Den Gläubigern und dem Schuldner ist eine Ausfertigung des Schuldenbereinigungsplans und des Beschlusses nach Satz 1 zuzustellen.

(2) Die Anträge auf Eröffnung des Insolvenzverfahrens und auf Erteilung von Restschuldbefreiung gelten als zurückgenommen.

(3) Soweit Forderungen in dem Verzeichnis des Schuldners nicht enthalten sind und auch nicht nachträglich bei dem Zustandekommen des Schuldenbereinigungsplans berücksichtigt worden sind, können die Gläubiger von dem Schuldner Erfüllung verlangen. Dies gilt nicht, soweit ein Gläubiger die Angaben über seine Forderung in dem Forderungsverzeichnis, das ihm nach §307 Absatz 1 vom Gericht übersandt worden ist, nicht innerhalb der gesetzlichen Frist ergänzt hat, obwohl die Forderung vor dem Ablauf der Frist entstanden war; insoweit erlischt die Forderung.

§309
Ersetzung der Zustimmung

(1) Hat dem Schuldenbereinigungsplan mehr als die Hälfte der benannten Gläubiger zugestimmt und beträgt die Summe der Ansprüche der zustimmenden Gläubiger mehr als die Hälfte der Summe der Ansprüche der benannten Gläubiger, so ersetzt das Insolvenzgericht auf Antrag eines Gläubigers oder des Schuldners die Einwendungen eines Gläubigers gegen den Schuldenbereinigungsplan durch eine Zustimmung. Dies gilt nicht, wenn

1. der Gläubiger, der Einwendungen erhoben hat, im Verhältnis zu den übrigen Gläubigern nicht angemessen beteiligt wird, oder

2. dieser Gläubiger durch den Schuldenbereinigungsplan wirtschaftlich schlechter gestellt wird, als er bei Durchführung des Verfahrens über die Anträge auf Eröffnung des Insolvenz-verfahrens und Erteilung von Restschuldbefreiung stünde; hierbei ist im Zweifel zugrunde zu legen, daß die Einkommens-, Vermögens- und Familienverhältnisse des Schuldners zum Zeitpunkt des Antrags nach Satz 1 während der gesamten Dauer des Verfahrens maßgeblich bleiben.

(2) Vor der Entscheidung ist der Gläubiger zu hören. Die Gründe, die gemäß Absatz 1 Satz 2 einer Ersetzung seiner Einwendungen durch eine Zustimmung entgegenstehen, hat er glaubhaft zu machen. Gegen den Beschluß steht dem Antragsteller und dem Gläubiger, dessen Zustimmung ersetzt wird, die sofortige Beschwerde zu.

(3) Macht ein Gläubiger glaubhaft, daß eine vom Schuldner angegebene Forderung nicht besteht oder sich auf einen höheren oder niedrigeren Betrag richtet als angegeben, und hängt vom Ausgang des Streits ab, ob der Gläubiger im Verhältnis zu den übrigen Gläubigern angemessen beteiligt wird (Absatz 1 Satz 2 Nr. 1), so kann die Zustimmung dieses Gläubigers nicht ersetzt werden.

§310
Kosten

Die Gläubiger haben gegen den Schuldner keinen Anspruch auf Erstattung der Kosten, die ihnen im Zusammenhang mit dem Schuldenbereinigungsplan entstehen.

Dritter Abschnitt
Vereinfachtes Insolvenzverfahren

§311
Aufnahme des Verfahrens über den Eröffnungsantrag

Werden Einwendungen gegen den Schuldenbereinigungsplan erhoben, die nicht gemäß §309 durch gerichtliche Zustimmung ersetzt werden, so wird das Verfahren über den Eröffnungsantrag von Amts wegen wieder aufgenommen.

§312
Allgemeine Verfahrensvereinfachungen

(1) Bei der Eröffnung des Insolvenzverfahrens wird abweichend von §29 nur der Prüfungstermin bestimmt.

(2) Sind die Vermögensverhältnisse des Schuldners überschaubar und die Zahl der Gläubiger oder die Höhe der Verbindlichkeiten gering, so kann das Insolvenzgericht anordnen, daß das Verfahren oder einzelne seiner Teile schriftlich durchgeführt werden. Es kann diese Anordnung jederzeit aufheben oder abändern.

(3) Die Vorschriften über den Insolvenzplan (§§217 bis 269) und über die Eigenverwaltung (§§270 bis 285) sind nicht anzuwenden.

§313
Treuhänder

(1) Die Aufgaben des Insolvenzverwalters werden von dem Treuhänder (§292) wahrgenommen. Dieser wird abweichend von §291 Abs. 2 bereits bei der Eröffnung des Insolvenz-verfahrens bestimmt. Die §§56 bis 66 geltend entsprechend.

(2) Zur Anfechtung von Rechtshandlungen nach den §§129 bis 147 ist nicht der Treuhänder, sondern jeder Insolvenzgläubiger berechtigt. Aus dem Erlangten sind dem Gläubiger die ihm entstandenen Kosten vorweg zu erstatten. Hat die

Gläubigerversammlung den Gläubiger mit der Anfechtung beauftragt, so sind diesem die entstandenen Kosten, soweit sie nicht aus dem Erlangten gedeckt werden können, aus der Insolvenzmasse zu erstatten.

(3) Der Treuhänder ist nicht zur Verwertung von Gegenständen berechtigt, an denen Pfandrechte oder andere Absonderungsrechte bestehen. Das Verwertungsrecht steht dem Gläubiger zu.

§314
Vereinfachte Verteilung

(1) Auf Antrag des Treuhänders ordnet das Insolvenzgericht an, daß von einer Verwertung der Insolvenzmasse ganz oder teilweise abgesehen wird. In diesem Fall hat es dem Schuldner zusätzlich aufzugeben, binnen einer vom Gericht festgesetzten Frist an den Treuhänder einen Betrag zu zahlen, der dem Wert der Masse entspricht, die an die Insolvenzgläubiger zu verteilen wäre. Von der Anordnung soll abgesehen werden, wenn die Verwertung der Insolvenzmasse insbesondere im Interesse der Gläubiger geboten erscheint.

(2) Vor der Entscheidung sind die Insolvenzgläubiger zu hören.

(3) Die Entscheidung über einen Antrag des Schuldners auf Erteilung von Restschuldbefreiung (§§289 bis 291) ist erst nach Ablauf der nach Absatz 1 Satz 2 festgesetzten Frist zu treffen. Das Gericht versagt die Restschuldbefreiung auf Antrag eines Insolvenzgläubigers, wenn der nach Absatz 1 Satz 2 zu zahlende Betrag auch nach Ablauf einer weiteren Frist von zwei Wochen,, die das Gericht unter Hinweis auf die Möglichkeit der Versagung der Restschuld-befreiung gesetzt hat, nicht gezahlt ist. Vor der Entscheidung ist der Schuldner zu hören.

ANHANG 5

ZKA-Empfehlung

Girokonto für jedermann

Alle Kreditinstitute, die Girokonten für alle Bevölkerungsgruppen führen, halten für jede/n Bürgerin/Bürger in ihrem jeweiligen Geschäftsgebiet auf Wunsch ein Girokonto bereit. Der Kunde erhält dadurch die Möglichkeit zur Entgegennahme von Gutschriften, zu Barein- und -auszahlungen und zur Teilnahme am Überweisungsverkehr. Überziehungen braucht das Kreditinstitut nicht zuzulassen. Jedem Institut ist es freigestellt, darüber hinausgehende Bankdienstleistungen anzubieten.

Die Bereitschaft zur Kontoführung ist grundsätzlich gegeben, unabhängig von Art und Höhe der Einkünfte, z.B. Arbeitslosengeld, Sozialhilfe, Eintragungen bei der Schufa, die auf schlechte wirtschaftliche Verhältnisse des Kunden hindeuten, sind allein kein Grund, die Führung eines Girokontos zu verweigern.

Das Kreditinstitut ist nicht verpflichtet, ein Girokonto für den Antragsteller zu führen, wenn dies unzumutbar ist. In diesem Fall darf die Bank auch ein bestehendes Konto kündigen. Unzumutbar ist die Eröffnung oder Fortführung einer Kontoverbindung insbesondere, wenn

- der Kunde die Leistungen des Kreditinstitutes mißbraucht, insbesondere für gesetzwidrige Transaktionen, z.B. Betrug, Geldwäsche o.ä.;

- der Kunde Falschangaben macht, die für das Vertragsverhältnis wesentlich sind;

- der Kunde Mitarbeiter oder Kunden grob belästigt oder gefährdet;

- die bezweckte Nutzung des Kontos zur Teilnahme am bargeldlosen Zahlungsverkehr nicht gegeben ist, weil z.B. das Konto durch Handlungen vollstreckender Gläubiger blockiert ist oder ein Jahr lang umsatzlos geführt wird;

- nicht sichergestellt ist, daß das Institut die für die Kontoführung und -nutzung vereinbarten üblichen Entgelte erhält;

- der Kunde auch im übrigen die Vereinbarungen nicht einhält.